古典文獻研究輯刊

十八編

潘美月・杜潔祥 主編

第11冊

小學要籍引《國語》研究（下）

郭萬青 著

國家圖書館出版品預行編目資料

小學要籍引《國語》研究(下)／郭萬青　著 — 初版 — 新北市：
花木蘭文化出版社，2014〔民103〕
目 2+204 面；19×26 公分
(古典文獻研究輯刊 十八編；第 11 冊)
ISBN：978-986-322-619-2（精裝）
1. 國語　2. 研究考訂
011.08　　　　　　　　　　　　　　　　103001307

ISBN- 978-986-322-619-2

9 789863 226192

古典文獻研究輯刊
十八編　第十一冊　　　　　ISBN：978-986-322-619-2

小學要籍引《國語》研究(下)

作　　　者　郭萬青
主　　　編　潘美月　杜潔祥
總 編 輯　杜潔祥
副總編輯　楊嘉樂
編　　　輯　許郁翎
企劃出版　北京大學文化資源研究中心
出　　　版　花木蘭文化出版社
社　　　長　高小娟
聯絡地址　235 新北市中和區中安街七二號十三樓
　　　　　　電話：02-2923-1455／傳眞：02-2923-1452
網　　　址　http://www.huamulan.tw 信箱 hml 810518@gmail.com
印　　　刷　普羅文化出版廣告事業
初　　　版　2014 年 3 月
定　　　價　十八編 22 冊（精裝）新台幣 40,000 元　　　版權所有・請勿翻印

小學要籍引《國語》研究（下）

郭萬青　著

目

次

伍、《廣韻》引《國語》斠證

　　《廣韻》全稱《大宋重修廣韻》，是北宋陳彭年等人在《切韻》、《唐韻》的基礎上進行擴充編撰而成。坊間習見版本爲中國書店影印張士俊澤存堂刊本《宋本廣韻》和上海古籍出版社影印宋乾道五年（1169）閩中建寧府黃三八郎書鋪刊《鉅宋廣韻》，此外尚有文淵閣四庫全書所收《原本廣韻》與《廣韻》二種，亦比較易見。李俊傑〈廣韻版本系統簡述〉〔註1〕對《廣韻》版本系統沿革有比較清晰的梳理，另臺北學海出版社出版有朴貞玉、朴現圭著之《廣韻版本考》〔註2〕，於《廣韻》各版本考辨甚詳，亦可參看，此外，紀國泰《〈鉅宋廣韻〉版本及價值考論》〔註3〕亦頗多中肯之論。對於《廣韻》進行勘校研究的有周祖謨《廣韻校本》、余廼永《新校互註宋本廣韻》、蔡夢麒《廣韻校釋》等，前二著主要關注音韻本身，對於引例則較少涉及，蔡著雖及勘校，但仍有未及之處。本文參照周、余等人的相關研究成果，以澤存堂本《廣韻》爲主，參照《鉅宋廣韻》進行《國語》文句的辨正，並覈對了涵芬樓覆印宋刊巾箱本、文淵閣《四庫全書》本《原本廣韻》、東京大學圖書館藏錢恂（1853～1927）舊藏清康熙符山堂重刊宋本和《重修廣韻》等常見的傳世《廣韻》版本以及瀚堂典藏所收集的黑水城殘卷本〔註4〕、覆元泰定本、《古逸叢書》覆宋重修本等。

〔註1〕　李文見刊於《古籍整理研究學刊》2006 年第 6 期，第 63、64 頁。
〔註2〕　朴貞玉、朴現圭：《廣韻版本考》，臺北，學海出版社 1986 年版。
〔註3〕　紀國泰：《〈鉅宋廣韻〉版本及價值考論》，《西華大學學報》2009 年第 1 期。
〔註4〕　黑水城殘卷本亦見收於聶鴻音、孫伯君著之《黑水城出土音韻學文獻研究》，北京：文物出版社 2006 年版，第 16～第 98 頁。

　　筆者個人在進行〈《宋本廣韻》引《國語》例辨正〉撰寫的時候通過翻檢僅得 19 處 18 例，而熊桂芬根據其本人所做的《廣韻》電子版統計得出，《廣韻》引《國語》共 24 處。在做修訂時又重新對澤存堂本《宋本廣韻》、《鉅宋廣韻》以及他本進行翻檢，得《廣韻》引《國語》（即明標爲《國語》或《春秋國語》者）用例共計 23 處 22 例〔註5〕，發表在《東亞文獻研究》第四輯上的〈《廣韻》引《國語》例辨正〉即以 23 處《國語》引例爲考察對象。2008 年 8 月 18 日～8 月 20 日，第二屆古籍數字化國際學術研討會在北京龍泉賓館召開，會間欣逢瀚堂典藏王宏源、王心怡賢伉儷，承蒙允准試用瀚堂典藏古籍數據庫，復檢得 3 處，比熊文統計尚多 2 處。今依照在澤存堂本《廣韻》中的先後出現順序進行分析，每例後均標注各例在澤存堂本《廣韻》中的卷次頁碼。

1·東韻——惏，憨也。《國語》云：君使臣惏。（上平聲卷一，第 6 頁）

　　【按】《鉅宋廣韻》、《五音集韻》、《禮部韻略》、《古今韻會舉要》、《字彙》、文淵閣四庫本《重修廣韻》、《洪武正韻》、《音韻述微》等引同，文淵閣四庫本《原本廣韻》「憨」作「慚」，「心」、「忄」實同，二字異體字。本條不見今傳《國語》各本，今傳《國語·晉語三》有「臣得其志，而使君嘗」句，無「君使臣惏」語。《廣韻校釋》亦云：「《國語》無『惏』字句。」〔註6〕《國語》各本亦不見有「惏」字。「惏」字祇見於《說文》、《玉篇》、《經典釋文》等三部東漢及其以後的訓詁專著，先秦文獻中未見用例。《說文解字義證》、《中華大字典》、《大漢和辭典》（修訂版）、《中文大辭典》、《實用大字典》、《漢語大字典》、《漢語大詞典》、《王力古漢語字典》和《故訓匯纂》所引最古例證均爲漢賈誼《新書·道術》「行充其宜謂之義，反義爲惏」一句，臺灣新文豐出版公司印盧文弨（1717～1796）《抱經堂叢書》本《新書·道術篇》「惏」字下有校勘記云：「與『憳』同，建、譚本作『憒』，訛。」于智榮《賈誼新書譯注》寫作「憪」，謂「昏昧無知，亦作『憳』」。夏漢寧亦釋作「無知貌」，關振益、鍾夏《新書校注》引《說文》「惏，不明也」朱駿聲云「心不明也」並加案云：「心不明則行不宜，故反義爲惏。」王洲明、徐

〔註5〕 熊桂芬：〈廣韻引書新考〉，《語言研究》2003 年第 1 期，第 49～51 頁。熊桂芬：〈從引書看廣韻的文獻學價值〉，《中國典籍與文化》2004 年第 5 期，第 35～40 頁。

〔註6〕 蔡夢麒：《廣韻校釋》，長沙：嶽麓書社 2007 年版，第 8 頁。

超《賈誼集校注》云：「『㦦』通『懜』，昏昧無知。」李爾鋼則注爲「昏憒無知」。〔註7〕幾種校注本都把「㦦」釋爲「不明」絕非偶然。這個最古的例句被歷代的小學書輾轉引用。如果先秦傳世文獻中有「㦦」字的話，估計這么多小學書不會衹抓住賈誼這一條例句不放的。

《說文·心部》：「㦦，不明也。」《詩·小雅·正月》「民今方殆，視天夢夢」孔疏引《爾雅·釋訓》云：「夢夢，亂也。」《詩·大雅·抑》「視爾夢夢，我心慘慘」孔疏引孫炎曰：「夢夢，昏昏之亂也。」馬瑞辰《傳箋通釋》亦云：「夢夢，宜從《爾雅》訓『惛』。」《周禮·地官·遂人》「致甿以田里」鄭玄注：「甿猶懵懵，無知貌也。」陸德明《經典釋文》云：「懵，本或作『㦦』。」馬敍倫《說文解字六書疏證》卷二〇云：「本書『瞢，目不明也』、『夢，不明也』，此亦訓不明，蓋語原然也。」余迺永《新校互註宋本廣韻校勘記》云：「『夢夢』即《說文》之『㦦㦦』，亦即『瞢瞢』若『懵懵』。」《廣雅·釋言》「懵，闇也」王念孫疏證云：「懵、夢、㦦、㦦、並字異而義同。」〔註8〕則「夢夢」、「懵懵」、「㦦㦦」都是表心理狀態的重言詞，本無

<hr />

〔註7〕〔漢〕賈誼：《新書》，臺北：臺灣新文豐出版公司1985年版《叢書集成新編》第18冊，第526頁上。于智榮：《賈誼新書譯注》，哈爾濱：黑龍江人民出版社2003年版，第237、238頁。夏漢寧：《賈誼文賦全譯》，南昌：百花洲文藝出版社1996年版，第226頁。王洲明、徐超《賈誼集校注》，北京：人民文學出版社1996年版，第307頁。李爾鋼：《新書全譯》，貴陽：貴州人民出版社1998年版，第355頁、第358頁。閻振益、鍾夏校注：《新書校注》，北京：中華書局2004年版，第311頁。本師方向東先生則引孫詒讓《札迻》爲說云：「按《說文·心部》云：『㦦，不明也。』與《反義》之義不協。宋本作**憒**，亦字書所無。**憒**疑當爲『費』，古與『悖』通：《禮記·緇衣》『口費而煩』鄭注云：『費或爲悖。』又與『拂』通，《中庸》『君子之道費而隱』注云：『費猶佹也。』《釋文》云：『費本又作拂。』《墨子·兼愛下篇》云：『即此行言費也。』彼下文『費』又作『拂』，蓋『反義』則言行拂悖，故謂之『費。』」（本師方向東先生《賈誼〈新書〉集解》，南京：河海大學出版社1994年版，第323頁）是以「㦦」非本字，故與上引各說又不同。

〔註8〕分別見〔漢〕許慎：《說文解字》，北京：中華書局1963年影陳昌治覆刻本，第221頁上。〔清〕阮元校刻：《十三經注疏》，北京：中華書局1980年版，第442頁下、第556頁下、第740頁下。〔清〕馬瑞辰撰、陳金生點校：《毛詩傳箋通釋》，北京：中華書局1989年版，第959頁。〔唐〕陸德明：《經典釋文》，北京：中華書局1981年影通志堂經解本，第117頁上左。馬敍倫：《說文解字六書疏證》卷二〇，上海書店1985年版，本卷頁99。余迺永：《新校互註宋本廣韻》（增訂本），上海：上海辭書出版社2000年版，第559頁。〔清〕王念孫撰、鍾宇訊點校：《廣雅疏證》，北京：中華書局1983年版，第176頁上。

定字，以音記之，而《說文》囿於以形表義的原則別造「懜」字。張舜徽《說文解字約注》卷二〇「懜」字下云：「夢又從瞢省聲，瞢者目不明也，字形輾轉相生，語原終歸一柢。心不明謂之懜，猶目不明謂之瞢耳。」〔註9〕與馬說皆得其真髓。

　　存世完整的語言文字學專書中，直到《宋本玉篇》和《廣韻》才有「懜，慙也」語釋〔註10〕，《漢語大字典》、《漢語大詞典》於「慚愧」義項下均舉陸機〈贈弟士龍詩十首〉之四：「俯慚堂構，仰懜先靈。」《陸機文集》「懜」作「懵」。〔註11〕則是先秦本本無義為「慚愧」之「懜」。《國語·晉語三》「臣得其志，而使君瞢」韋昭注云：「瞢，慙也。」《一切經音義》卷三二引賈注《國語》云：「懵，慙也。」〔註12〕《小爾雅·廣言》、《廣雅·釋詁》、《文選·左思·魏都賦》注並作「慚」解。「懜」有「慚愧」義當是與「瞢」通假混用所致，朱駿聲《說文通訓定聲·苜部》云：「瞢，又為懜。」〔註13〕後世所有「懜」、「瞢」訓「慙」之釋皆本自《國語》賈逵、韋昭之注，而賈逵、韋昭之注則本自《國語》「吾君瞢焉」之句。李慈銘《讀書簡端記》云：「『瞢焉』讀如《左傳》『斬焉在衰絰之中』之『斬』，『斬焉』者，猶子焉也。《儀禮·喪服》疏云：『斬者，取痛甚之意。』」〔註14〕李氏此解正合《國語》「吾君瞢焉」之意，賈、韋誤解《國語》而誤為「君使臣懜」之訓，後世沿誤。李元吉《讀書囈語》卷八云：「瞢，不明也。言已出奔得志而使君失刑，若不明知有罪。然是逆君也。」〔註15〕說亦本《說文》而不從賈韋之注。黃懷信《小爾雅彙校集釋》引《左傳》「不與於會，亦無瞢焉」杜注云：「悶也。」〔註16〕「悶」即「不明」而非「慙」義。楊琳《小爾雅今注》云：「懜之本

〔註9〕　張舜徽：《說文解字約注》，鄭州：中州書畫社1983年版，本卷第52頁。

〔註10〕　按：《原本玉篇》既成殘卷，有無是說，無法得知。〔宋〕陳彭年等：《宋本玉篇》，北京：中國書店1983年影張氏澤存堂本，第154頁。

〔註11〕　〔晉〕陸機撰、金聲濤點校：《陸機集》，北京：中華書局1982年版，第155頁。

〔註12〕　〔唐〕慧琳：《一切經音義》，上海：上海古籍出版社1983年版《正續一切經音義》，第1264頁。

〔註13〕　〔清〕朱駿聲：《說文通訓定聲》，武漢市古籍書店1983年影臨嘯閣本，第75頁下。

〔註14〕　〔清〕李慈銘撰、王利器輯纂：《越縵堂讀書簡端記》，天津：天津人民出版社1980年版，第27、28頁。

〔註15〕　〔明〕李元吉：《讀書囈語》，《續修四庫全書》1143冊影科圖藏明崇禎十六年刻本，第509頁上。

〔註16〕　黃懷信：《小爾雅彙校集釋》，西安：三秦出版社2003年版，第292頁。

義爲心中迷亂不明，愧心則慌亂，故引申爲慚愧之義。」〔註17〕實亦爲《小爾雅》訓「瞢」爲「慙」找依據。

我們通過「臣得其志，而使君瞢」的具體語境來考察「瞢」字的確實語義。明道本本段文字爲：

> 惠公未至，蛾析謂慶鄭曰：「君之止，子之罪也。今君將來，子何俟？」慶鄭曰：「鄭也聞之曰：『軍敗，死之；將止，死之。』二者不行，又重之以誤人，而喪其君，有大罪三，將安適？君若來，將待刑以快君志；君若不來，將獨伐秦。不得君，必死之。此所以待也。臣得其志，而使君瞢，是犯也。君行犯，猶失其國，而況臣乎？」

慶鄭「臣得其志」之言是慶鄭埋怨晉惠公不講信義，造成當時晉國的內外局面，以至於在晉惠公向慶鄭呼救時慶鄭予以拒絕。「而使君瞢」是「得其志」的一個結果，是使得晉惠公落入秦國之手，生死未明、吉兇未卜，這應該是慶鄭所述「臣得其志，而使君瞢」的本來意思〔註18〕。

另外，從以下幾個方面也可以證「瞢」字不可訓爲「慙」：

一、先秦傳世典籍中「瞢」字無訓「慙」者；我們以《故訓匯纂》「瞢」字條所收先秦傳世文獻傳注爲例。《故訓匯纂》計收錄《楚辭・天問》、《山海經・中山經》、《周禮・春官》、《左傳》等先秦傳世文獻古注，除《國語》之外，其他文獻「瞢」字注爲「目不明也」、「日月瞢瞢無光也」、「此瞢謂日見而無光」、「目無精光不明也」、「盲也」、「悶也」，〔註19〕這些注文的共同義素都是「不明」。

二、根據郭錫良《漢字古音手冊》，「瞢」上古音在明母蒸部，其同音字

〔註17〕楊琳：《小爾雅今注》，上海：漢語大詞典出版社 2002 年版，第 147 頁。

〔註18〕本文撰成，曾寄送《臺大中文學報》，承蒙該刊編委會賜示匿評專家意見云：「《國語・晉語三》『臣得其志，而使君瞢』，對照原文前句所言『二者不行，又重之以誤人，而喪其君』，『使君瞢』殆指前文『喪其君』，意指『使君蒙受死亡之禍』。此處『瞢』當讀作『蒙』，不訓『冒』、『夢』、『蒙』、『瞢』、『冥』之本義『覆蓋』，亦不訓引申義『不明』，而訓『蒙』字借義『蒙受』。」而我個人之所以釋「瞢」爲「不明」是因爲「瞢」字強調的是一個狀態而不是一個動作，且既然本義可用，則不必以借義釋之。在《東亞文獻研究》第 4 輯上發表的文稿中依從了《臺大中文學報》匿名專家的意見，思考再三，感覺仍是不妥，在這裏還是改回我的最初意見。

〔註19〕宗福邦、陳世鐃、蕭海波主編：《故訓匯纂》，北京：商務印書館 2003 年版，第 1562 頁。

－219－

有「嵺」、「夢」、「薨」、「懵」、「鄭」、「寥」等，又明母東部字有「蒙」、「冡」、「濛」、「朦」、「懞」、「憎」、「朦」、「蒙」、「瞢」、「幪」、「饛」、「鸏」、「驖」等〔註20〕。「瞢」、「嵺」、「夢」、「懵」訓已見上文。「濛」、「蒙」、「矇」、「朦」等的共同義素也是「不明」。《漢語方言大詞典》收「瞢」、「懵」單字與合成詞〔註21〕，義亦皆以「不明」爲核心義素，無訓爲慚愧義者。即便是《廣韻》也同時訓「嵺」爲「不明」之義，如《廣韻・嶝韻》「嵺」字訓釋。《集韻》、《韻略》、《五音集韻》、《音韻闡微》等並作「悶闇」、「悟」及「不明」之義，所有辭書訓爲慚義的祇有 3 個例子：（1）江淹（444～505）〈雜體詩三十首〉「泑牒憎浮賤」呂向注：「憎，慼也。」（2）左思（？250～305）〈魏都賦〉「有靦瞢容」呂向注：「瞢，愧也。」李善注亦云：「瞢，愧也。」（3）陸機〈贈弟士龍詩十首〉之四：「俯慚堂構，仰嵺先靈。」實際祇有一家說法，即呂向注，然呂向注祇是一說，李善注即引《說文》「懵，不明也」以釋「憎浮賤」之「憎」。左思〈魏都賦〉本句上下文爲：「先生之言未卒，吳蜀二客，矅焉相顧，睬焉失所。有靦瞢容，神忢形茹。弛氣離坐，鑹墨而謝。」李善注云：「矍，懼也。《左傳》曰：『馴氏矍懼。』毛詩曰：『有靦面目。』瞢，愧也。《左傳》曰：『亦無瞢焉。』楊雄《方言》曰：『慚也，荊楊之間曰鑹。』善曰：張以愯，先壟反。今本並爲矅。矅，大視，呼縛反。《說文》曰：『睬，失意視。』他狄反。《字書》曰：『縈，垂也，謂垂下也。』忢，與縈同，而髓切。《說文》曰：『忢，心疑也。』亦而髓反。《呂氏春秋》曰：『以茹魚驅蠅，蠅愈至而不可禁。』然茹，臭敗之義也，如舉反。《廣雅》曰：『弛，釋也。』施紙反。鑹，敕典反。杜預《左氏傳》注曰：『墨，色下也。』《說文》曰：『謝，辭也。』」〔註22〕「靦」，〈越語下〉「余雖靦然而人面哉」韋昭注：「面目之貌。」「瞢容」實際上說的是吳屬二客在聽完魏國先生對魏都的描述之後雖然還有人的面目，但是已經「失色」，借句俗話就是魏國先生把吳、蜀二客給說蒙了。李善注囿於古訓，乃訓爲「愧」。實際上二詞不釋作「慚愧」也講得通。胡紹煐即云：「靦，面目貌。《小雅・何人

〔註20〕郭錫良：《漢字古音手冊》，北京：北京大學出版社 1986 年版，第 270、第 271頁。

〔註21〕許寶華、宮田一郎主編：《漢語方言大詞典》，北京：中華書局 1999 年版，第7003 頁、第 7424～7425 頁。

〔註22〕〔南朝梁〕蕭統編、〔唐〕李善注：《文選》，北京：中華書局 1977 年影胡克家本，第 109 頁下。

斯》傳：『覲，姝也。』李巡、孫炎注《爾雅》並云：『覯，人面姝也。』《說文》：『覯，面見也。《詩》曰：有覯面目，或从䫉。』《玉篇》『䫉』引《埤倉》『姝也』。《越語》『余雖覯人面哉』韋注：『覯然，面目之貌。』《後漢書・樂成靖王黨傳》『安帝詔曰葚有覯面目，而放逸其心』義同。瞢容，惝恍之狀。《眾經音義》引《三倉》『瞢，不明』，是也。」〔註23〕可爲佐證。

　　《小爾雅》、《方言》、《廣雅》都去古未遠，這三種小學書編纂時必定能夠見到先漢訓詁，可是這三部書對「瞢」字的訓釋都和《國語》賈注的這條訓詁相同，賈注之外則未予收錄，可見賈逵應該是比較早地釋「瞢」爲「懑」的。從某種角度或可證東漢後期《小爾雅》、《方言》也還在增益之中〔註24〕，這也可爲向熹「《漢書・藝文志》收《小爾雅》一篇，不著撰人，其時代不應晚於西漢末，不過內容上後代有所增補」〔註25〕的論斷作一佐證。

　　古人引書往往節取，此或因節引而誤倒「臣使君瞢」爲「君使臣瞢」，而「瞢」、「懜」通用，又以「瞢」爲「懜」，而「瞢」之「不明」義與「懜」之「心懑」義絲毫無涉，是《廣韻》引證失誤。又宋公序校理《國語》時曾參照公私諸本十五六種，公序之後唯公序本與明道本存世。《廣韻》撰修於宋大中祥符元年（1008），《宋本玉篇》撰修於大中祥符六年（1013），宋庠出生於咸平元年（998），至1013年也才十幾歲，不可能校理《國語》。是《廣韻》、《玉篇》之重新修撰俱在宋庠校理《國語》之前，其時《國語》各本尚多，或《廣韻》之誤本有所自也。

2・鍾韻——恭，敬也。《說文》本作「恭，肅也」。又姓，晉太子申生號恭君，其後氏焉。出《國語》。（上平聲卷一，第17頁）

　　【按】《廣韻》各本並《五音集韻》引同。本條出自《國語・晉語二》之「驪姬讒殺太子申生」篇，今傳《國語》各本原文云：「申生……將死，乃使

〔註23〕　〔清〕胡紹煐撰、蔣立甫校點：《文選箋證》，合肥：黃山書社2007年版，第211頁。

〔註24〕　蕭旭〈國語校補（二）・晉語三〉第22條認爲我的「瞢（懵）不可訓懑，失考」，「謂今本《小爾雅》爲東漢後增益，則屬臆測」，我的推斷是根據我認爲「瞢（懵）不可訓懑」而來，如果我的「瞢（懵）不可訓懑」的結論錯了，後面的推斷也沒有任何意義。但是蕭旭的考辨我個人感覺還不能夠完全地令我信從，故在增加材料的基礎上仍然堅持我自己的意思。

〔註25〕　向熹：〈《小爾雅今注》序〉，楊琳《小爾雅今注》，上海：漢語大詞典出版社2002年版。

猛足言於狐突曰：『申生有罪，不聽伯氏，以至於死。申生不敢愛其死，雖然，吾君老矣，國家多難，伯氏不出，奈吾君何？伯氏苟出而圖吾君，申生受賜以至於死，雖死何悔！』是以**謚爲共君**。」是明言「共君」是申生的謚，不是號。古謚、號不同，班固《白虎通德論》云：「謚之爲言引也，引列行之跡也。」又云：「號者，功之表也。」〔註26〕「共」、「恭」古今字。《宋本玉篇·心部》云：「恭，本作恭。」《集韻·鍾韻》云：「恭，或作恭。」〔註27〕皆本《說文》「从心共聲」爲說也。《洪武正韻·東韻》云：「又姓。」《康熙字典·心部》云：「又姓，晉恭世子之後以謚爲姓。」〔註28〕《中華大字典》、《中文大辭典》、《實用大字典》並從之。《大漢和辭典》（修訂版）、《中文大辭典》、《辭源》（修訂版）並收錄「恭世子」詞條，《漢語大字典》引《廣韻》立義項⑥「姓」〔註29〕，而《漢語大詞典》未出注。

3・佳韻——闖，斜開門。《國語》云：「闖門而與之言。」（上平聲卷一，第 72 頁）

4・紙韻——闖，關也。《國語》曰：「闖門與之言。」又姓。（上聲卷三，第 223 頁）

【按】此兩條出自《國語·魯語下》「公父文伯之母別於男女之禮」章。《鉅宋廣韻》、四庫本《廣韻》、符山堂本同，《禮部韻略·紙韻》、王文鬱《新刊韻略·紙韻》引《國語》、《正字通·門部》與《廣韻·紙韻》同。《正字通》云：「闖，門半開也。《類篇》：『門不正開也。』《國語》：『公父文伯之母，季康子之從祖叔母也。康子往焉，闖門與之言。』註：『男在限外，女在限內。』」〔註30〕《儀禮經傳集解》卷三、《禮書綱目》卷七七、《俗書刊誤》卷五、《古

〔註26〕〔漢〕班固：《白虎通德論》，上海古籍出版社 1990 年影元刊本，第 13 頁上、第 10 頁上。

〔註27〕〔宋〕陳彭年等：《宋本玉篇》，北京：中國書店 1983 年影張氏澤存堂本，第 151 頁。〔宋〕丁度等：《集韻》，上海：上海古籍出版社 1985 年影述古堂本，第 20 頁。

〔註28〕〔明〕宋濂撰、楊時偉補綴：《洪武正韻》，濟南：齊魯書社 1997 年輯印《四庫存目叢書》第 207 冊影崇禎四年刻本，第 31 頁上。〔清〕張玉書等：《康熙字典》，北京：中華書局 1984 年影同文書局本，第 385 頁。

〔註29〕徐中舒主編：《漢語大字典》（縮印本），成都：湖北、四川辭書出版社 1993 年版，第 962 頁。

〔註30〕〔明〕張自烈撰、〔清〕廖文英續：《正字通》，上海：上海古籍出版社 2002

列女傳》卷一、卷二、《六藝之一錄》卷二六○、《通雅》卷一、《始豐稿‧鄒母傳》引與《廣韻‧佳部》同。《孔子家語》作「側門而與之言」，《毛詩李黃集解》卷八、《五禮通考》卷一○三引《家語》，《四庫全書考證》卷六以《毛詩李黃集解》「刊本『闔』譌『側』」，其實《毛詩李黃集解》本自《家語》，《集解》不誤，《廣韻‧佳韻》亦或因《家語》而誤增「而」字。《內則衍義》卷六作「闔門而與之言」，「闔」字見《類篇》條目。今傳《國語》各本原文作：「公父文伯之母，季康子之從祖叔母也。康子往焉，闔門與之言，皆不踰閾。」《說文‧門部》引《國語》有「而」字，是《廣韻‧佳韻》引從《說文》而《廣韻‧紙韻》引從今傳《國語》也，段注復引今傳《國語》明之，《說文詁林》引鈕樹玉《校錄》云：「《廣韻》、《韻會》引無『而』字，與今《魯語》合。」〔註31〕《儀禮集編》卷二五、《儀禮經傳通解》、卷二七《六書故》卷二五、《繹史》卷九一、《尚史》卷三四、《格物通》卷三八、《經濟類編》卷八二、《堯峰文鈔》卷六引與今傳《國語》各本同。韋注云：「闔，闔也。」《說文》云：「闔，闔門也。」《一切經音義》「開闔」條引《三蒼》曰：「闔，小開門也。」〔註32〕今《辭源》（修訂版）、《漢語大字典》和《漢語大詞典》均釋爲：①開，闔；②斜開門。從動詞類別上說，釋義爲「闔」的「闔」是動作動詞，釋義爲「斜開門」的「闔」是狀態動詞，二者用法不同。動作動詞「闔」有施事主體，是主語施加給賓語的一種動作，主賓之間構成施受關係，並且施事主體的這一動作本身存在著主觀意圖，如引《國語》這一例說明公父文伯之母別於男女之禮，唐張說（667～730）〈祭和靜縣主文〉：「（縣主）舉桉如賓，闔門誠友。」〔註33〕則說明施事主體的誠懇好客。而狀態動詞的「闔」則是一種客觀狀態，沒有施事主體，該動詞祇是對主語的一種描寫。如宋司馬光（1019～1086）〈九月十一日夜雨宿南園韓秉國寄酒兼見招以詩謝之〉：「體羸畏風冷，室處門常闔。」清李調元（1734～1803）〈長至齋宿用齋字韻〉之二：「最是玉堂人未寐，署門竟夕自常闔。」《廣韻》把同一

《續修四庫全書》第 235 冊，第 660 頁下。

〔註31〕見載於丁福保《說文解字詁林》，北京：中華書局 1988 年版，第 11612 頁上。

〔註32〕〔漢〕許慎：《說文解字》，北京：中華書局 1963 年影陳昌治覆刻平津館本，第 248 頁下。〔唐〕慧琳：《一切經音義》，上海：上海古籍出版社 1983 年《正續一切經音義》，第 735 頁。

〔註33〕見《辭源》（修訂版）第 3256 頁 b 欄，本條所引司馬光、李調元例並轉引自《辭源》（修訂版）。

個字分在不同的韻中，說明已經注意到了漢語字「以音別義」、「以音別用」的功能，並且試圖在條目和釋義上體現出來。但是貫徹不徹底，兩個條目同用一條書證，有違於「闔」字釋義的明確性。

5·真韻——新，新故也。亦姓，《國語》新穆子。（上平聲卷一，第82頁）

【按】《廣韻》各本引並同。《國語》有「新稺穆子」，無「新穆子」，《廣韻校釋》云：「新穆子當作『新稺穆子』。《國語·晉語九》：『趙襄子使新稺穆子伐翟。』吳章昭注：『新稺穆子，晉大夫新稺狗。』《元和姓纂》：『新，出自荀氏，新稺穆子之後別為新氏。』」〔註34〕言是。又何光嶽引《姓觿·平聲·十一真》云：「新稺氏，《國語》晉有新稺穆子狗。」又引《姓氏尋源》「新稺氏」云：「《氏族略》引《國語》。《廣韻》作單姓，無『稺』字。」〔註35〕本有「新」字單姓，然以《國語》「新穆子」為例則是改書證，當補一新字單姓之書證。

6·真韻——人，……《國語》吳有行人儀。（上平聲卷一，第82頁）

【按】文淵閣四庫本《原本廣韻》祇作「天地人為三才，亦漢複姓」，無《宋本廣韻》引《國語》文字。文淵閣四庫本《重修廣韻》、《鉅宋廣韻》等《廣韻》各本則與《宋本廣韻》同。今傳《國語》各本《吳語》有行人奚斯，原文作：「吳王夫差既勝齊人於艾陵，乃使行人奚斯釋言於齊。」《資治通鑒·外紀》卷九、《繹史》卷九六下、《左傳紀事本末》卷五一、《尚史》卷一七、《經濟類編》卷六五、《文章辨體彙選》卷四九四並同。章注云：「奚斯，吳大夫。釋，解也，以言辭自解，歸非於齊。」楊伯峻《春秋左傳詞典》注為「魯宗室」〔註36〕。《左傳》有「儀父」（邾國國君）、「儀行父」（陳國大夫）、「儀」（衛國臣子）。《國》、《左》俱無行人儀之名，先秦其他傳世文獻亦無，唯《禮記·檀弓下》云：「吳侵陳，斬祀殺厲，師還出竟，陳大宰嚭使於師，夫差謂行人儀曰：『是夫也多言，盍嘗問焉？師必有名，人之稱斯師也者，則謂之何？』」《藝文類聚·人部八》亦引《禮記》所云之「行人儀」，《漢書·古今人表》則因《禮記》而錄「吳行人儀」，鄭注、孔

〔註34〕 蔡夢麟：《廣韻校釋》，長沙：嶽麓書社2007年版，第193頁。
〔註35〕 何光嶽：《周源流史》，南昌：江西教育出版社1997年版，第235頁。
〔註36〕 楊伯峻、徐提，《春秋左傳詞典》，北京：中華書局1985年版，第519頁。

疏、顏注俱無說，《二十四史人名索引》亦未見收。汪遠孫《國語發正》引錢
大昕云：「即行人奚斯也。『奚斯』是疊韻，并言之則成『儀』字。」〔註37〕
徐元誥即用汪遠孫說而未出注〔註38〕。洪邁（1123～1202）《容齋隨筆》卷
七「檀弓誤字」條則謂「儀乃陳臣」，《禮記纂言》、《禮記訓義擇言》、《元和
姓纂》並從之。根據郭錫良《漢字古音手冊》，「儀」上古音在疑母歌部，「奚」
在匣母支部，「斯」在心母支部，至《廣韻》則「儀」在疑母支韻，「奚」在
匣母齊韻。或古人語急而有「奚斯」與「儀」之別，後人以《禮記》、《漢書》
所載爲準而改《國語》。清人朱亦棟云：「〈吳語〉『行人奚斯』即《檀弓》『行
人儀』，『奚斯』蓋切音也。」〔註39〕《欽定四庫全書考證》卷二〇「《重修廣
韻》」條云：「人字注『吳有行人儀』，案行人儀見于《禮記》，若《國語》有
『行人奚斯』，無『行人儀』。」〔註40〕明言《廣韻》之誤，《校釋》未出校。

7‧魂韻——孫，……《國語》晉公子利孫夫之後以利孫為氏。（上平
　　　　聲卷一，第98頁）

【按】四庫本《原本廣韻》祇作「思渾切，子之子爲孫，又姓六」，《重
修廣韻》與宋本同，唯「後」字作「孫」，《鉅宋廣韻》並同。《重修廣韻》
「孫」字當是「後」字之誤。本條不見今傳各本《國語》，今傳《國語》無
「利孫」結構。各史書亦無「利孫夫」之名，《二十四史人名索引》、楊伯峻
《春秋左傳詞典》等俱未見收。《故訓匯纂》亦未見引。未知《廣韻》何自。
四庫本《通志》卷二五「以字爲氏」部分收錄「利孫」，卷二七「晉人字」
部分「利孫氏」條云：「晉大夫公子利孫，其後氏焉。漢東萊太守任秉娶利
孫氏。」〔註41〕張弦濟南因《通志》此條加案云：「『夫』前恐脫『大』字，……
看來這個公子做過『大夫』，《廣韻》脫『大』字甚明。」〔註42〕亦可爲一

〔註37〕〔清〕汪遠孫：《國語發正》卷一九，廣西師範大學圖書館藏振綺堂本，本卷
　　　　第16頁。
〔註38〕徐元誥著，王樹民、沈長雲點校：《國語集解》（修訂版），北京：中華書局2006
　　　　年版，第543頁。
〔註39〕〔清〕朱亦棟《羣書札記》卷之一，上海：上海古籍出版社2002年輯印《續
　　　　修四庫全書》第1155冊，第16頁。
〔註40〕〔清〕王太嶽：《欽定四庫全書考證》，上海：商務印書館1936年《叢書集成
　　　　初編》本，第776頁。
〔註41〕〔宋〕鄭樵：《通志》，臺北：臺灣商務印書館1986年《文淵閣四庫全書》第
　　　　373冊，第263頁下、第307頁上。
〔註42〕案：此條爲網友張弦濟南在拙稿〈《宋本廣韻》引《國語》例辨正〉後的跟帖，

說。四庫本《古今姓氏書辯證》卷二九云：「利孫，晉大夫公孫食邑於利，因爲利孫氏，漢東萊太守任康娶利孫氏女。」〔註43〕「利孫」後無「夫」字，則《廣韻》「夫」字或衍。四庫本《萬姓總譜》卷一三五與《通志》同。而武樂泉譯云：「《姓考》說：是《國語》中記載的晉公子利孫夫的後代。《路史》說：是楚國國君同宗的後代。」《中國姓氏彙編》亦收錄「利孫」，《中華萬姓溯源》云：「利孫，或爲利氏之分支，以祖姓加孫爲氏。」〔註44〕何光嶽《周源流史》引《姓氏尋源》云：「拓跋猗盧遣其子六修將兵助劉琨。《晉春秋》作利孫，是利孫即六修，胡語譌轉利孫，或因此爲姓。」〔註45〕按《南齊書》卷五七〈魏虜列傳〉云：「晉永嘉六年，並州刺史劉琨爲屠各胡劉聰所攻，索頭猗盧遣子曰利孫將兵救琨於太原，猗盧入居代郡，亦謂鮮卑。」此事並見載於《晉書》卷五、卷一○一。《廣韻》或因之而誤爲《國語》。

8・仙韻──捲，《說文》云：「气勢也。」《國語》曰：「予有捲勇。」
（下平聲卷二，第 123 頁）

【按】本條出〈齊語〉，黑水城殘卷本、《四部叢刊》巾箱本、《古逸叢書》覆宋本重修與宋本《廣韻》同，《鉅宋廣韻》「气」作「氣」。「气」字本見《說文·气部》，云：「雲气也。」〔註46〕段注云：「气、氣古今字，自以氣爲雲气字，乃又作餼爲廩氣字矣。气本雲气，引伸爲凡气之偁。」〔註47〕是《鉅宋廣韻》用後起通行字。辨詳見《玄應音義》引《國語》斠證〉第41條、〈《說文解字繫傳》引《國語》斠證〉第53條。

見國學數典論壇之「經學諸子研究」，路徑爲：http://bbs.gxsd.com.cn/viewthread. php?tid=82723&pid=1474411&page=1&extra=。後知爲滁州學院張鉉兄，謹致謝忱！

〔註43〕〔宋〕鄧名世：《古今姓氏書辯證》，臺北：臺灣商務印書館《文淵閣四庫全書》第922冊，第288頁下。

〔註44〕〔明〕陳士元著、武樂泉今譯：《萬姓總譜》，天津人民出版社1993年版，第240頁。嚴福卿：《中國姓氏彙編》，北京：人民郵電出版社1984年版，第205頁。杜建春：《中華萬姓溯源》，濟南：山東人民出版社1995年版，第218頁。

〔註45〕何光嶽：《周源流史》，南昌：江西教育出版社1997年版，第228頁。

〔註46〕〔漢〕許慎：《說文解字》，北京：中華書局1963年影陳昌治覆刻平津館本，第14頁下。

〔註47〕〔清〕段玉裁：《說文解字注》，上海：上海古籍出版社1981影經韻樓本，第20頁上。

9·陽韻——繮，馬腹帶。《國語》云：懷挾縹繮。（下平聲卷二，
　　　第 155 頁）

【按】本條出〈晉語二〉，《敦煌掇瑣本王仁煦刊謬補缺切韻殘卷》亦引，無「云」字。辨詳見〈《原本玉篇殘卷》引《國語》斠證〉第 51 條。

10·庚韻——侊，小兒。《春秋國語》曰：「侊飯不及壺湌。」（下平聲卷
　　　二，第 164 頁）

【按】四庫本《原本廣韻》「侊」有 2 處，一釋作「小兒」，一作「盛兒」，無引文。《重修廣韻》、《鉅宋廣韻》釋「小兒」義引與《宋本廣韻》同。《類篇》釋義與《廣韻》同。本條出自《國語·越語下》「至於玄月，王召范蠡而問焉」章，今上古本原文云：「至於玄月，王召范蠡而問焉，曰：『諺有之曰：觥飯不及壺飧。今歲晚矣，子將奈何？』」《爾雅》郭注引《國語》「至於玄月」四字，《爾雅·釋天》云：「九月爲玄。」各本《國語》文字異同見於〈《說文解字繫傳》引《國語》斠證〉「侊」字條。「飯」字，黃丕烈《國語札記》作「飲」並曰：「《補音》作『觥飯』。惠云《說文》引作『侊飯不及一食』。鈕樹玉曰：『今本《說文》多後人所改。案《集韻》、《類篇》引《說文》並作「侊飲不及一餐」，亦誤也。當依《廣韻》引作「侊飯不及壺湌」，《玉篇》同。』」〔註48〕張士俊澤存堂本《宋本玉篇·人部》云：「侊，公黃、公橫二切，《國語》云：『侊飯不及壺滄。』注云：『侊，大也，大飯謂盛饌。』」〔註49〕則《玉篇》釋「侊」爲「大」，與《廣韻》不同，《廣韻》實本《說文》。《玉篇》以「滄」爲「滄」，或版刻之訛。《說文·人部》段注云：「侊與觥音義同。」《說文·角部》云：「觵，兕牛角可以飲者也，從角黃聲，其狀觵觵，故怪謂之觵。俗觵從光。」段注云：「韓詩說觥亦五升，所以罰不敬。觥，廓也，箸明之貌。君子有過廓然箸明。毛詩說觥大七升。許慎謹案：觥罰有過，一飲而盡。七升爲過多，許意當同韓詩說大五升也。」〔註50〕《通雅》卷三九云：「侊飯，盛饌也。《國語》『侊飯不及壺餐』又作『觥飯』。『觥』本作『觵』，《周禮·

〔註48〕〔清〕黃丕烈：《校刊明道本韋氏解國語札記》，北京：商務印書館 1959 年版《國語》後附，第 264、265 頁。

〔註49〕〔宋〕陳彭年等：《宋本玉篇》，北京：中國書店 1983 年影張氏澤存堂本，第 52 頁。

〔註50〕〔清〕段玉裁：《說文解字注》，上海：上海古籍出版社 1981 年影經韻樓本，第 378 頁下、第 187 頁上。

閻胥》『比犢』是也，其狀觶觶然。今猶得古玉觥者，蓋觶類是也。觥飯蓋行觴而後飯也。今吳下猶然。」〔註51〕王國維《觀堂集林・說觥》云：「《詩疏》引《五經異義》述毛說並《禮圖》，皆云觥大七升，是於飲器中爲最大……觥者光也，充也，廓也，皆大之意。」〔註52〕韋注云：「觥，大也。大飯，謂盛饌。盛饌未具，不能以虛待之，不及壺殈之救饑疾。」黃侃云：「如《國語》注，則同觥。」〔註53〕朱駿聲《說文通訓定聲・壯部》云：「當訓大貌。《越語》『觥飯不及壺湌』言盛饌難具，不如壺湌之療饑速也。」〔註54〕正用韋注之義。《四庫全書考證》卷二〇云：「十二庚『恍』字注『恍飯不如壺湌』，案『恍』，《國語》作『觥』、『湌』作『殈』，又章昭曰：『觥，大也。』與此據《說文》云『小兒』者異。」〔註55〕《集韻・唐韻》云：「恍，盛也，一曰小兒。」〔註56〕明「一曰」是存舊說，《五音集韻》卷五引《國語》例釋「恍」爲「大貌」，《音韻述微》卷八云：「恍，大也。《國語》『恍飯不及壺湌』注：『盛饌也。』」〔註57〕故段注校《說文》云：「『小』當作『大』，字之誤也，凡光聲之字多訓『大』，無訓『小』者。」〔註58〕朱起鳳《辭通》引〈越語〉本句並引《說文》按云：「恍、觥同音通用，《說文》『小』字當作『大』，『大』與『盛』義同。『一食』當爲『壺殈』，蓋『一』字或通作『壹』，形與『壺』近，『食』乃『殈』字之缺。」〔註59〕則《宋本廣韻》及相關語言文字學專著

〔註51〕〔明〕方以智：《通雅》，北京：中國書店 1990 年影浮山此藏軒刻本，第 476 頁下。

〔註52〕王國維：《王國維文集》（第四卷），北京：中國文史出版社 1997 年版，第 104 頁。

〔註53〕黃侃：《字通》，見載於氏著《說文箋識四種》，上海：上海古籍出版社 1983 年版，第 109 頁。

〔註54〕〔清〕朱駿聲：《說文通訓定聲》，武漢市古籍書店 1983 年影臨嘯閣本，第 905 頁上。

〔註55〕〔清〕王太嶽：《欽定四庫全書考證》，上海：商務印書館 1936 年《叢書集成初編》本，第 782 頁。

〔註56〕〔宋〕丁度等：《集韻》，上海：上海古籍出版社 1985 年影述古堂本，第 225 頁。

〔註57〕〔清〕梁國治等撰：《音韻述微》，臺北：臺灣商務印書館 1986 年《景印文淵閣四庫全書》第 240 冊，第 947 頁下。

〔註58〕〔清〕段玉裁：《說文解字注》，上海：上海古籍出版社 1981 年影經韻樓本，第 378 頁下。

〔註59〕朱起鳳：《辭通》，北京：警官職業教育出版社 1993 年影開明書店本，第 1960 頁。

訓「侊」爲「小」者皆誤。

11‧清韻——成，《國語》晉郤犨食采苦成，後因以為氏。（下平聲卷二，第 171 頁）

【按】《國語》「郤犨」3 見，〈周語下〉2 見，〈魯語上〉1 見。〈周語下〉「郤犨見，其語迂」韋昭注云：「郤犨，晉卿，郤錡之族父、步揚之子苦成叔也。」《大漢和辭典》（修訂版）、《中文大辭典》並引《潛夫論》云：「苦成，城名，在鹽池東北，然此城因苦成子之封而得苦成城之名，其實成諡也。」〔註60〕錢林書爲《中國歷史大辭典（歷史地理卷）》撰「苦成」條目，云：「苦成，春秋晉邑，在今山西運城東。」〔註61〕《中文大辭典》僅列「複姓」、「人名」二義項，〔註 62〕當補第三個義項「地名」，《漢語大詞典》未收「苦成」詞條。

12‧青韻——令，《國語》云：「晉大夫令狐文子。」即魏顆也。（下平聲卷二，第 176 頁）

【按】文淵閣四庫本《原本廣韻》衹作「漢複姓令狐氏」，《重修廣韻》、《鉅宋廣韻》及瀚堂所收各本與《宋本廣韻》同。「令狐文子」衹在〈晉語七〉中出現 2 次，一在「悼公即位」章，原文爲：「使令狐文子佐之，曰：『昔克潞之役，秦來圖敗晉功，魏顆以其身卻退秦師於輔氏，親止杜回，其勳銘於景鐘。至於今不育，其子不可不興也。』」汪遠孫《攷異》云：「《文選》李善注曹子建〈求自試表〉、楊德祖〈答臨淄侯牋〉、謝希逸〈宣貴妃誄〉、王仲寶〈褚淵碑文〉引《國語》『潞』作『路』。《攷正》云：『二字古通。』」一在「悼公始合諸侯」章，原文爲：「令狐文子卒，公以魏絳爲不犯，使佐新軍。」韋注云：「文子，魏犨之孫、顆之子魏頡也。令狐，邑名。」《史記‧魏世家》不見有「魏頡」之名與「文子」之號。其他先秦兩漢傳世文獻不見有「令狐文子」之名。清人汪繼培《潛夫論箋》卷九云：「〈晉語〉令狐文子，韋昭注：『魏顆之子魏頡也。』襄三年《左傳》疏云：『世族譜，魏顆、魏絳

〔註60〕〔日〕諸橋轍次編：《大漢和辭典》（修訂版）第九卷，東京：大修館書店 1984 年版，第 582 頁中。

〔註61〕《中國歷史大辭典‧歷史地理卷》編纂委員會：《中國歷史大辭典‧歷史地理卷》，上海：上海辭書出版社 1996 年版，第 479 頁。

〔註62〕林尹等主編：《中文大辭典》（普及本），臺北：中國文化大學中國文化研究所 1968 年版，第 12133 頁。

俱是魏犨之子，顆別爲令狐氏，絳爲魏氏。』《唐書‧宰相世系表》云：『顆以獲秦將杜回功封令狐，生文子頡，因以爲氏。』」〔註63〕《左傳要義》、《春秋分記》、《古今紀要》從韋注。劉禹錫（772～842）云：「令狐，晉邑也，晉大夫魏顆以輔氏之功始封焉，其易名曰文，《國語》所謂『令狐文子』是已。」〔註64〕雖與諸說不同，然文人走筆爲文，憑意而作，無足爲據。董增齡《國語正義》、汪遠孫《國語發正》等皆闕如，今人薛安勤、董立章、黃永堂、趙望秦、來可泓皆從韋注以「魏頡」爲「魏犨之孫」、「魏顆之子」，無謂「令狐文子」爲「魏顆」者。實際上從〈晉語七〉第1條就可以得知「令狐文子」和「魏顆」並非一人。《廣韻》實誤。

13‧侵韻——斟，酌也，益也。又姓，《國語》云：「祝融之後侯伯八姓，斟姓無後。」賈逵注云：「斟姓是曹姓之後。」（下平聲卷二，第197頁）

【按】本條出〈鄭語〉，《鉅宋廣韻》、四庫本《重修廣韻》同，四庫本《原本廣韻》未用《國語》例。今傳《國語》各本原文作：「祝融亦能昭顯天地之光明，以生柔嘉材者也，其後八姓於周未有侯伯……斟姓無後。」韋注云：「八姓，祝融之後。八姓：己、董、彭、禿、妘、曹、斟、芈也。侯伯，諸侯之伯。斟姓，曹姓之別。或云夏少康滅之，非也。傳有斟灌、斟鄩，澆所滅，非少康，又皆夏同姓，非此也。」《廣韻》節引復述，於《國語》原文意頗有違。羅泌（1131～1189）《路史》卷一七「後紀八」云：「諸斟之姓，世皆有之。而史伯謂斟無後，蓋在周無封土也。《史記》遂以斟戈尋爲禹後，賈逵以諸斟爲曹姓後，皆因史伯之言而誤之也。」〔註65〕審《國語》「無後」5見，其中2見釋爲「無後嗣」，1見釋爲「無子孫在顯位者」，釋爲「無後嗣」者一爲晉惠公，一爲冀芮，皆符合史實。又審〈鄭語〉本句上下文：「妘姓鄔、鄶、路、偪陽，曹姓鄒、莒，皆爲采衛，或在王室，或在夷、狄，莫之數也。而又無令聞，必不興矣。斟姓無後。融之興者，其在芈姓乎？」羅說可從。汪遠孫《三君注輯存》、馬國翰《玉函山房輯佚書》、張以仁《〈國語〉舊注輯校》所

〔註63〕〔清〕汪繼培箋、彭鐸校正：《潛夫論箋》，北京：中華書局1979年版，第450頁。

〔註64〕〔唐〕劉禹錫：《劉賓客文集》卷二〈彭陽侯令狐氏先廟碑〉，見載於瞿蛻園《劉禹錫集箋證》，上海古籍出版社1989年版，第47頁。

〔註65〕〔宋〕羅泌：《路史》，臺北：臺灣商務印書館1986年《文淵閣四庫全書》第383冊，第150頁。

引賈注並云自《廣韻・侵韻》，《古今姓氏書辯證》卷一九亦引《廣韻》所引賈逵注爲說，《五音集韻》卷六「三斟」注、《正字通》卷四「斟」字注亦以《廣韻》注爲說，《廣韻》何自則未可知。則韋注「斟姓，曹姓之別」之釋本賈注。

14・腫韻——悚，敬也。《國語》云：「悚善抑惡。」（上聲卷三，
　　　第 219 頁）

【按】本條出〈楚語上〉，《鉅宋廣韻》、四庫本《重修廣韻》、符山堂本及瀚堂所收各本並同。今傳《國語》各本作「教之春秋，而爲之聳善而抑惡焉」，字作「聳」不作「悚」。詳見〈《希麟音義》引《國語》斠證〉第 2 條。

15・紙韻——㢮，廣也。《國語》曰：「狹溝而㢮我。」（上聲卷三，
　　　第 225 頁）

【按】《重修廣韻》、《鉅宋廣韻》、符山堂本、覆宋本引同，宋巾箱本《廣韻》引《國語》作「俠溝」，又《增修校正押韻釋疑》、《釋文互註禮部韻略》引作「陜」。本條出〈吳語〉，今傳《國語》各本原文爲：「齊、宋、徐、夷曰：『吳旣敗矣！』將夾溝而㢮我，我無生命矣。」《正字通》引與今傳本同。「狹」字作「夾」，遞修本、金李本、張一鯤本、閔齊伋《裁注》本、《國語評苑》、《四庫薈要》本、董增齡《國語正義》、秦鼎本、綠蔭堂本、黃刊明道本、會文堂本、崇文本、錦章書局本、商務本字都作「夾」不作「狹」，《繹史》卷九六下、《左傳紀事本末》卷五一、《尙史》卷六三、《經濟類編》卷四二引與今本《國語》同。《六書故》卷二九引「夾」作「闕」，誤。《說文》引作「俠」，段注云：「夾，古書多作『俠』。」又云：「按俠之爲言夾也。夾者，持也，經傳多叚『俠』爲『夾』。凡『夾』，多用『俠』。」《說文》「陜，隘也」段注云：「俗作『陿』、『峽』、『狹』。」〔註66〕是《國語》字本當作「夾」。《漢語大字典》引此條書證作：「吳旣敗矣，將夾溝而㢮我。」〔註67〕「吳旣敗矣」本王孫雒揣度齊、宋、徐、夷等國所說之詞，不當與「將夾溝而㢮我」相連，《漢語大字典》引證失當，標點亦欠允，不如《廣韻》引證簡潔恰切。

〔註66〕〔清〕段玉裁：《說文解字注》，上海：上海古籍出版社 1981 年影經韻樓本，
　　　　第 444 頁下、第 373 頁上、第 732 頁上。
〔註67〕徐中舒主編：《漢語大字典》（縮印本），成都：湖北、四川辭書出版社 1993
　　　　年版，第 888 頁。

　　㢉，韋注云：「旁擊曰㢉。」小學書如《說文》、《廣雅》、《玉篇》等皆釋爲「廣」。段注云：「按旁擊者，開拓自廣之意也。」是從韋注生發而不棄《說文》。段注又於《說文》「侈，掩脅」下云：「掩者，掩蓋其上；脅者，脅制其旁。凡自多以陵人曰侈，此侈之本義也。〈吳語〉：『夾溝而㢉我。』其字則㢉也，其義則掩脅也。」〔註68〕陳瑑曰：「許氏據此以釋㢉之爲『廣』，則㢉我者，謂牽曳之，使勢分廣也。」〔註69〕徐元誥從陳說。《康熙字典》、《漢語大字典》等因襲《說文》引用《國語》此例，並釋之曰「廣」。《漢語大詞典》處理則較審慎，立「廣」義項並引《說文》釋義與段注爲依據不引書證，而於「旁擊」義項下引《國語》的這條書證。「㢉」字經籍中十分少見，各字、詞典舉例有二，一即是《國語‧吳語》中的這一條，見於各字、詞典；另一條是《漢語大詞典》引《新唐書‧宗室傳‧永安王孝基》：「會尉遲敬德至，與崇茂夾㢉官師，遂大敗。」很明顯，《新唐書》的這一表述襲自《國語‧吳語》，將「夾溝而㢉」略爲「夾㢉」。侈、㢉本同字，因「广」（《古文字詁林》引《汗簡》作「乀」）、「亻」（𠆢）字形極易混同而訛爲二字，如《古文字詁林》引唐李商隱《字略》字即作「𠆢」。或宋公序仍其舊，而宋祁喜用生僻字，故於《新唐書》中用之。《說文》以形推義，韋昭因文釋義，都有各自的理據，而後世注家曲爲關聯，反不如許、韋之釋正確。

16‧姥韻──五，數也，又姓……《國語》云：「楚昭王時有五參蹇。」《姓苑》有五里氏。（上聲卷三，第246頁）

　　【按】《重修廣韻》、《鉅宋廣韻》、巾箱本、覆宋本同。邵思《姓解》卷三「五參」注與《廣韻》同，《五音集韻》亦引《廣韻》爲說，邵未言出《國語》。然「五參蹇」結構不見今傳《國語》各本，今傳《國語》各本亦不見「五參」。〈楚語上〉「椒舉娶於申公子牟」韋注云：「椒舉，楚大夫，伍參之子、伍奢之父伍舉也。」「伍參」之名則見於《左傳》3次，爲：襄公二十六年「初楚伍參與蔡太師子朝友」、宣公十二年「嬖人伍參欲戰」和「伍參言於王曰」。《漢書‧古今人表》作「五參」。柴玉文《中華姓名詞典》祇收錄伍姓，云：「黃帝時大臣有五胥，爲伍姓始祖。春秋時五胥後代有伍參，參生舉，伍子

〔註68〕〔清〕段玉裁：《說文解字注》，上海：上海古籍出版社1981年影經韻樓本，第379頁下。

〔註69〕〔清〕陳瑑：《國語翼解》卷六，臺北：新文豐出版公司版《叢書集成新編》第109冊，第687頁中。

胥奔吳，其子孫有的改爲王孫氏逃到齊地。」〔註70〕先秦兩漢傳世文獻中並無「五參罷」或「參罷」之名，《廣韻》實誤，王太嶽《四庫全書考證》已揭出。觀邵氏《姓解序》作於景佑二年（1035），又余嘉錫云：「黎庶昌《古逸叢書》中刻有北宋本《姓解》三卷，雁門邵思纂，序末題大宋景佑二年上祀圓丘後五日自序。其書既從來不見著錄，作者之生平亦無可考。惟原本《說郛》卷四十引有《野說》六條，署姓名曰：『宋邵思，雁門人。』多記江南之事。其間一條曰『開寶八年（975）十一月二十七日夜半金陵城陷，大軍將入，予六歲矣』云云。作《姓解》者，必此人也。景佑二年書成之時，年六十六矣。」〔註71〕《廣韻》修纂在大中祥符元年（1008），早於邵氏書成 27 年，邵氏之言或本《廣韻》，然不言出《國語》者，或知其誤。亦或《廣韻》、《姓解》之說本有所自，而《廣韻》則誤繫於《國語》。

17·養韻——蛧，蛧蜽，蟲名。《說文》曰：「蛧蜽，山川之精物也。」《國語》曰：「木石之怪夔蛧蜽。」亦作魍魎。（上聲卷三，第290 頁）

【按】本條出〈魯語下〉，「季桓子穿井獲羊」篇，今傳《國語》各本原文爲：「木石之怪曰夔、蛧蜽。」此例爲《廣韻》轉引《說文》者。辨詳見《慧琳音義》引《國語》斠證〉第 8 條、〈《說文解字繫傳》引《國語》斠證〉第56 條。

18·厚韻——苟，苟且。又姓，出河內、河南、西河三望，《國語》云：本自黃帝之子。漢有苟參。（上聲卷三，第306 頁）

【按】本條當出〈晉語四〉，今明道本作「荀」，《札記》引段云：「《廣韻》『苟』字下曰：『姓出河內河南河西三望。《國語》云本自黃帝之子，古厚切。』《十一·眞》『荀』字下曰：『本姓郇，後去邑爲荀。』然則《國語》各本作『荀』，皆『苟』之誤也。《潛夫論》作『拘』。」〔註72〕又王引之《經義述聞》引《廣韻》本句並云：「是荀姓爲文王之後，苟姓爲黃帝之後。且《元和姓纂》及《廣韻》引《國語》並作『苟』不作『荀』也。《軒轅黃帝

〔註70〕柴玉文：《中華姓名詞典》，北京：中國言實出版社 2002 年版，第 574 頁。

〔註71〕余嘉錫：《余嘉錫論學雜著》，北京：中華書局 1963 年版，第 658 頁。

〔註72〕〔清〕黃丕烈：《校刊明道本韋氏解國語札記》，北京：商務印書館 1959 年版《國語》後附，第 255 頁。

傳》亦作『苟』，又《潛夫論・志氏姓篇》『苟』作『拘』，『拘』、『苟』古聲相近，故『苟』通作『拘』也。《路史》曰：『《國語》作荀，非。』則所見已是誤本矣。……《史記・五帝紀》集解單行本、索隱皆作『荀』，後人以誤本《國語》改之也。」〔註73〕則《國語》本文字亦當作「苟」。

19・問韻——運，遠也，動也，轉輸也。《國語》云：「廣運百里。」東西為廣，南北為運。（去聲卷四，第375頁）

【按】本條出〈越語上〉，《鉅宋廣韻》、四庫本《原本廣韻》、《重修廣韻》、黑水城殘卷、覆宋本、巾箱本引並同，四庫本《禮部韻略・問韻》引「里」誤作「圭」，四庫本《洪武正韻・運韻》沿襲《韻略》之誤。今傳《國語》各本同，「東西為廣，南北為運」與韋注同。王念孫云：「運寸與廣七尺相對為文，廣為橫，則運為從也。目大運寸猶言目大徑寸耳。《國語・越語》：『句踐之地廣運百里。』韋注曰：『東西為廣，南北為運。』是『運』為『從』也。《西山經》曰：『是山也，廣員百里。』『員』與『運』同。」〔註74〕然則《廣韻》「運，遠也，動也，轉輸也」之訓釋與《國語》引文中之「運」絲毫無涉，是引證失誤。又《古今韻會舉要》、《正字通》引作「廣運五里」，誤。辨另見〈《原本玉篇殘卷》引《國語》斠證〉第70條。

20・禡韻——霸，《國語》曰：「霸，把也，把持諸侯之權。」（去聲卷四，第403頁）

【按】此條非《國語》正文。《鉅宋廣韻》、四庫本《原本廣韻》、《重修廣韻》、覆宋本、黑水城殘卷本、巾箱本引並同，《洪武正韻》、《叶韻彙輯》、《增修互註禮部韻略》並沿襲之。今韋昭注及各本《國語》亦無注「霸」為「把也，把持諸侯之權」者，該釋文出自《慧琳音義》「談霸」引賈逵注《國語》，云：「霸，把也，把持諸侯之權，行方伯之職也。」〔註75〕國粹學報館影唐寫本《唐韻》即引作「《國語》」，《廣韻》沿其誤，至王文鬱《新刊韻

〔註73〕〔清〕王引之：《經義述聞》卷二一，南京：江蘇古籍出版社2000年版《高郵王氏四種》刊本，第503頁上。

〔註74〕〔清〕王念孫：《讀書雜誌》十六餘編上「目大廣寸」條，北京：中國書店1985年版，本卷第25頁。

〔註75〕〔唐〕慧琳：《一切經音義》，上海：上海古籍出版社1983年《正續一切經音義》，第3308頁。

略》猶云：「《國語》曰：『霸，把也，把持諸侯之權。』」〔註76〕輾轉皆誤。「霸」字，《國語》共出現 6 次，其中〈周語上〉2 次：「晉，不可不善也。其君必霸。」「二十一年，以諸侯朝王于衡雍，且獻楚捷，遂爲踐土之盟，於是乎始霸。」《晉語四》2 次：「此大夫管仲之所以紀綱齊國，裨輔先君而成霸者也。」「濟且秉成，必霸諸侯。」《晉語七》1 次：「五年，諸戎來請服，使魏莊子盟之，於是乎始復霸。」《晉語八》1 次：「夫霸王之勢，在德不在先歃，子若能以忠信贊君，而裨諸侯之闕，歃雖在後，諸侯將載之，何爭於先？」《玉函山房輯佚書》把賈逵的這條注釋放在「二十一年，以諸侯朝王于衡雍，且獻楚捷，遂爲踐土之盟，於是乎始霸」後。《古今韻會舉要》則正作：「《國語》注：霸，把也，把持諸侯之權。」〔註77〕張子烈《正字通》亦正作「國語注」。則《廣韻》此條當作：「《國語》賈逵注曰：『霸，把也，把持諸侯之權。』」

21·屋韻——禿，《說文》云：「無髮也，从人，上象禾粟之形。」《文字音義》云：「倉頡出見禿人伏於禾中，因以制字。」又《國語》云：史伯曰：「祝融之後八姓，己、董、彭、禿、妘、曹、斟、芈。」（入聲卷五，第 430 頁）

【按】本條出〈鄭語〉，今傳《國語》各本同。四庫本《原本廣韻》、《重修廣韻》俱未引，《鉅宋廣韻》「己」作「巳」、「芈」作「羊」，刻誤。「巳」、「已」實皆「己」之誤。此是《廣韻》節引《國語》之文。《萬姓統譜》云：「禿，祝融後八姓，禿居其一。賈逵云：『禿，彭姓別族也。』」〔註78〕賈逵此語，《通志·氏族略三》亦引之，汪遠孫、張以仁繫於〈鄭語〉本處。《說文》及《文字音義》所云「禿」字造字機理皆未盡當，《文字音義》所云「倉頡出見禿人伏於禾中，因以制字」爲《說文》引王育之說，尤其附會。段玉裁云：「因一時之偶見，遂定千古之書契。禿人不必皆伏禾中，此說殆未然矣。」又云：「其實秀與禿古無二字，殆小篆始分之。今人禿頂亦曰秀頂，

〔註76〕〔金〕王文鬱：《新刊韻略》，上海：上海古籍出版社 2002 年輯印《續修四庫全書》第 250 冊影上圖藏清影抄金本，第 350 頁。

〔註77〕〔元〕熊忠、黃公紹：《古今韻會舉要》卷二三，頁四，北京：中華書局 2000 年影本，第 377 頁。

〔註78〕〔明〕凌迪知撰：《萬姓統譜》，成都：巴蜀書社 1995 年影《文淵閣四庫全書》本第 2 冊，第 583 頁下。

是古遺語。」〔註79〕徐灝（1810～1879）從之。朱希祖（1879～1944）記章太炎云：「《周禮》髡者使守積，古倉中有連稿之米穀，使秃者守之，不使稻稿米灰積頭也，故秃从禾从儿耳。」〔註80〕黃侃、錢玄同並云章說「較許說爲長」〔註81〕，徐復從之，亦可備一說。林義光云：「𣎆 象髮稀疏形，非禾字。」〔註82〕似更合理據。

22・屋韻——鹿，獸名。《國語》曰：周穆王征犬戎，得四白鹿四白狼，而荒服不至。（入聲卷五，第 430 頁）

【按】本條出〈周語上〉，四庫本《原本廣韻》、《重修廣韻》俱未引，《鉅宋廣韻》、覆宋本、巾箱本引與《宋本廣韻》同。今傳《國語》各本原文爲：「穆王將征犬戎……王不聽，遂征之，得四白狼，四白鹿以歸。自是荒服者不至。」《廣韻》節引爲義。張以仁《集證》云：「《竹書紀年》謂西征犬戎，『取其五王以東』（《穆傳》郭璞注引，《後漢書・西羌傳》亦有）。則西征所得，不止四白狼四白鹿也。所以不言其他者，欲見其所獲者小所失者大以垂戒後世也。」〔註83〕《廣韻校釋》在「周穆王征犬戎，得四白鹿四白狼，而荒服不至」一句上施直引號〔註84〕，誤。

23・覺韻——鷟，鸑鷟，鳳屬。《國語》曰：「周之興也，鸑鷟鳴于岐山。」俗作「𪄱」。（入聲卷五，第 444 頁）

【按】本條出〈周語上〉，四庫本《重修廣韻》未引《國語》，《原本廣韻》、覆宋本與《宋本廣韻》同，《鉅宋廣韻》、巾箱本「𪄱」作「鸑」。今傳《國語》各本「于」作「於」，《說文》、《繫傳》、《一切經音義》等引《國語》皆作「於」。「隹」、「鳥」皆形符，「獄」、「嶽」皆聲符，無別。辨詳見〈《說文解字繫傳》

〔註79〕 〔清〕段玉裁：《說文解字注》，上海：上海古籍出版社 1981 年影經韻樓本，第 407 頁上。
〔註80〕 章太炎講，錢玄同、朱希祖、周樹人記錄：《章太炎說文解字講授筆記》，北京，中華書局 2010 年版，第 360 頁。
〔註81〕 黃侃述、黃焯編校：《說文箋識四種》，上海：上海古籍出版社 1983 年版，第 181 頁。錢玄同：《說文段注小箋十六・秃部》，見錢玄同著、劉思源等編：《錢玄同文集》（第五卷），北京：中國人民大學出版社 1999 年版，第 269 頁。
〔註82〕 林義光《文源》卷四，轉引自《古文字詁林》第 7 冊，上海：上海教育出版社 2004 年版，第 762 頁。
〔註83〕 張以仁：〈國語集證〉卷一上，《歷史語言所集刊》第 44 本第 1 分，第 126 頁。
〔註84〕 ②蔡夢麟：《廣韻校釋》，長沙：嶽麓書社 2007 年版，第 1038 頁。

引《國語》斠證〉第 17 條。

24・質韻——鎰，《國語》云：「二十四兩為鎰。」又《禮》曰：「朝一
溢米。」注謂：「二十兩曰溢。」（入聲卷五，第 449 頁）

【按】巾箱本、覆宋本同，《鉅宋廣韻》云：「《國語》云：『二十四兩爲鎰。』又《礼》曰：『朝一鎰米。』注謂：『二十四兩曰鎰。』」〔註85〕四庫本《原本廣韻》「曰鎰」與《鉅宋廣韻》同，，四庫本《重修廣韻》祇作「二十四兩爲鎰」，王文鬱《新刊韻略・質韻》引並同。本條實非《國語》正文。〈晉語二〉「黃金四十鎰，白玉之珩六雙，不敢當公子，請納之左右」韋昭注云：「二十四兩爲鎰。」又《原本玉篇殘卷》引《國語》「黃金四溢」賈逵曰：「一曰溢，二十四兩也。」《文選》李善注亦引賈逵此注。則韋注實亦本賈。汪遠孫以《廣韻》實「亦引賈注而誤脫注字」〔註 86〕，言是。故《廣韻》此條當作：「《國語》賈注云：『二十四兩爲鎰。』」《廣韻》實因襲唐代韻書之誤。《廣韻校釋》未出注。

25・陌韻——簎，刺也。《國語》曰「簎魚鱉」也。（入聲卷五，
　　　第 491 頁）

【按】本條出〈魯語上〉，《鉅宋廣韻》、四庫本《重修廣韻》同，四庫本《原本廣韻》、泰定本無「曰」字。今傳《國語》各本原文作「矠魚鱉」，唐寫本《唐韻》第三十七葉更引作「籍魚鱉」，今傳《國語》各本字作「矠」不作「簎」，黃丕烈《國語札記》云：「段云：徐鍇《說文》引《國語》『簎魚鱉』。丕烈案：《舊音》：『矠』或作『簎』。即徐所引也，惠氏《禮說》論『簎』字詳矣。」〔註87〕韋注云：「矠，撠也。」《說文・矛部》段注引韋注並云：「按此矠字引申之義也。《周禮》作『簎魚鱉』，注云：『謂杈刺泥中搏取之。』《莊子》：『擉鱉于江。』《東京賦》：『毒冒不蔟。』皆音近義同。」〔註88〕《廣韻・

〔註85〕〔宋〕陳彭年等：《鉅宋廣韻》，上海古籍出版社 1983 年影乾道五年閩中建寧府黃三八郎書鋪本，第 381、382 頁。

〔註86〕〔清〕汪遠孫：《國語三君注輯存》卷三，芝加哥大學圖書館藏道光振綺堂本，本卷第 5 頁。

〔註87〕〔清〕黃丕烈：《校刊明道本韋氏解國語札記》，北京：商務印書館 1959 年版《國語》後附，第 248 頁。

〔註88〕〔清〕段玉裁：《說文解字注》，上海：上海古籍出版社 1981 年影經韻樓本，第 719 頁下。

麥韻》云：「𥮹，以又矛取物也。」又云：「𥮹，矛也。」〔註89〕是「𥮹」兼名、動二義。另見〈《說文解字繫傳》引《國語》斠證〉第 52 條、〈《類篇》引《國語》斠證〉第 32 條。

26・錫韻——糴，市穀米。又姓，《國語》有晉大夫糴茂。（入聲卷五，第 502 頁）

【按】四庫本《原本廣韻》無「有」字，《重修廣韻》祇作「糴，市穀米。又姓」，《鉅宋廣韻》、巾箱本、覆宋本與《宋本廣韻》同。今傳《國語》各本均無「糴茂」之名，亦無以「茂」字作人名者。查楊伯峻《春秋左傳詞典》和《二十四史人名索引》亦未見收。檢索「漢籍全文檢索數據庫（第二版）」和電子版文淵閣本《四庫全書》，前者唯《法言義疏》有「翟茂」之名，後者則唯《山東通志》卷一五之一云：「翟茂，歷城通判。」則此「翟茂」非《廣韻》所言之「糴茂」甚明。又《萬姓統譜》卷一一八收有「糴」姓，注云：「周糴茂，晉大夫。」〔註90〕《萬姓統譜》之言當本《廣韻》。唐寫本《唐韻》入聲第三十四葉引《國語》即作此，是《廣韻》因襲《唐韻》之誤。蔡夢麟《廣韻校釋》云：「段玉裁改『《國語》』作『《左傳》』，改『糴茂』作『糴茷』。《左傳・成公十年》：『晉侯使糴茷使楚。』杜預注：『糴茷，晉大夫。』」〔註91〕若如段注所言，則「茂」、「茷」形近而誤混。

〔註89〕〔宋〕陳彭年等：《宋本廣韻》，北京：中國書店 1982 年影張氏澤存堂本，第 494 頁。

〔註90〕〔明〕凌迪知撰：《萬姓統譜》，成都：巴蜀書社 1995 年影《文淵閣四庫全書》本第 2 冊，第 631 頁下。

〔註91〕蔡夢麟：《廣韻校釋》，長沙：嶽麓書社 2007 年版，第 1031 頁。

陸、《宋本玉篇》引《國語》斠證

　　《宋本玉篇》實際全名《大廣益會玉篇》，宋眞宗大中祥符六年（1013）由陳彭年（961～1017）等人根據孫強上元本《玉篇》重新修纂而成，又稱《重修玉篇》。根據黃孝德研究〔註1〕，《宋本玉篇》有兩個版本系統，其一是建德周氏藏元本，在這個版本的基礎上衍生出明代內府本、《四庫全書》收紀昀家藏本、《四部叢刊》本、日本寬永八年本；其二爲清康熙年間蘇州張士俊澤存堂刻毛氏汲古閣藏本。關於《宋本玉篇》的流傳刊刻情況，何瑞《宋本〈玉篇〉歷史漢字傳承與定形》言之較詳，可以參看〔註2〕。目前最爲習見者爲中華書局 1987 年影《大廣益會玉篇》和中國書店 1983 年影《宋本玉篇》，二者皆據清代張士俊澤存堂本影印，中華書局本後面附有索引，頗便讀者。本文的《國語》例句即是通過檢索中國書店影《宋本玉篇》而得。《宋本玉篇》引用《國語》例證共 21 處。辨析時並參照四庫本《重修玉篇》、胡吉宣《玉篇校釋》、胡吉宣〈《玉篇》引書攷異〉、孔仲溫《〈玉篇〉俗字研究》、朱葆華《原本玉篇文字研究》等。

〔註1〕 黃孝德：〈《玉篇》的成就及其版本系統〉，《辭書研究》1983 年第 2 期，第 145～第 152 頁。關於《玉篇》版本，又見姜聿華《中國傳統語言學要籍述論》（北京：書目文獻出版社 1992 年版，第 241 頁）、楊劍橋：《玉篇》（濮之珍主編《歷代語言學家評傳》，上海：復旦大學出版社 1991 年版，第 111～第 116 頁）。筆者亦曾撰〈《玉篇》的版本流傳〉小文，爲筆者大學本科學位論文〈《宋本玉篇》在版本、訓詁、文獻上的價值〉之第一部分，刊於 2004 年 1 月 19 日之《舊書信息報》。

〔註2〕 何瑞：《宋本〈玉篇〉歷史漢字傳承與定形》，華東師範大學漢語言文字學 2006 屆博士學位論文。關於《玉篇》的流傳與刊刻部分見於該論文第 18～81 頁，對於《宋本玉篇》的梳理則見於該論文第 39 頁～91 頁。

1・玉部——珠，之俞切，《說文》云：蚌之陰精。《春秋國語》曰「珠足以禦火災」是也。蜀郡平津縣出青珠。（卷一，第 20 頁）

【按】《玉篇校釋》云：「引《國語》爲〈楚語〉文，亦出《說文》所稱。許氏引例稱《春秋國語》，顧引止作《國語》。」〔註3〕實即出〈楚語下〉。韋注云：「珠，水精，故以禦火災。」《說文》云：「珠，蚌之陰精。从玉朱聲，《春秋國語》曰『珠以禦火災』是也。」〔註4〕是《宋本玉篇》訓襲《說文》。《類篇》云：「《說文》：蚌之陰精。引《春秋國語》『珠足以禦火災』。」〔註5〕是《類篇》亦襲自《說文》也，《宋本玉篇》、《類篇》引《國語》文俱有「足」字而《說文》無之，或《說文》所據本無之。今傳《國語》各本俱有「足」字，《繹史》卷八九、《尚史》卷五九、《通典》卷八、《格物通》卷七八、《玉海》卷八六、《喻林》卷六一等引亦俱有「足」字。亦或《說文》本脫「足」字，後世小學書因今傳《國語》各本而加「足」字，無「足」字者守《說文》之舊。觀今《楚語下》「圉聞國之寶六而已。明王聖人能制議百物，以輔相國家，則寶之；玉足以庇蔭嘉穀，使無水旱之災，則寶之；龜足以憲臧否，則寶之；珠足以禦火災，則寶之；金足以禦兵亂，則寶之；山林藪澤足以備財用，則寶之。若夫嘩囂之美，楚雖蠻夷，不能寶也」一段中，文句規整，所寶者六，爲「明王聖人」、「玉」、「龜」、「珠」、「金」、「山林藪澤」，首尾二種都是四個音節，每種都可以看做是兩個合成詞並列結構，然而首不加「足」字而尾加「足」，其他四種皆單音節並加「足」字，「足以」5 現，不似後世強加者。「明王聖人」之能不必驗證，而後五者是必須經過驗證纔能確定是否「寶之」，如「禦火災」祇是「珠」之所以被「寶之」的一個潛在的前提，至於具體的「珠」是否具有被「寶」的條件，那還要進行驗證，故而加「足」字以強調。《說文》在引用《國語》時候沒有加「足」是因爲離開了《國語》的具體環境，所解釋的「珠」言其普遍性，即一般的「珠」都有「禦火災」的功能。辨並見《〈說文解字繫傳〉引《國語》斠證》第 2 條。

〔註3〕 胡吉宣：《玉篇校釋》，上海：上海古籍出版社 1989 年版，第 138 頁。

〔註4〕 〔漢〕許慎：《說文解字》，北京：中華書局 1963 年影陳昌治覆刻平津館本，第 13 頁上。

〔註5〕 〔宋〕司馬光：《類篇》，上海：上海古籍出版社 1988 年影汲古閣影抄本，第 7 頁上。

2·土部——垓，古荅切，《國語》曰：「天子之田九垓，以食兆民。」
《風俗通》曰：「十千曰萬，十萬曰億，十億曰兆，十兆曰經，
十經曰垓。」（卷二，第23頁）

【按】胡吉宣《玉篇校釋》云：「引《國語》爲〈楚語〉文，今本作『畡』。」
〔註6〕實即〈楚語下〉。今傳《國語》各本字作「畡」，《周官祿田考》卷下、
《禮書綱目》卷五七、《六書故》卷五、《繹史》卷八九、《尚史》卷五七、《通
雅》卷四〇、《冊府元龜》卷七八〇、《玉海》卷一二七亦並引作「畡」。汪
遠孫《攷異》云：「《說文》引《國語》『畡』作『垓』。」〔註7〕《玉篇》此
條實襲自《說文》。段注云：「『畡』者，『垓』字之異也。」〔註8〕根據「漢
籍全文檢索數據庫」，先秦兩漢傳世文獻中除《國語》外，其他文獻不見用
「畡」字。「垓」字也不見用於先秦傳世文獻，兩漢文獻比較多見，且多以
「垓下」地名出之。之所以用「畡」字，或因爲在此語境中是用來描寫「天
子之田」的緣故。另辨見《說文解字繫傳》引《國語》斠證〉第57條。

3·土部——墐，奇鎮切，塗也。《國語》曰：「陵陸墐井。」墐，溝上
之道也。（卷二，第25頁）

【按】胡吉宣《玉篇校釋》云：「引《國語》爲〈齊語〉文。原文爲『陵
阜陸墐井田疇均』，此引蓋經刪誤。」〔註9〕遞修本、金李本、張一鯤本、《百
家類纂》本、閔《裁注》本、《國語評苑》、《四庫薈要》本、文淵閣《四庫》
本、董增齡《國語正義》、秦鼎本、綠蔭堂本等本文爲：「陸、阜、陵、墐、
井、田、疇均，則民不憾。」《通鑑答問》卷二、《繹史》卷四四之一、《左
傳紀事本末》卷一八、《格物通》卷八七、《經濟類編》卷一四、《古文淵鑒》
卷五引同。黃刊明道本、崇文本、會文堂本、錦章書局本、《國語韋解補正》、
《國語詳注》、商務本「陸」、「陵」互倒，《通志》卷九二、蘇轍《欒城集》
卷一九《新論上》引同。《管子·小匡篇》作「陵陸丘井田疇均」。皆與《宋
本玉篇》引《國語》異。則《玉篇校釋》所引《國語》爲明道本無疑，或即

〔註6〕 胡吉宣：《玉篇校釋》，上海：上海古籍出版社1989年版，第169頁。
〔註7〕 〔清〕汪遠孫：《國語明道本攷異》，北京：商務印書館1959年版《國語》後
附，第332頁。
〔註8〕 〔清〕段玉裁：《說文解字注》，上海：上海古籍出版社1981年影經韻樓本，
第682頁下。
〔註9〕 胡吉宣：《玉篇校釋》，上海：上海古籍出版社1989年版，第185頁。

據上海師範大學點校本。韋昭注云：「高平曰陸，大陸曰阜，大阜曰陵。墱，溝上之道也。九夫爲井，井閑有溝。谷地曰田，麻地曰疇。均，平也。憾，恨也。」則《宋本玉篇》訓釋一本《國語》韋昭解。汪遠孫《攷異》云：「公序本『陸』、『陵』互倒，與韋注似合，今攷《宋本玉篇》作『陵、陸、墱、井』、《管子》云『陵、陸、丘、井』，疑傳文『阜』字衍，當刪。」〔註10〕郭沫若《集校》引丁士涵云：「『井』與陵、陸、丘三者不順。『井』當爲『阜』。〈地圖篇〉曰『陵、陸、丘、阜之所在』，《說苑・辨物篇》曰『山川汙澤，陵陸丘阜，五土之宜，聖王就其勢，因其便，不失其性，高者黍，中者稷，下者秔，薄葦菅蒯之用不乏，麻麥黍粱亦不盡』，即此所謂『陵陸丘阜田疇均』，〈齊語〉作『陵阜陸墱井田疇均』，『井』字衍。」又引張佩綸（1848～1903）云：「『陵陸丘』下奪『阜』字，丁說是也。『井』字上尚有爛脫，陵陸丘阜不足以盡五土。」〔註11〕丁、張之說與汪遠孫又異。然韋注既釋「阜」字、「井」字，則韋昭時即有「阜」字、「井」字，未可輕言字衍也。

4・土部——墱，正讓、止楊二切，隔塞也，壅也，防也。《國語》曰：「鯀墱洪水。」亦作障。（卷二，第28頁）

【按】胡吉宣《玉篇校釋》云：「引《國語》爲《魯語》。」〔註12〕實即〈魯語上〉。遞修本、金李本、張一鯤本、《百家類纂》本、閔齊伋《裁注》本、《國語評苑》、《四庫薈要》本、文淵閣《四庫》本、董增齡《國語正義》、秦鼎本、綠蔭堂本字作「鯀」，《太平御覽》卷七六、《文苑英華》卷三六二、《文編》卷二〇引同，《說文・魚部》：「鯀，魚也。」《玉篇・魚部》：「鯀，大魚也。」〔註13〕黃刊明道本《國語》、崇文本、會文堂本、錦章書局本、商務本、《國語韋解補正》、《國語詳注》字作「鮌」，明陸時雍《楚辭疏》卷四引同。今傳《國語》各本無作「鯀」者。《經典釋文》並收「鯀」、「鮌」二字，《禮記・祭法》「夏后氏亦禘黃帝而郊鯀」《釋文》云：「鯀，本又作『鮌』。」

〔註10〕　〔清〕汪遠孫：同上，第295頁。

〔註11〕　郭沫若：《管子集校》（一），《郭沫若全集・歷史編》第五卷，北京：人民出版社1984年版，第524頁。

〔註12〕　胡吉宣：《玉篇校釋》，上海：上海古籍出版社1989年版，第216頁。

〔註13〕　〔漢〕許慎：《說文解字》，北京：中華書局1963年影陳昌治覆刻平津館本，第243頁上。〔宋〕陳彭年等重修：《宋本玉篇》，北京：中國書店1983年影張氏澤存堂本，第454頁。

〔註14〕《古文四聲韻》卷三收「鮌」與「縣」二字。《十三經注疏正字》卷二三「以八柄節註舜殛鯀于羽山是也」注云：「『鯀』，《釋文》作『鮌』。」

〔註15〕《五經文字》卷上云：「鯀，音袞，《經典釋文》亦作『縣』，或作『鮌』，《禮記》及《釋文》又作『鯀』者，必恐相承誤謬。」〔註16〕《龍龕手鑑》卷一云：「鮌、鯀，人名，二同。」〔註17〕《廣韻·混韻》：「鯀，亦作鮌。」

〔註18〕《別雅》卷三云：「禹父名本作縣，註云：『亦作骸。』《尚書》本作『鮌』，蓋從魚、從角、從骨，其形相似；而系與玄形亦相近，故所傳不同。」

〔註19〕按「鮌」、「鯀」上古音在見紐文部，「玄」上古音在匣紐真部，「系」上古音在匣紐錫部，雖為雙聲，難以同為一字之聲符。就其字形上而言，「角」、「魚」形近，「骸」或為「鮌」之形誤，《說文·角部》云：「角與刀魚相似。」

〔註20〕如陳淑梅《東漢碑隸基礎構件及其變體分布表》就收錄有「角」的兩個變體「角」和「𩵋」〔註21〕，其中「𩵋」和「魚」字形相當接近，故段注云：「《廣韻》禹父縣，《尚書》本作鮌，按縣乃鯀誤。」〔註22〕「縣」、「鯀」之「系」當為「玄」字之誤，說詳下。字從「骨」與從「魚」代表著不同的命意方式。理由如下：（一）夏代尚黑。發掘出土的早期文化遺址中的彩陶紋飾體現出了尚黑的特徵，到了夏代則形成了尚黑觀念〔註23〕。包括現在的一

〔註14〕〔唐〕陸德明：《經典釋文》，北京：中華書局 1981 年影通志堂經解本，第 202 頁下左。

〔註15〕〔清〕沈廷芳：《十三經注疏正字》，臺北：臺灣商務印書館 1986 年《景印文淵閣四庫全書》第 192 冊，第 298 頁下。

〔註16〕〔唐〕張參：《五經文字》，臺北：臺灣商務印書館 1986 年《景印文淵閣四庫全書》第 224 冊，第 263 頁上。

〔註17〕遼）行均：《龍龕手鑑》，上海涵芬樓《續古逸叢書》之十五影雙鑒樓藏本，本卷頁 58。

〔註18〕〔宋〕陳彭年等：《宋本廣韻》，北京：中國書店 1982 影張氏澤存堂本，第 262 頁。

〔註19〕〔清〕胡玉搢：《別雅》，臺北：臺灣商務印書館 1986 年《文淵閣四庫全書》第 222 冊，第 691 頁下。

〔註20〕〔漢〕許慎：《說文解字》，北京：中華書局 1963 年影陳昌治據平津館本，第 86 頁上。

〔註21〕陳淑梅：〈東漢碑隸基礎構件及其變體分布表〉，見載於氏著《東漢碑隸構形系統研究》，上海：上海教育出版社 2004 年版，第 204 頁。

〔註22〕〔清〕段玉裁：《說文解字注》，上海：上海古籍出版社 1981 年影經韻樓本，第 576 頁上。

〔註23〕呂衛平：〈中國尚黑美學探微〉，《裝飾》2004 年第 15 期，第 81、82 頁。王悅

些少數民族仍然尚黑，如黑彝、黑苗、黑衣壯等。《書·禹貢》：「禹錫玄圭，告厥成功。」《北堂書鈔》卷一二九引《帝王世紀》云：「禹治水畢，天賜玄圭。」〔註24〕《禮記·檀弓》云：「夏后氏尚黑，大事斂用昏，戎事乘驪，牲用玄。」這是「玄」作為義符存在的一個前提。又「玄」的古文字形為「𢆶」、「𤤺」、「𤣥」、「𢆯」等，「系」的古文字形作「𥾤」、「𥾝」、「𥿋」等，「糸」的古文字形則有為「𢆶」、「𤣥」、「𢆯」等〔註25〕，「糸」與「玄」字近似，「糸」、「系」形近，故「玄」得譌作「系」，《爾雅翼》卷三一即云：「傳寫文字，『鯀』字或魚邊『玄』也。」〔註26〕《說文詁林》引鈕樹玉《說文解字校錄》云：「漢延光二年開母廟石刻篆文正作𥆉。」又引苗夔《繫傳校勘記》云：「鯀亦或作鮌，從系蓋隸之譌也。」〔註27〕今《說文·糸部》云：「系，繫也。」〔註28〕而林義光《文源》、高田忠周《古籀篇》俱云《說文》「系，縣也」〔註29〕，未知所據。（二）「鯀」、「鮌」、「䱤」、「䰽」、「骱」今皆音 gǔn，《說文·魚部》：「鯀，魚也。从魚系聲。」〔註30〕根據郭錫良《漢字古音手冊》，「鯀」、「鮌」上古音在見紐文部，《廣韻》在見紐魂韻，「系」上古音在匣紐錫部，「玄」上古音在匣紐眞部〔註31〕。「骨」上古音在見紐物部，「鯀」、「骨」的讀音差別在於物韻無韻尾，二字音亦近。「鯀」、「玄」準疊韻〔註32〕。「系」字讀音與「鯀」的差異就很大。則「玄」可作為「鯀」

勤：〈中國史前彩陶紋飾「尚黑」之風的審美關照〉，《民族藝術》1999 年第 3 期，第 120～125 頁。王悅勤：〈中國史前「尚黑」觀念源流試論〉，《民族藝術》1996 年第 3 期，第 24～33 頁。何光岳：〈夏族尚黑的流傳和影響〉，《安徽史學》1994 年第 1 期，第 9～14 頁。

〔註24〕〔唐〕虞世南編纂、〔明〕陳禹謨注：《北堂書鈔》，明萬曆二十八年序刊本。

〔註25〕所錄「玄」、「系」、「糸」古文字形分別見李圃主編《古文字詁林》第 4 冊第 235、236 頁，第 9 冊第 1115 頁、第 1134 頁。

〔註26〕〔宋〕羅願：《爾雅翼》，臺北：臺灣商務印書館 1986 年《文淵閣四庫全書》第 222 冊，第 502 頁下。

〔註27〕丁福保：《說文解字詁林》，北京：中華書局 1988 年版，第 11409 頁下。

〔註28〕〔漢〕許慎：《說文解字》，北京：中華書局 1963 年影陳昌治據平津館本，第 270 頁下。

〔註29〕轉引自《古文字詁林》第 9 冊，第 1116 頁。

〔註30〕〔漢〕許慎：《說文解字》，北京：中華書局 1963 年影陳昌治據平津館本，第 243 頁上。

〔註31〕郭錫良：《漢字古音手冊》，北京大學出版社 1986 年版，第 78 頁、第 92 頁、第 241 頁、第 225 頁。

〔註32〕史存直根據《詩經》、《楚辭》中「眞」、「文」二部合韻的例子不算少，認為

字的聲符而「系」字則否,《說文》「从魚系聲」或當作「从魚玄聲」。在「鯀」
的諸多記錄形式中,「玄」是一個表音兼表意的構件。如果聯繫上文字形的推
定,則「鯀」、「鉉」本一字,「鯀」、「骸」本一字。「鉉」、「骸」纔是「鯀」這
個人名的記錄形式。(三)「鯀」的記錄形式中有「魚」這樣一個構件來自於
傳說鯀化爲魚之事。《左傳》昭公十七年云:「化爲黃熊。」〈晉語八〉云:「化
爲黃能。」《拾遺記》卷二云:「化爲玄魚。」《集韻·東韻》云:「熊或作能。」
〔註33〕《史記·夏本紀》正義亦云:「鯀之羽山,化爲黃熊,入於羽淵。熊,
音乃來反,下三點爲三足也。束皙《發蒙記》云:『鱉三足曰熊。』」〔註34〕
鱉亦魚之屬,《爾雅·釋魚》云:「鱉三足,能;龜三足,賁。」〔註35〕則「鉉」
本「玄」、「魚」合體,且又合於夏尙黑的傳統,即「鉉」爲會意兼形聲字,
此或「鉉」字之所得由。胡吉宣亦云:「鯀本作鉉,譌从系,魚旁又形誤爲
骨、爲角。鉉爲魚子,禹父以爲名,猶禹以蟲名爲名也。」〔註36〕胡氏以
「骨」、「角」皆「魚」之形誤,說亦通。從字形上看,「骨」與「能」、「熊」
二字中的構字部件「肻」形似,而《說文》中無獨立的「肻」字,「厶」、「口」
多數條件下可以混用,「肻」的類同字爲「冎」,《說文·肉部》:「冎,小蟲
也。」〔註37〕而漢字系統中的「冎」是作爲聲符部件參與構字的,「骸」字
中的「玄」已經是聲符構件,一個形聲結構的漢字不可能是兩個聲符構件的
組合體,故而以與「肻」形近的「骨」字作爲形符參與構字,此或「骸」字
之所得由。《說文·魚部》「鯀,魚也」、《玉篇·魚部》「鯀,大魚也」之訓
亦當因據鯀之傳說爲釋,未必眞有理據。後世之所以認同「鯀」字作爲記錄
形式,和「系」字之義有關。段注云:「系者,垂統於上而承於下者也。」
段注又云:「系之義引申爲世系。」〔註38〕慧琳《一切經音義》卷七七「系

二部應該合併。根據史的看法,則「鯀」、「玄」就是疊韻。史說見氏著《漢
語史綱要》,北京:中華書局 2008 年版,第 83 頁。
〔註33〕 〔宋〕丁度等:《集韻》,上海古籍出版社 1983 年影述古堂影宋本,第 13 頁。
〔註34〕 〔漢〕司馬遷撰、〔南朝宋〕裴駰集解、〔唐〕司馬貞索隱、〔唐〕張守節正義:
《史記》,北京:中華書局 1959 年點校本,第 50 頁。
〔註35〕 朱祖延主編:《爾雅詁林》,武漢:湖北教育出版社 1996 年版,第 4010 頁下。
〔註36〕 胡吉宣:《玉篇校釋》,上海:上海古籍出版社 1989 年版,第 217 頁。
〔註37〕 〔漢〕許愼:《說文解字》,北京:中華書局 1963 年影陳昌治據平津館本,第
90 頁下。
〔註38〕 〔清〕段玉裁:《説文解字注》,上海古籍出版社 1981 年影經韻樓本,第 642
頁下。

嫡」注云：「亣雅云：『系，繼也。』《世本》有帝系篇，謂子孫相繼續也。」
〔註39〕《廣韻·霽韻》云：「系，緒也。」〔註40〕《史記·夏本紀》云：「禹
之父曰鯀，鯀之父曰帝顓頊。」〔註41〕則鯀承顓頊而啓禹，與「系」之義
亦相合。

「墇」字作動詞用較少，衹見於《說文》、《玉篇》、《廣韻》、《集韻》、《類
篇》、《龍龕手鑑》等漢語言文字學專書，朱駿聲《說文通訓定聲》云：「經傳
多以鄣、以障爲之。」〔註42〕段注云：「此與『障』音同義小異。〈祭法〉、〈魯
語〉『鯀鄣洪水』當作此『墇』字。」〔註43〕《集韻·陽韻》云：「壅也，或
作障、廧，通作『鄣』。」〔註44〕今傳《國語》各本皆作「鄣」，黃丕烈《國
語札記》、汪遠孫《國語攷異》、李慈銘《越縵堂讀書簡端記》、張以仁《國語
斠證》亦皆未出校記。中華書局《小學名著六種》本《玉篇》引《國語》則
誤作「墇」字。《說文·土部》：「墇，擁也。」《阜部》：「障，隔也。」〔註45〕
《國語·周語下》「陂鄣九澤」章注云：「鄣，防也。」又慧琳《一切經音義》
卷二七「周墇」注云：「之亮反。《說文》：『墇，擁塞也。』從土，有作障。《玉
篇》之尙、之楊二反。《說文》：『隔也。』《通俗文》：『蕃隔曰障。』蕃，甫
煩反。」〔註46〕則《宋本玉篇》「墇」字兩個音切的反切上下字衹是保留了《一
切經音義》所引原本《玉篇》反切下字的「楊」字。

5·土部——場，除良切，《國語》曰：「屏攝之位曰場壇之所。」除
　　地曰場。《說文》云：「祭神道也，一曰田不耕，一曰治田處。」
　　　（卷二，第 28 頁）

〔註39〕 〔唐〕慧琳：《一切經音義》，上海：上海古籍出版社 1983 年《正續一切經音
　　　　義》，第 3049 頁。
〔註40〕 〔宋〕陳彭年等：《鉅宋廣韻》，上海古籍出版社 1983 年影南宋黃三八郎書鋪
　　　　本，第 271 頁。
〔註41〕 〔漢〕司馬遷撰：《史記》，北京：中華書局 1959 年點校本，第 49 頁。
〔註42〕 〔清〕朱駿聲：《說文通訓定聲》，武漢市古籍書店 1983 年影臨嘯閣本，第 896
　　　　頁下。
〔註43〕 〔清〕段玉裁：《說文解字注》，同上，第 690 頁上。
〔註44〕 〔宋〕丁度等：《集韻》，上海：上海古籍出版社 1985 年影述古堂本，第 215
　　　　頁。
〔註45〕 〔漢〕許慎：《說文解字》，北京：中華書局 1963 年影陳昌治據平津館本，第
　　　　288 頁下、第 305 頁下。
〔註46〕 〔唐〕慧琳：《一切經音義》，上海：上海古籍出版社 1983 年《正續一切經音
　　　　義》，第 1068 頁。

【按】胡吉宣《玉篇校釋》云：「引《國語》爲〈楚語〉文，經刪改牽合韋注於傳文。」〔註47〕引《國語》文中「曰」字衍，當刪。《玉篇校釋》所云楚語實即《楚語下》。今傳《國語》各本原文皆爲：「使名姓之後，能知四時之生、犧牲之物、玉帛之類、采服之儀、彝器之量、次主之度、屏攝之位、壇場之所、上下之神、氏姓之出，而心率舊典者爲之宗。」韋昭注云：「除地曰場。」慧琳《一切經音義》卷八〇「壇場」條云：「《國語》『屏樹之位，壇場之所』賈注云：『在郭曰壇，在野曰場。』」〔註48〕胡吉宣認爲《慧琳音義》所引賈注即《玉篇》本書所引。韋、賈所釋不同，賈是自其方所言之而韋則自其所成言之。黃丕烈《國語札記》、汪遠孫《國語考異》、李慈銘《越縵堂讀書簡端記》、張以仁《國語斠證》亦皆未云有異文。《故訓匯纂》引宋本《玉篇·土部》引《國語》曰：「屏攝之位曰壇，壇之所除地曰場。」〔註49〕「除地曰場」本《宋本玉篇》引用韋《解》訓「場」者，非《國語》原文，且改《宋本玉篇》「場」字爲「壇」，《故訓匯纂》引誤。另辨見〈《慧琳音義》引《國語》斠證〉第39條。

6·土部——壂，苦很切，耕也，治也。《國語》曰：「土不備壂。」壂，發也。又耕用力也。（卷二，第28頁）

【按】胡吉宣《玉篇校釋》云：「引《國語》爲〈周語〉文。『壂，發也』爲賈注文，韋注同。」〔註50〕《國語》舊注輯佚資料未見有賈注之引，未知《玉篇校釋》何自。本條實出〈周語上〉，今傳《國語》各本並《繹史》卷二七、《尚史》卷二六、《文獻通考》卷七、《格物通》卷八二、《冊府元龜》卷一一五、卷三二五、《古今事文類聚》卷六、《玉海》卷七六、《經濟類編》卷四一、《文章正宗》卷四、《文編》卷三、《文章辨體彙選》卷五二、《古文淵鑒》卷五引同。韋昭注云：「壂，發也。」《說文》本無「壂」字，徐鉉（916～991）新附云：「壂，耕也。」〔註51〕按《廣雅·釋地》：「壂，耕也。」徐

〔註47〕 胡吉宣：《玉篇校釋》，上海：上海古籍出版社1989年版，第221頁。
〔註48〕 〔唐〕慧琳：《一切經音義》，上海：上海古籍出版社1983年《正續一切經音義》，第3128頁。日本學者新美寬編、鈴本隆一補之《本邦殘存典籍による輯佚資料集成》云：「明道本樹作攝。」（http://www.zinbun.kyoto-u.ac.jp/~takeda/edo_min/edo_bunka/syuitu.htm）實今本《國語》俱作「攝」也。鄭良樹、張以仁亦並輯賈注本條。
〔註49〕 宗福邦等主編：《故訓匯纂》，北京：商務印書館2003年版，第433頁b欄。
〔註50〕 胡吉宣：《玉篇校釋》，上海：上海古籍出版社1989年版，第223頁。
〔註51〕 〔漢〕許慎：《說文解字》，北京：中華書局1963年影陳昌治據平津館本，第

訓當本自《廣雅》。慧琳《一切經音義》卷四一「耕墾」注云：「《倉頡篇》云：『墾亦耕也。』《廣雅》：『理也。』」〔註52〕今傳《廣雅》無「墾，理也」釋文，或《廣雅》之佚文也。《廣雅‧釋詁》又云：「墾，力也。」〔註53〕則是《宋本玉篇》備收前人故訓。

7‧里部——里，力擬切，邑里也。《周禮》曰：「五鄰為里。」《國語》曰，管仲制國，五家為軌，十軌為里。（卷二，第33頁）

【按】胡吉宣《玉篇校釋》云：「引《國語》為〈齊語〉文。」〔註54〕今傳《國語》各本原文為：「管子於是制國：五家為軌，軌為之長；十軌為里，里有司。」《資治通鑑外紀》卷四、《皇王大紀》卷三七、《繹史》卷四四之一、《左傳紀事本末》卷一八、《通志》卷九二、《尚史》卷一○二、《歷代名臣奏議》卷二二一、《文獻通考》卷一四九、《太平御覽》卷二九八、卷六二五、《羣書考索後集》卷四一、《玉海》卷一三六、卷一四○引與《管子‧小匡篇》並同。《說文》：「里，居也。」《爾雅‧釋言》：「里，邑也。」《釋名‧釋州國》云：「五鄰為里，居方一里之中也。」〔註55〕後則作為聚居區之名。則是《宋本玉篇》與《爾雅》同訓。

8‧人部——恜，恥力切，《國語》曰：「於其心恜然。」恜猶惕也。（卷三，第50頁）

【按】本條出〈吳語〉，此實本《說文》所引。遞修本、金李本、張一鯤本、《百家類纂》本、閔《裁注》本、《國語評苑》、《四庫薈要》本、文淵閣四庫本、董增齡《國語正義》、秦鼎本、綠蔭堂本、黃刊明道本、崇文本、會文堂、錦章書局本、商務本、《國語韋解補正》、《國語詳注》等各本俱作「於其心也戚然」，汪遠孫《國語攷異》曰：「戚當為恜字之誤也。《說文》『恜，

290頁上。

〔註52〕 〔唐〕慧琳：《一切經音義》，上海：上海古籍出版社1983年《正續一切經音義》，第1636頁

〔註53〕 並見徐復主編：《廣雅詁林》，南京：江蘇古籍出版社1992年版，第115頁上、第794頁下。

〔註54〕 胡吉宣：《玉篇校釋》，上海：上海古籍出版社1989年版，第280頁。

〔註55〕 分別見〔漢〕許慎：《說文解字》，北京：中華書局1963年影陳昌治據平津館本，第290頁下。〔晉〕郭璞注：《爾雅》，《四部叢刊》本。〔漢〕劉熙：《釋名》，《四部叢刊》本。

惕也』引《國語》『於其心怵然』。」〔註 56〕今上古本《國語》據《攷異》作「於其心也怵然」。辨詳見〈《說文解字繫傳》引《國語》斠證〉第 30 條。

9・人部——侊，公黃、公橫二切，《國語》云：「侊飯不及壺滄。」注云：「侊，大也。大飯謂盛饌。」（卷三，第 52 頁）

【按】胡吉宣《玉篇校釋》云：「引《國語》爲〈越語〉文。」〔註 57〕《宋本玉篇》釋「侊」爲「大」，至當。《玉篇校釋》已改「滄」作「飧」並云：「今本作『觥飯不及壺飧』。」《類篇》訓「侊」爲「盛」，亦是。辨詳見〈《說文解字繫傳》引《國語》斠證〉第 32 條、〈《廣韻》引《國語》斠證〉第 10 條。

10・人部——侏，諸儒切，侏儒，短人。《國語》曰：「侏儒不可使援。」（卷三，第 58 頁）

【按】本條出〈晉語四〉，今傳《國語》各本同。韋昭注：「侏儒，短者，不能抗援。」《禮記・王制》「侏儒、百工各以其器食之」鄭玄注：「侏儒，短人也。」〔註 58〕《宋本玉篇》解與鄭注同。歐陽修謂籧篨「與『僬僥』、『侏儒』、『矇瞍』、『嚚瘖』、『聾瞶』、『僮昏』之類皆是人之不幸而身病者，故謂之八疾」〔註 59〕。關於「侏儒」考釋，辨詳見〈《說文解字繫傳》引《國語》斠證〉第 20 條。

11・頁部——顏，吾姦切，《國語》云：「天威不違顏咫尺。」顏謂眉目之間也。（卷四，第 74 頁）

【按】本條出〈齊語〉，今傳《國語》各本並《管子・小匡篇》俱同。韋昭注云：「顏，眉目之閒也。」《說文・頁部》曰：「顏，眉目之閒也。」〔註 60〕則韋昭、《宋本玉篇》並與《說文》同。

〔註 56〕〔清〕汪遠孫：《國語明道本攷異》，北京：商務印書館 1959 年版《國語》後附，第 335 頁。
〔註 57〕胡吉宣：《玉篇校釋》，上海：上海古籍出版社 1989 年版，第 461 頁。
〔註 58〕〔清〕阮元校刻：《十三經注疏》，北京：中華書局 1980 年版，第 1347 頁中。
〔註 59〕〔宋〕歐陽修《詩本義》卷三，《四部叢刊三編》，上海：商務印書館，本卷第 4 頁。
〔註 60〕〔漢〕許慎：《說文解字》，北京：中華書局 1963 年影陳昌治據平津館本，第 181 頁下。

12・耳部——聳，須奉切，《國語》曰「聽無聳」也。《方言》云：「陳
　　楚江淮荊陽山之間，聾謂之聳。」（卷四，第 93 頁）

　　【按】胡吉宣《玉篇校釋》云：「《國語》無此文，蓋原引賈逵注經刪誤
併也。」〔註 61〕實際本條出〈周語下〉，今傳《國語》各本原文爲：「晉孫談
之子周適周，事單襄公，立無跛，視無還，**聽無聳**，言無遠。」此處蓋節引，
而《宋本玉篇》引證又從不在引言後加「也」字以足辭氣，故施句讀如上。
韋昭注云：「不聳耳而聽也。」《說文》、《方言》、《廣雅》並訓作「聾」，是以
《宋本玉篇》直接引《方言》爲訓。然而《國語・周語下》此例不當訓作「聾」，
因爲「聾」衹是一種心理現象，而此處之「聳」當是一種無禮行爲，故《國
語・周語下》「聽無聳」之「聳」當如嚴元照所云：「聽無聳，言其聰也，聽
言而若罔聞，躁妄之人也。」〔註 62〕此與下「跛」字一般則訓「跛足」而《國
語》用例則訓「偏任」者理同。

13・耳部——聭，五怪切，《說文》云：「聾也。」《國語》曰：「聾聭不
　　可使聽。」（卷四，第 93 頁）

　　【按】本條出〈晉語四〉，今傳《國語》各本同。韋昭注：「耳不別五聲
之和曰聾，生而聾曰聭。」慧琳《一切經音義》卷三三「聾聭」注引《國語》
「聾聭不可使聽也」賈逵曰：「生聾曰聭。」〔註 63〕是韋襲賈。胡吉宣《玉篇
校釋》云：「小徐本作『生聾也』鍇曰：『謂從生即聾也。』。」〔註 64〕徐說並
與賈、韋同。另見《玄應音義》引《國語》斠證〉第 1 條。

14・耳部——聆，其林、其廉二切，《國語》曰：「回祿信於聆遂。」闕。
　　又地名。（卷四，第 94 頁）

　　【按】本條出〈周語上〉。按《說文・耳部》云：「聆，《國語》曰：『回
祿信於聆遂。』闕。」〔註 65〕徐仁甫云：「按『回祿』本名『吳回』，即『祝

〔註 61〕胡吉宣：《玉篇校釋》，上海：上海古籍出版社 1989 年版，第 906 頁。
〔註 62〕〔清〕嚴元照：《娛親雅言》卷四，《續修四庫全書》第 1158 冊影光緒湖城義
　　　　塾刻本，第 297 頁下。
〔註 63〕〔唐〕慧琳：《一切經音義》，上海：上海古籍出版社 1983 年《正續一切經音
　　　　義》，第 1316 頁。
〔註 64〕胡吉宣：《玉篇校釋》，上海：上海古籍出版社 1989 年版，第 907 頁。
〔註 65〕〔漢〕許慎：《說文解字》，北京：中華書局 1963 年影陳昌治據平津館本，第
　　　　250 頁下。

融』。」〔註66〕段注云：「闋者，謂其義其音其形皆闋也。」故《六書故》亦云：「聆，巨今切，〈周語〉曰：『回祿信於聆隧。』義闋。」〔註67〕胡吉宣《玉篇校釋》云：「引《國語》爲原引《說文》所偁，故云『闋』，許失其義也。」〔註68〕《復古編》引作「回祿信於聆」〔註69〕，遞修本、金李澤遠堂本、張一鯤本、閔齊伋《裁注》本、《百家類纂》本《國語》、穆文熙輯《國語評苑》、秦鼎本、綠蔭堂本、黃刊明道本、崇文本、會文堂本、錦章書局本、陳瑑《國語翼解》、汪遠孫《國語發正》字俱作「隧」，《皇王大紀》卷三九、《繹史》卷四五、《尚史》卷二七、《文獻通考》卷九〇、《能改齋漫錄》卷一、《北堂書鈔》卷四二引同。唯董增齡《國語正義》作「遂」。《左傳紀事本末》卷二四、《通志》卷一八一、《路史》卷二三、《太平御覽》卷八八一、《冊府元龜》卷七八〇、《天中記》卷一〇、《廣博物志》卷一四、《淵鑑類函》卷四七、卷一三一引作「聆隧」。黃丕烈《國語札記》云：「惠云：『《說苑》亭。』丕烈案，《說文》作『聆』，《後漢書·楊賜傳》注引作『黔』。」〔註70〕《經濟類編》卷九七引即從《說苑》作「亭隧」。汪遠孫《國語攷異》云：「《說文·耳部》引《國語》作『聆遂』，《內傳》莊三十二年、昭十八年疏引作『黔隧』，《後漢書·楊賜傳》注引作『黔遂』。案『聆』、『黔』聲同，《說苑》作『亭隧』，古作『遂』，遂，道也。」〔註71〕段注云：「韋注：『聆隧，地名。』宋庠音禽。《後漢書·楊賜傳》引作『黔遂』。黔亦今聲也。而《說苑》引《國語》作『亭隧』、《竹書·帝癸三十年》作『聆隧災』。是其字從令從今不可定。」〔註72〕張以仁《國語斠證》云：「『聆』則『聆』字之誤。『聆』、『黔』乃通假字。」〔註73〕按「聆」、「黔」上古音皆在羣母侵部，而「聆」上古音則在來母耕部，與「聆」、「黔」不同，張說的是。或本當作「聆遂」，因「遂」借作副詞之用，

〔註66〕徐仁甫：《廣古書疑義舉例》，北京：中華書局1990年版，第4頁。

〔註67〕〔宋〕戴侗：《六書故》，上海社會科學院出版社2006年明影抄元刊本，第184頁下左。

〔註68〕胡吉宣：《玉篇校釋》，上海：上海古籍出版社1989年版，第909頁。

〔註69〕〔宋〕張有：《復古編》卷下，上海：商務印書館《四部叢刊》三編，本卷頁2。

〔註70〕〔清〕黃丕烈：《校刊明道本韋氏解國語札記》，北京：商務印書館1959年版《國語》後附，第243頁。

〔註71〕〔清〕汪遠孫：《國語明道本攷異》，同上，第271頁。

〔註72〕〔清〕段玉裁：《說文解字注》，上海古籍出版社1981年影經韻樓本，第593頁上。

〔註73〕張以仁：《國語斠證》，臺北：臺灣商務印書館1969年版，第55頁。

故又造「隊」字以明之也。明人劉城輯《春秋外傳國語地名錄・周語上》云：「聆隊，夏時地名。」〔註74〕又「又」不辭，引《國語》「聆遂」之例即已明「聆」當爲地名用字矣，加「又」字易造成《國語》中之「聆」非地名也。《宋本玉篇》此訓實因襲僵化。

15・口部——哤，莫江切，《國語》曰：「雜處則哤。」哤，亂皃。又異言也。（卷五，第 100 頁）

【按】本條出〈齊語〉，今傳《國語》各本原文均作：「雜處則其言哤。」《繹史》卷四四之一、《左傳紀事本末》卷一八、《通志》卷九二、《春秋臣傳》卷三、《經濟類編》卷一四、《文章正宗》卷四九三、《古文淵鑒》卷五、《喻林》卷五二引《管子・小匡》、《管子・小匡篇》並同。則是《宋本玉篇》因節引脫「其言」二字。韋昭注：「哤，亂貌。」《說文・口部》：「哤哤，異之言；一曰雜語。」〔註75〕則是《宋本玉篇》「哤，亂皃」訓同於韋昭注，「異言」訓同於《說文》也。

16・手部——捲，渠負切。《說文》曰：氣勢也。《國語》曰：予有捲勇。（卷六，第 119～120 頁）

【按】本條出〈齊語〉，辨詳見〈《玄應音義》引《國語》斠證〉第 41 條、〈《說文解字繫傳》引《國語》斠證〉第 53 條。

17・足部——跛，布火切，跛足；又碑寄切，《國語》云：「立無跛。」跛，不正也。（卷七，第 132 頁）

【按】本條出〈周語下〉，胡吉宣《玉篇校釋》云：「『跛，不正也』者，賈逵注文。韋注云：『偏引也。』」〔註76〕言賈注者是，慧琳《一切經音義》卷一六、卷三二、卷七六之「跛蹇」條均引賈注云：「跛，行不正也。」〔註77〕今傳《國語》各本韋昭注均作：「跛，偏任也。」《玉篇校釋》「引」字或因「引」、「任」音近而誤。《說文》：「跛，行不正也。」〔註78〕「行不正」之訓當爲「布火切」

〔註74〕〔明〕劉城：《春秋外傳國語地名錄》，明崇禎刻本，本卷第 1 頁。

〔註75〕〔漢〕許慎：《說文解字》，北京：中華書局 1963 年影陳昌治據平津館本，第 34 頁上。

〔註76〕胡吉宣：《玉篇校釋》，上海：上海古籍出版社 1989 年版，第 1388 頁。

〔註77〕〔唐〕慧琳：《一切經音義》，上海：上海古籍出版社 1983 年《正續一切經音義》，第 613 頁、第 1249 頁、第 3031 頁。

〔註78〕〔漢〕許慎：《說文解字》，同上，第 47 頁下。

之「跛」字訓，而《國語》「立無跛」當訓作「偏任」，《禮記・曲禮上》「立毋跛」鄭玄注即云：「跛，偏任也。」孔穎達疏云：「跛，偏也。謂挈舉一足，一足踏地。」〔註79〕「挈舉一足，一足踏地」即「立不正」，則「立無跛」之「跛」是一種不禮貌的舉止。而訓作「行不正」或「跛足」之「跛」乃是一種生理現象。

18・門部——閆，余占切，《語林》云：大夫向閆而立。（卷一一，第 211 頁）

【按】《世說新語・輕詆》「於此《語林》遂廢」劉孝標（462～521）注引檀道鸞《續晉陽秋》云：「晉隆和中，河東裴啓撰漢魏以來迄於今時言語應對之可稱者，謂之《語林》。」〔註80〕胡吉宣《玉篇校釋》云：「《韻府》引《國史經籍志》：『《語林》一卷，晉裴啓撰。』」〔註81〕《宋本玉篇》所引《語林》當即指裴啓《語林》也。《漢語大字典》即云：「《玉篇・門部》引晉裴啓《語林》。」〔註82〕裴氏《語林》《隋書・經籍志》已不見載，當亡佚已久。文化藝術出版社 1988 年出版《歷代筆記小說叢書》，其中有周楞伽（1911～1992）輯注《裴啓語林》一種，未見收錄《玉篇》所引此條。今《國語・吳語》各本有「王背櫓而立，大夫向櫓」之句，《吳越春秋》作：「王出則復背垣而立，大夫向垣而敬。」《語林》「大夫向閆而立」當即本《國語・吳語》與《吳越春秋》而來。「閆」字祇見於《說文》、《廣韻》和《集韻》等語言文字專書，不見用於傳世文獻。徐鍇《說文繫傳》云：「閆，今俗作櫓。」〔註83〕《漢語大字典》引李富孫（1764～1843）《辨字正俗》云：「櫓爲屋櫓，閆爲廟門之櫓。」〔註84〕《說文》云：「閆，謂之檽。檽，廟門也。」〔註85〕韋昭注：「說云：『櫓，屋外邊壇也。』唐尚書云：『屋栖也。』昭謂：櫓，謂之檽。檽，門戶，掩陽

〔註79〕〔清〕阮元校刻：《十三經注疏》，北京：中華書局 1980 年版，第 1240 頁。
〔註80〕朱鑄禹：《世說新語匯校集注》，上海古籍出版社 2002 年版，第 699 頁。
〔註81〕胡吉宣：《玉篇校釋》，同上，第 2178 頁。
〔註82〕徐中舒主編：《漢語大字典》（縮印本），成都：四川、湖北辭書出版社 1993 年版，第 4320 頁。
〔註83〕（南唐）徐鍇：《說文解字繫傳》，上海：商務印書館《四部叢刊》初編縮本，第 231 頁下。
〔註84〕徐中舒主編：《漢語大字典》（縮印本），成都：四川、湖北辭書出版社 1993 年版，第 4320 頁。
〔註85〕〔漢〕許慎：《說文解字》，北京：中華書局 1963 年影陳昌治據平津館本，第 248 頁上。

也。」段注引〈吳語〉韋注並云：「韋注『戶』當作『也』。《國語》、《爾雅》字皆當作『闓』。」〔註86〕然今傳《國語》各本字俱作「櫨」字。

19・尸部——屏，又卑營切，《廣雅》云：「屏營，怔忪也。」《國語》云「屏營」，猶彷徨也。（卷一一，第215頁）

【按】本條出〈吳語〉，黃刊明道本文爲：「屏營仿偟於山林之中。」遞修本、金李澤遠堂本、張一鯤本、閔齊伋裁注本、《百家類纂》本《國語》、穆文熙輯《國語評苑》、《四庫薈要》本、四庫本、董增齡《國語正義》、湖北先正遺書本《國語補音》、秦鼎本、綠蔭堂本「仿」字作「傍」，四庫本《國語補音》「仿偟」作「傍徨」。「屏營」、「仿偟」屬於同義並列復用。王念孫《廣雅疏證》「屏營，怔忪也」條引《國語・吳語》此句並云：「《宋本玉篇》引注云：『屏營，猶仿偟也。』」〔註87〕則王念孫已明《玉篇》所引「國語云屏營猶仿偟也」非《國語》本文矣，胡吉宣《玉篇校釋》亦云：「引《國語》爲〈吳語〉賈注文。」〔註88〕其根據慧琳《一切經音義》卷三三「彷徉」條引《國語》曰「屏營彷徉於山林之中也」，然《一切經音義》亦未出賈逵字樣，且引亦爲〈吳語〉正文而非注，故《玉篇》此處所引非〈吳語〉本文至明，以之爲賈注則稍嫌證據未足，張以仁云：「《玉篇》但云『國語云』，然《國語》正文無此文，自是注文。」〔註89〕不言何氏。而《故訓匯纂》猶作「王念孫疏引《玉篇》云」、「《玉篇・尸部》引《國語》云」，實誤。《後漢書・清河孝王慶傳》「夙夜屏營」章懷太子注云：「屏營，仿偟也。」〔註90〕《宋本廣韻・清韻》云：「屏盈，彷徨。」〔註91〕姜亮夫（1902～1995）認爲：「屏營一詞乃先秦習見語……至漢以後用之尤多。」〔註92〕對「漢籍全文檢索系統」數

〔註86〕〔清〕段玉裁：《說文解字注》，上海古籍出版社1981年影經韻樓本，第587頁下。

〔註87〕〔清〕王念孫：《廣雅疏證》，北京：中華書局1983年影王氏家刻本，第191頁下。

〔註88〕胡吉宣：《玉篇校釋》，上海：上海古籍出版社1989年版，第2211頁。

〔註89〕張以仁：《〈國語〉舊注輯校》，見載於氏著《張以仁先秦史論集》，上海古籍出版社2010年版，第328頁。

〔註90〕〔南朝宋〕范曄撰、〔唐〕李賢等注：《後漢書》卷五五，北京：中華書局1965年點校本，第1803頁。

〔註91〕〔宋〕陳彭年等：《宋本廣韻》，北京：中國書店1982年影張氏澤存堂本，第172頁。

〔註92〕姜亮夫：《楚辭通詁・四》，《姜亮夫全集》第四冊，昆明：雲南人民出版社2002

據庫（第二版）先秦部分進行檢索，唯《國語・吳語》1見；兩漢則王逸《九思》1見、《法言》1見、《後漢書》4見，其中1見也如《國語・吳語》之用，即《後漢書・劉陶傳》：「見白駒之意，屏營傍徨，不能監寐。」魏晉以後傳世《文獻》中始多用之，可證姜氏之言。

20・木部——**橠**，奴邁切，《說文》曰：「薅器也。」《國語》曰：「挾其槍刈橠鎛。」（卷一二，第235頁）

【按】本條出〈齊語〉，今傳《國語》各本均作：「挾其槍刈耨鎛。」字作「耨」不作「橠」，《繹史》卷四四之一、《禮書綱目》卷六二、《左傳紀事本末》卷一八、《通志》卷九二、《春秋戰國異辭》卷一五、《格物通》卷五五、《農書》卷上、《太平御覽》卷七六五、《經濟類編》卷一四、《文章辨體彙選》卷四九三、《古文淵鑒》卷五、《管子・小匡篇》並與今本《國語》同。《漢語大字典》「耨」、「橠」字下俱引《國語・齊語》此例爲證，一字作「耨」一字作「橠」，查《漢語大字典・漢語大字典主要引用數目表》，《國語》下列《四部叢刊》影印金李翻宋本、上海古籍出版社點校本、董增齡《國語正義》、徐元誥《國語集解》等，所列各本無字作「橠」者，不知何據。按「橠」，祇出現於《說文解字》、《宋本玉篇》、《集韻》等字書中，傳世文獻中未有見用者，故《集韻》云：「橠，或从金从耒。」〔註93〕從「耒」者以其功用爲形符，從「木」、從「金」者則是因製作材料不同而賦以不同形符，故皆當爲名詞，是皆因聲得義。後世習用以「耨」，以其最能顯示功能性也。故黃丕烈《札記》云：「《玉篇》引此文作『橠』，《五經文字》謂：『經典相承，從耒者也。』」〔註94〕

21・木部——**樝**，仕雅切，《國語》「山不樝蘖」。樝，斫也，亦與查同。（卷一二，第239頁）

【按】本條出〈魯語上〉，今傳《國語》各本同。《六書故》引《國語》本條並注云：「《漢書》作『柤蘖』。」〔註95〕《繹史》卷八〇、《尙史》卷三三、

年版，第570頁。

〔註93〕〔宋〕丁度等：《集韻》，上海：上海古籍出版社1985年影述古堂本，第620頁。

〔註94〕〔清〕黃丕烈：《校刊明道本韋氏解國語札記》，北京：商務印書館1959年版《國語》後附，第250頁。

〔註95〕〔宋〕戴侗：《六書故》，上海社會科學院出版社2006年明影抄元刊本，第415

《歷代名臣奏議》卷一九三、《白孔六帖》卷八五、《冊府元龜》卷七四一、《經濟類編》卷二八、《天中記》卷五、《廣博物志》卷四九、《文章正宗》卷五、《文編》卷三、《文章辨體彙選》卷五三、《古文淵鑒》卷五引同。《路史》卷二〇有「山不槎枿」句,《漢魏六朝百三名家集》卷一七〈立制度論〉作「山不槎蘖」,「蘖」字誤。韋昭注云:「槎,斫也。」《禮書綱目》卷六三、《儀禮經傳通解》卷二六注同。《後漢書・馬融傳》「槎棘枳」章懷太子注亦云:「槎,斫也。」〔註96〕《宋本玉篇》或本此。「亦與查同」者,慧琳《一切經音義》卷七二「槎瀨」注云:「《考聲》云:『槎,水中流木也。』《古今正字》從木差聲也。經文作『楂』,亦同。」〔註97〕《宋本玉篇》云:「楂,水中浮木也。亦作查。」〔註98〕《一切經音義》卷九六「查槎」注云:「《毛詩傳》云:『查,水中浮草木也。』《古今正字》從木,且聲亦作槎。」〔註99〕朱駿聲《說文通訓定聲》亦云:「槎,字亦作楂。」〔註100〕是《古今韻會舉要》卷七云:「楂,通作『槎』,歐陽氏曰:張騫乘槎,乃此『槎』字。亦通作『查』,《博物志》:『先查犯斗牛。』《杜詩》:『查上見張騫。』」〔註101〕「槎」、「查」、「楂」音義並同。杜甫〈三川觀水漲二十韻〉「枯查卷拔樹」仇兆鰲(1638～1717)《詳注》引夢弼云:「查,與槎同,水中浮木。」〔註102〕字作「楂」者,區別於「檢查」之「查」耳,與上「遂」作「隊」字理同。

頁下。

〔註96〕 〔南朝宋〕范曄撰、〔唐〕李賢等注:《後漢書》卷五五,北京:中華書局1965年點校本,第1963頁。

〔註97〕 〔唐〕慧琳:《一切經音義》,上海:上海古籍出版社1983年《正續一切經音義》,第2847頁。

〔註98〕 〔宋〕陳彭年等重修:《宋本玉篇》,北京:中國書店1983年影張氏澤存堂本,第235頁。

〔註99〕 〔唐〕慧琳:《一切經音義》,上海:上海古籍出版社1983年《正續一切經音義》,第3591頁。

〔註100〕 〔清〕朱駿聲:《說文通訓定聲》,武漢市古籍書店1983年影臨嘯閣本,第501頁下。

〔註101〕 〔元〕黃公紹編、熊忠舉要:《古今韻會舉要》,臺北:臺灣商務印書館1986年《景印文淵閣四庫全書》第238冊,第509頁下。

〔註102〕 〔清〕仇兆鰲:《杜詩詳註》卷四,北京:中華書局1979年版,第306頁。

柒、《類篇》引《國語》斠證

　　《類篇》，舊題司馬光撰，自仁宗寶元二年（1039）始纂，至英宗治平三年（1066）成書。收字上繼承了《說文》、《玉篇》的既有成果，而又有所增益。有汲古閣影宋鈔本和曹寅《楝亭五種》本，《楝亭五種》本後有「姚刊三韻」翻印本，前者有上海古籍出版社 1988 年影印本，後者則有中華書局 1984 年影本。根據沈祖春研究，《類篇》實際收字 30844 個，其論文中對於《類篇》研究多有梳理，可以參看〔註1〕。據臺灣國立中山大學已故教授孔仲溫（1956～2000）的統計，《類篇》引《國語》30 次，其中稱《國語》16 次，稱《春秋國語》14 次〔註2〕。我自己在對「姚刊三韻」本《類篇》搜索時，得《類篇》引《國語》23 處共 20 例，提交第二屆古籍數字化國際學術研討會、發表在《古籍整理研究學刊》上的稿子都以這 20 個《國語》用例爲考察對象的。後得孔著，纔知道孔氏有 30 次這樣一個統計。遂用文淵閣四庫全書的電子版進行檢索，共得《類篇》引《國語》32 次，其中稱《春秋國語》12 次，《國語》20 次，稱《春秋國語》者大抵出自《說文》。這些《國語》用例與今傳《國語》各本有的頗有異同。今依照中華書局影印本進行分析，辨正時並參照孔仲溫《〈類篇〉研究》、《〈類篇〉字義析論》與浙江大學已故教授蔣禮鴻（1916～1995）《〈類篇〉考索》〔註3〕等相關研究成果。

〔註1〕　沈祖春：《〈類篇〉與〈集韻〉、〈玉篇〉比較研究》，華東師範大學 2010 屆漢語言文字學博士論文，第 2、3 頁。

〔註2〕　據孔仲溫教授《〈類篇〉字義析論》考證，臺北：臺灣學生書局 1994 年版，第 18 頁。

〔註3〕　孔仲溫：《〈類篇〉研究》，臺北：學生書局 1987 年版。蔣禮鴻：《〈類篇〉考索》，濟南：山東教育出版社 1994 年版。

1・玉部——珠，鍾輸切，《說文》：「蚌之陰精。」引《春秋國語》「珠以禦火災」。（卷一上，第 7 頁）

【按】本條出〈楚語下〉，辨詳見〈《宋本玉篇》引《國語》斠證〉第 1 條。

2・艸部——蕝，祖芮切，束茅表位也。又租悦切，引《國語》「置茅表坐」。（卷一下，第 31 頁）

【按】本條出〈晉語八〉。辨詳見〈《說文解字繫傳》引《國語》斠證〉第 6 條。

3・牛部——犓，窗俞切，《說文》：「以芻莝養牛。」引《春秋國語》「犓豢幾何」。（卷二上，第 39 頁）

【按】本條出〈楚語下〉，辨詳見〈《說文解字繫傳》引《國語》斠證〉第 8 條。

4・口部——喀，乞格切，嘔也。《國語》：伏弢喀血。（卷二上，第 53 頁下）

5・血部——䗖，乙恪切，嘔也。《國語》：伏弢䗖血。（卷五中，第 182 頁上）

【按】本條出〈晉語九〉。遞修本、金李本、張一鯤本、閔《裁注》本、穆文熙《國語評苑》、陳瑑《國語翼解》、《四庫薈要》本、《國語正義》、秦鼎本、綠蔭堂本、黃刊明道本等今傳《國語》各本字俱作「䗖」，《文章辨體彙選》卷七三九從之。《左傳》作「嘔」，《春秋分記》卷五八、《春秋正傳》卷三六、《經典釋文》卷二〇、《繹史》卷八七下、《左傳紀事本末》卷三一、《通志》卷九〇、《尚史》卷四三、《北堂書鈔》卷一一八、《白孔六帖》卷五〇、《太平御覽》卷三三八、《冊府元龜》卷四五一、《記纂淵海》卷八〇、《駢志》卷九引俱從《左傳》字作「嘔」，《北堂書鈔》卷一二一、《冊府元龜》卷四七四引字作「歐」，《太平御覽》卷七四六引字作「流」，《龍龕手鑑》平聲卷二引《國語》云「弢喀血也」〔註 4〕。「喀」字，先秦傳世文獻祇見

〔註 4〕 見瀚堂典藏之光緒壬午年樂道齋本、續古逸叢書（王宏源新勘）、高麗本（王宏源新勘）。

於《呂氏春秋・介立》「兩手據地而吐之，不出，喀喀然遂伏地而死」，兩漢魏晉時期唯《新序》、《列子》、《金樓子》並用《呂覽》本文。《漢語大字典》列義項2：（1）象聲詞。①嘔吐聲；咳嗽聲。②笑聲。（2）嘔吐。《國語舊音》作「䶅」並云：「《左傳》作『嘔』並一口反。賈逵曰：『面汙血曰嘔。』或曰：『喀血爲嘔。』孔晁作『喀』。」宋庠《國語補音》云：「《內傳》釋文『嘔』又作『喀』。」並云：「孔晁得之。」〔註5〕黃丕烈《札記》云：「《舊音》作『䶅』。」又云：「宋公序依孔晁作『喀』，音『客』，而誤認《舊音》字，以爲从『各』，乃云：『諸韻無爲『嘔』音者。』是其未審也。『䶅』字見《集韻・四十五・厚》，《〈內傳〉釋文》作『喀』。『䶅』，《集韻・二十・陌》作『䶃』。」〔註6〕《龍龕手鑑・口部》引作「喀」。按《四庫全書》本、始基齋本《補音》以及《玉函山房輯佚叢書》本《舊音》並作「䶅」，《集韻・四十五・厚》並作歐、嘔、喀、欨、䶅、欣。黃據《內傳》、《集韻》推定《舊音》字當作「䶅」。蕭旭認爲喀、䶅、䶃爲一字，當即「咳吐」之咳的本字，音「客」。〔註7〕䶅、喀、嘔、歐爲一字，音「歐」。讀音雖遠，其實同義。言是。

6・言部——誶，雖遂切，《說文》：讓也。《國語》：誶申胥。（卷三上，第88頁上）

【按】本條出《國語・吳語》。辨詳見〈《說文解字繫傳》引《國語》斠證〉第15條。

7・鳥部——鸑，逆角切，《說文》：鸑鷟，鳳屬，神鳥也。引《春秋國語》「周之興也，鸑鷟鳴於岐山」。江中有鸑鷟，似鳬而大，赤目。（卷四中，第137頁下）

【按】本條出《周語・周語上》，今傳《國語》各本同。辨詳見〈《說文解字繫傳》引《國語》斠證〉第17條。

〔註5〕〔宋〕宋庠：《國語補音》卷三，北京：國家圖書館出版社2006年影宋刻宋元遞修本，本卷第8頁。

〔註6〕〔清〕黃丕烈：《校刊明道本韋氏解國語札記》，北京：商務印書館1959年版《國語》後附，第259頁。

〔註7〕蕭旭：〈國語校補（三）〉，《東亞文獻研究》第5輯，第29頁。

8・耒部——耝耟耛，象齒切，田器，又臿也，一曰徙土輂。〈齊語〉
　　　或作「耟」、「耛」。（卷四下，第 160 頁下）

　　【按】今傳《國語》各本字俱作「耜」，或公序明道本前之《國語》版本
有作「耟」、「耛」。三者異體同義，祇是聲符「已」、「以」、「㠯」形體不同而
已。徐中舒云：「從㠯即耜之本字。㠯爲用具，故古文借爲以字。」〔註 8〕根
據考古發掘，公元前 5000 年先民就已經在使用骨耜耕作了。〔註 9〕公元前 1066
～公元前 771 年，「耜」已明確見於載籍，如《詩・豳風・七月》、《周頌・良
耜》、《小雅・大田》等西周至春秋的文獻中已明確有了「耜」字，並見於《周
禮》、《易・繫辭》、《墨子》、《國語》、《孟子》、《莊子》、《呂氏春秋》等先秦
傳世文獻中。《說文》未收「耜」字，傳世完整的小學書裏面到了《玉篇》始
見收錄。《淮南子・氾論》「古者剡耜而耜耕」高誘注：「耜，臿屬。」〔註 10〕《周
頌・良耜》陸德明釋文、《文選・張衡・東京賦》「介馭閒以剡耜」呂向注並
云：「耜，田器也。」〔註 11〕當是《類篇》注所本。

9・竹部——籚，龍都切，《說文》：「積竹，矛戟矜也。」引《春秋國
　　　語》「朱儒扶籚。」（卷五上，第 165 頁）

　　【按】本條出〈晉語四〉，四庫本《類篇》引《春秋國語》作「侏儒扶籚。」
辨詳見〈《說文解字繫傳》引《國語》斠證〉第 20 條。

10・木部——樝，鉏佳切，衰斫也。《春秋國語》：「山不樝枿。」（卷六
　　　　上，第 201 頁）

　　【按】本條出〈魯語上〉，韋昭注云：「樝，斫也。」《玉篇》作「斫也」。
此是《類篇》直襲用《說文》。蔣禮鴻云：「鉏加切之『查』與『樝』同字。」
〔註 12〕述古堂影宋鈔本《集韻》引《國語》作「楂」，實即「樝」之俗體。辨
詳見〈《宋本玉篇》引《國語》斠證〉第 21 條。

〔註 8〕　徐中舒：《徐中舒論先秦史》，上海科學技術出版社 2008 年版，第 29 頁。
〔註 9〕　閔宗殿：《中國農史繫年要錄》，北京：農業出版社 1989 年版，第 4 頁。
〔註 10〕　〔漢〕劉安撰、〔漢〕高誘注：《淮南子》，上海：上海古籍出版社 1989 年影
　　　　　莊逵吉校本，第 136 頁上。
〔註 11〕　〔唐〕陸德明：《經典釋文》，北京：中華書局 1983 年影通志堂經解本，第 103
　　　　　頁下。〔南朝梁〕蕭統編、〔唐〕六臣注：《六臣注文選》，《四部叢刊》影宋本，
　　　　　本卷第 34 頁。
〔註 12〕　蔣禮鴻：《類篇考索》，濟南：山東教育出版社 1996 年版，第 100 頁。

11・人部——侊，姑黃切，盛也；又古橫切，《說文》：「小兒。」引《春秋國語》「侊飲不及一餐」。（卷八上，第 281 頁上）

【按】本條出自〈越語下〉。辨詳見〈《說文解字繫傳》引《國語》斠證〉第 32 條、〈《廣韻》引《國語》斠證〉第 10 條。

12・人部——伎，蓄力切，《說文》：「惕也。」引《春秋國語》「於其心伎然」。（卷八上，第 287 頁）

13・心部——恜，蓄力切，《說文》：「惕也。」引《春秋國語》「於其心也恜然」。或從心。（卷十下，第 394 頁上）

【按】本條出〈吳語〉。「恜」義本表示心理，从「心」勝於从「人」。《玉篇》引作「於其心恜然」，無「也」字。《國語》各本俱作「戚」。黃丕烈《札記》、劉台拱《補校》、汪遠孫《攷異》說同。辨詳見〈《說文解字繫傳》引《國語》斠證〉第 30 條。

14・勹部——匔，七倫切，偓竣也，引《國語》「有司已事而竣」。或從勹。又壯倫切，伏兒。（卷九上，第 323 頁下）

15・立部——竣，七倫切，偓竣也，《國語》曰「有司已事而竣」。又壯倫切，伏兒。又逡緣切。（卷一〇中，第 379 頁下）

【按】本二條出〈齊語〉。述古堂影宋鈔本《集韻》引與《類篇》同，並云：「或作踆、匔。」《管子・小匡》作「已事」，《六書故》卷九引有「於」字。今傳《國語》各本並作「有司已於事而竣」，黃丕烈《札記》引惠棟云：「《說文》引作『已事』。」〔註 13〕洪邁《經子法語》卷一九亦作「已事」，並云：「竣，伏退也。音悛、逡。」〔註 14〕汪遠孫《攷異》云：「《爾雅・釋言》郭璞注引《國語》作『逡』，《文選・東京賦》李善注作『踆』。『竣』、『逡』、『踆』並同。」〔註 15〕『『竣』、『逡』、『踆』並同』語出王念孫《廣雅疏證》。《文選・東京賦》「千品萬官，已事而踆」李善注引《國語》亦作「已事」，

〔註 13〕〔清〕黃丕烈：《校刊明道本韋氏解國語札記》，北京：商務印書館 1959 年版《國語》後附，第 250 頁。

〔註 14〕〔宋〕洪邁：《經子法語》卷一九，濟南：齊魯書社《四庫存目叢書》子部第 119 冊，第 466 頁下。

〔註 15〕〔清〕汪遠孫：《國語明道本攷異》，同上，第 295 頁。

云：「踆與竣同也。」〔註16〕各本無作「夋」者，《漢語大字典》引《玉篇》「夋，伏退也，止也。或作竣」並云：「同『竣（逡）』。」〔註17〕《中華字海》云：「同『逡』。字見《玉篇》。」〔註18〕「於」字有無，無礙文義。

16・广部——庅庅，敞尒切，《說文》：「廣也。」引《春秋國語》「俠溝而庅我」。或省庅。又賞是切，闕人名，莊子有謬庅。（卷九中，第 334 頁下）

【按】本條出〈吳語〉。《鉅宋廣韻》引與《類篇》同。《國語》各本字俱作「庅」，無作「庅」者。「俠」，《國語》各本作「夾」，《宋本廣韻・上聲・紙韻》引「夾」作「狹」。詳見〈《廣韻》引《國語》斠證〉第 15 條。

17・石部——砮砮，農都切，《說文》：「石可以為矢鏃。」引《春秋國語》「肅慎貢楛矢石砮」。古作「砮」。又暖五切，又奴故切，石名。（卷九下，第 338 頁下）

【按】本條出〈魯語下〉，今傳《國語》各本文作「肅慎氏貢楛矢、石砮」。按「肅慎」亦先秦兩漢傳世文獻中之常名，如《左傳・昭九年》：「肅慎、燕、亳，吾北土也。」《大戴禮記・少閒》：「肅慎、北發、渠搜、氐、羌來服。」《史記・孔子世家》、《漢書・五行志》即用《國語》故事，云：「肅慎貢楛矢石砮長尺有咫。」《繹史》卷一五四下、《古史》卷三一、《通志》卷八八、《尙史》卷八一、宋胡仔（1110～1170）《孔子編年》卷三、《文獻通考》卷三一○、《冊府元龜》卷七九七、卷九六八、《記纂淵海》卷六二、《玉海》卷一五○「周楛矢」條引同，《建康實錄》卷五云：「肅慎貢楛矢石砮。」並無「氏」字，所據或皆爲《史記》，《古今事文類聚・別集》卷一「識肅慎矢」條即引《史記》作「肅慎貢楛矢石砮，矢長尺有咫」。《繹史》卷八六之四、《資治通鑑外紀》卷三、《說苑》卷一八、《孔子集語》卷上、《學林》卷五、《藝文類聚》卷六○、《太平御覽》卷三四九、卷九二六、《羣書考索》卷四六、《玉海》卷一五○「夏甯籥楛」條、卷一五四「周肅慎貢楛矢石砮」條、《經濟類編》卷

〔註16〕〔南朝梁〕蕭統編、〔唐〕李善注：《文選》，北京：中華書局 1977 年影胡克家本，第 58 頁。

〔註17〕徐中舒主編：《漢語大字典》（縮印本），成都：四川、湖北辭書出版社 1993 年版，第 259 頁。

〔註18〕冷玉龍主編：《中華字海》，北京：中華書局 1996 年版，第 128 頁。

五四引作「肅愼氏」。是有「氏」者依《國語》，無「氏」者依《史》、《漢》。又《藝文類聚》卷六○、《太平御覽》卷九二六、《文獻通考》卷三一○、《冊府元龜》卷七九七、卷九六八引「呇」作「弩」，當以「呇」字爲是。平津館本《說文》、配補本《說文解字繫傳》引〈魯語下〉此文皆有「氏」字，當是《類篇》引脫。另見〈《說文解字繫傳》引《國語》斠證〉第36條。

18・犬部──獀，踈鳩切，《說文》：「南楚名犬獋獀，一名春獵。」又先侯切，又所九切，《國語》「獀于農隙」。（卷一○上，第 361 頁上）

【按】本條出〈周語上〉，述古堂影宋鈔本《集韻》引「隙」作「隟」，「隟」爲「隙」俗字，見《龍龕手鑑》。《國語舊音》、《補音》字作「㹲」，遞修本字則作「搜」，實亦皆「獀」之異體。金李本、陳瑑《國語翼解》、汪遠孫《國語發正》、黃刊明道本、崇文本、會文堂本、錦章書局本並作「蒐于農隙」，《百家類纂》本作「蒐于農」，當是脫「隙」字；張一鯤本、閔齊伋裁注本、穆文熙《國語評苑》、董增齡《國語正義》、秦鼎本、綠蔭堂本、徐元誥《國語集解》、沈鎔《國語詳註》並作「蒐於農隙」，《宋本玉篇・犬部》云：「㹲，犬名，又秋獵也，亦作蒐。」〈手部〉：「搜，數也，聚也，求也，勁疾也，閱也。」「㩃同搜。」〔註19〕《五經文字・手部云》「㩀搜」注云：「上《說文》，下經典相承隸省。」〔註20〕「㝮」字下從「夕」，當是「又」字或「寸」字古字形的直接楷化過程中發生的譌化，實當作「叜」。「叜」、「叟」聲符字不同，表音則一，從「手」從「犬」命意不同。《說文・艸部》云：「茅蒐，茹藘，人血所生，可以染絳。从艸、从鬼。」〔註21〕段注云：「經傳多以爲春獵字。」〔註22〕字從「手」，強調主體；從「艸」，強調場所；從「犬」，則強調對象。「于」、「於」之說參見前。王懋竑、汪中、黃丕烈、劉台拱、汪遠孫、李慈銘、張以仁等皆未出校。《類篇》引《說文》「獋」，平津館本

〔註19〕〔宋〕陳彭年等：《宋本玉篇》，北京：中國書店 1983 年影張氏澤存堂本，第431 頁、第 120 頁。

〔註20〕〔唐〕張參：《五經文字》，臺北：臺灣商務印書館 1986 年《景印文淵閣四庫全書》第 224 冊，第 256 頁上。

〔註21〕〔漢〕許慎：《說文解字》，北京：中華書局 1963 年影陳昌治據平津館本，第19 頁上。

〔註22〕〔清〕段玉裁：《説文解字注》，上海古籍出版社 1981 年影經韻樓本，第 31 頁上。

《說文》、徐鍇《通釋》、《五音集韻》四庫本並與《類篇》引同，段注、王筠《說文句讀》則作「夒」。《集韻·豪韻》云：「夒夒獿猱蟱，《說文》：『貪獸也，一曰母猴。』似人，从頁巳止，夂其手足。或从夒，从憂、从柔。亦作蟱。」〔註23〕則「夒」、「獿」、「猱」為同一字。南越名犬為獿獀，取誼相同，故字亦作「獿」，加犬旁為專字。又《故訓匯纂》「獿」字條引《說文》作「南趙名犬獿獀」，與平津館本《說文》同，「獀」字條引《說文》作「南越名犬獿獀」，與段注同，徐鍇《通釋》、王筠《句讀》「越」下俱有「人」字，桂馥《說文解字義證》云：「南越名犬獿獀之，『名犬』，《六書故》引作『犬名』，《五音集韻》：『南越謂犬為獿獀。』」〔註24〕翻檢《說文》各本「獀」字注，平津館本作「南趙名犬獿獀」，陳昌治覆刻本、日本早稻田大學藏藤花榭本《說文》與之同。《續古逸叢書》影大徐本《說文》作「南越名犬獿獀」，日本早稻田大學藏汲古閣本、日本早稻田大學藏官板《說文》同。《說文詁林》所引俱作「越」字，各家亦無說，黃侃手批《說文解字》字亦作「趙」，逕改作「越」〔註25〕，湯可敬云：「南趙，當依段注『趙』作『越』。」〔註26〕董蓮池云：「南趙，小徐本作『南越』，可從。」〔註27〕王貴元云：「南趙，王本、汪本、黃本、鮑本同，丁本、《五音韻譜》、小徐本作南越，《廣韻》十八尤、《集韻》十八尤引同後者，當據正。」〔註28〕《漢語大詞典》收錄「南楚」、「南越」兩個詞條，前者指「古地區名。春秋戰國時，楚國在中原南面，後世稱南楚，為三楚之一。北起淮漢，南至江南，約包括今安徽中部、西南部，河南東南部，湖南、湖北東部及江西等地區」，後者指「今廣東廣西一帶」〔註29〕，未見「南趙」，古有「南楚」、「南越」，未聞有「南趙」之說，「趙」或「越」之形譌。《續方言》卷下引《說文》：「南越名犬獿獀。」〔註30〕《廣東通志》

〔註23〕〔宋〕丁度等：《集韻》，上海古籍出版社1985影述古堂本，第195頁。

〔註24〕〔清〕桂馥：《說文解字義證》，上海古籍出版社1987年影道光連筠簃本，第844頁下。

〔註25〕黃侃批校：《黃侃手批說文解字》，上海古籍出版社1987年版，第623頁。

〔註26〕湯可敬：《說文解字今釋》，長沙：嶽麓書社2002年版，第1345頁。

〔註27〕董蓮池：《說文解字考正》，北京：作家出版社2005年版，第390頁。

〔註28〕王貴元：《說文解字校記箋》，上海：學林出版社2002年版，第418、419頁。

〔註29〕羅竹風主編：《漢語大詞典》（縮印本），上海：漢語大詞典出版社1997年版，第381、382頁。

〔註30〕〔清〕杭世駿：《續方言》，上海：商務印書館1939年《叢書集成初編》本，第38頁。

卷五二引《逸雅》云：「獲獀，南越犬名也。」〔註31〕《天中記》卷五四、《格致鏡原》卷八七亦云：「獲獀，南越名犬也。」〔註32〕加「人」字者亦在明確「獲獀」爲南越呼犬之名。「犬名」定中結構，「名犬」動賓結構，語序非同，其義則無別。《漢語大字典》收錄「獲獀」詞條並引《集韻》作「南越」語，《漢語大詞典》未收錄。按「狗」在中古都是見紐侯韻，根據同濟大學德語系陳琦〈德語中源於漢語的外來詞〉〔註33〕可知，德語中的「Chow-Chow」是「中國種尖嘴狗」的意思，來源於漢語粵方言「狗」的發音，或即「獲獀」之音。查東方語言學網，根據李如龍調查的崇安閩語，「狗」讀u3，建陽閩語讀xəu3，皆單音節，無讀雙音節者。根據今廣東話「公雞」、「母雞」稱「雞公」、「雞婆」的通例，則「獲獀」或當即「獀獲」，即「獵狗」，這個詞中的「獀」仍然是「春獵」之義，表示「獲」之功用。方澍（1856～1930）〈潮州雜詠〉云：「那更畜獲獀，田間搏蹇兔。」該詩之「獲獀」則是獵狗無疑。張舜徽云：「南越稱犬爲獲獀疑爲獀之別義，其本義自當爲獵犬也。蓋獀之言傞也，達也。田獵時嗾之疾走以爲先導也。下文『狩，犬田也』與獀雙聲，一語之轉耳。獵犬謂之獀，因引申爲凡狩獵之稱。」〔註34〕亦可備一說。

19‧立部——塼，旨兖切，等也，《春秋國語》曰：「塼本肇末。」又陟兖切，齊也，又都玩切，又株戀切，又多官切，《博雅》：「齊也。」（卷一〇中，第380頁上）

【按】本條出〈齊語〉，述古堂影宋鈔本《集韻》所引「肇」作「肈」，爲「肇」之譌。辨詳見《〈說文解字繫傳〉引《國語》斠證》第44條。

20‧水部——溲，蘇遭切，便也。《國語》：「少溲於豕牢。」又踈鳩切，溺謂之溲；又所九切，浸渍也。（卷一一上，第403頁上）

〔註31〕〔清〕郝玉麟等監修、魯曾煜等編纂：《廣東通志》，臺北：臺灣商務印書館1986年《景印文淵閣四庫全書》第564冊，第459頁下。

〔註32〕〔明〕陳耀文：《天中記》，臺北：臺灣商務印書館1986年《景印文淵閣四庫全書》第967冊，第585頁上。〔清〕陳元龍：《格致鏡原》，臺北：臺灣商務印書館1986年《景印文淵閣四庫全書》第1032冊，第597頁上。

〔註33〕http://www.for68.com/new/2006%5C4%5Cwa13154055211114600221500-0.html。

〔註34〕張舜徽：《說文解字約注》卷一九，鄭州：中州古籍出版社1983年版，本卷第32頁。

【按】本條出〈晉語四〉。遞修本、金李本、張一鯤本、穆文熙《國語評苑》、秦鼎本、綠蔭堂本作「少浚于豕牢」,《六書故》卷六、《資治通鑑綱目前編》卷五、《天中記》卷一二、《古文淵鑑》卷六引同,《四庫薈要》本、文淵閣四庫本「浚」字作「浚」。閔齊伋《裁注》本、董增齡《國語正義》「于」作「於」,《左傳紀事本末》卷二五、《繹史》卷五一下引同,《補音》字亦作「浚」。黃刊明道本、博古齋影本、蜚英館石印本、崇文本、會文堂本、錦章書局本、《四部備要》本、《國語韋解補正》、《國語詳注》作「少溲於豕牢」,《通志》卷九〇、《經濟類編》卷一五、《文章辨體彙選》卷五六引同,《尚史》卷四三、《冊府元龜》卷七三二、卷七四〇則引「於」作「于」。「浚」、「浚」、「溲」異體。另《國語》各本字俱作「牢」無作「字」者,傳世文獻中常見「豕牢」之用,不見有「豕字」,且「豕字」義亦不辭。是《類篇》誤以「牢」字爲「字」。述古堂影宋鈔本《集韻》引《國語》即作「少溲於豕牢」。韋注云:「豕牢,廁也。」又浮山此藏軒刻本《通雅》引「少」誤作「小」。

21‧門部——闚閞,空媧切,門不正開,或作闛。閞,又枯懷切,門邪也。闚,又羽委切,《說文》:「闔門也。」引《春秋國語》「闚門而與之言」。亦姓,或从毀。(卷一二上,第 437 頁上)

22‧門部——闚,羽委切,闔門也,引《春秋國語》「闚門而與之言」,或从毀。(卷一二上,第 438 頁上)

【按】本二條出〈魯語下〉,述古堂影宋鈔本《集韻》、《宋本廣韻‧佳韻》引與《類篇》同。今《國語》各本無「而」字,《宋本廣韻‧聲‧四紙》引《國語》亦無「而」字。按「空媧切」、「枯懷切」之「閞」與「羽委切」之「闚」不同,前兩者表示狀態,後者表示動作。《類篇》已經進行了比較嚴格的區分,在這一點上優於《廣韻》。「闚」字祇見於《玉篇》、《集韻》、《字彙補》等漢語言文字學專著,傳世文獻罕有用者。古從「咼」之字皆在見紐歌部,「爲」在匣紐歌部,疊韻。許瀚云:「《說文》無闚字,爲歌部。」〔註35〕則「闚」、「闚」二字之音同,《刊謬補缺切韻》卷三云:「闚門,亦作闚。」〔註36〕許瀚(1797

〔註35〕〔清〕許瀚:《古今字詁疏證》,見載於氏著《攀古小廬全集》(上),濟南:齊魯書社 1985 年袁行雲編校本,第 343 頁。

〔註36〕〔唐〕王仁昫:《刊謬補缺切韻》,上海古籍出版社 2002 年輯印《續修四庫全書》第 250 冊,第 141 頁。

～1866）又云：「闞蓋後起字。」〔註37〕言是。又見〈《廣韻》引《國語》斠證〉第 3、4 條。

23 耳部——聆，渠金切，地名。《國語》：「回禄信於聆隧。」又其淹切。

（卷一二上，第 440 頁）

【按】本條出〈周語上〉，辨詳見〈《宋本玉篇》引《國語》斠證〉第 14 條。

24・手部——捲，逵貟切，《說文》：「氣勢也。」引《國語》「有捲勇」。一曰收也，治也；又九遠切，博也；又窘遠切，斂也；又古倦切，西捲縣名，又古轉切。（卷一二上，第 444 頁下）

【按】本條出〈齊語〉。今傳《國語》各本俱作「有拳勇」，《皇王大紀》卷三七、《繹史》卷四四之一、《左傳紀事本末》卷一八、《通志》卷九二、《文獻通考》卷二八、《資治通鑑綱目前編》卷一〇、《格物通》卷五九、《冊府元龜》卷二三九、《羣書考索》後集卷三二、《玉海》卷一一四、《稗編》卷一一二、《經濟類編》卷一四、《管子・小匡篇》同。明人朱朝瑛（1605～1670）《讀詩畧記》卷二云：「『卷』通作『捲』，《說文》：『捲，氣勢也。』引〈齊語〉曰『有捲勇』。今〈齊語〉作『拳勇』。」〔註38〕先秦至明代傳世文獻中無「捲勇」，多見用「拳勇」。辨並見〈《玄應音義》引《國語》斠證〉第 41 條、〈《說文解字繫傳》引《國語》斠證〉第 53 條。

25・匸部——医，於計切，盛弓弩矢器也。《國語》曰：「兵不解医。」

（卷一二下，第 472 頁下）

【按】本條出〈吳語〉，辨詳見〈《集韻》引《國語》斠證〉第 21 條。

26・蟲部——蝄蜽，文訪切，《說文》：「蝄蜽，山川之精物。」淮南王說：「蝄蜽，狀如三歲小兒，赤黑色，赤目長耳美髮。」引《國語》「木石之怪夔蝄蜽」。（卷一三中，第 497 頁下）

【按】本條出〈魯語下〉。今《國語》各本俱作「木石之怪曰夔蝄蜽」，

〔註37〕〔清〕許瀚：《古今字詁疏證》，同上，第 343 頁。
〔註38〕〔明〕朱朝瑛《讀詩畧記》，臺北：臺灣商務印書館 1986 年《景印文淵閣四庫全書》第 82 冊，第 417 頁下。

無字作「蜖」、「恠」者。「恠」則「怪」之俗體，以「在」示聲效果優於「圣」也。平津館本《說文》、徐鍇《通釋》、段注「蜖」字條引《國語》字俱作「怪」不作「恠」、作「蜖蟎」不作「蜖蟎」。又《史記・孔子世家》作「罔閭」。或本作「罔兩」，以音記詞。辨詳見〈《慧琳音義》引《國語》斠證〉第 8 條、〈《說文解字繫傳》引《國語》斠證〉第 56 條。

27・土部──埤，賓彌切，又頻彌切，《說文》：「增也。」一曰厚也。又匹計切，埤堄，城上垣。又部弭切，田百畝；又部靡切，下隰也；《春秋國語》「松栢不生埤」。又卜禮切，又補買切，兩手擊也。（卷一三下，第 507 頁上）

【按】本條出〈晉語八〉，述古堂影宋鈔本《集韻》引同。金李本、閔本、陳瑑《國語翼解》、董本「栢」作「柏」，穆文熙《國語評苑》、黃丕烈重刊明道本作「栢」，「柏」、「栢」音義同而聲符形稍異。沈鎔《國語詳註》誤「埤」作「掉」。辨詳見〈《原本玉篇殘卷》引《國語》斠證〉第 83 條。

28・土部──垓，居諧切，壇級。又柯開切，《說文》：「兼垓八極地也。」引《國語》「天子居九垓之田」。（卷一三下，第 508 頁上）

29・田部──畡，柯開切，《說文》：「兼垓八極地也。」引《國語》：「天子居九垓之田。」或从田。（卷一三下，第 515 頁上）

【按】本條出〈鄭語〉，述古堂影宋鈔本《集韻》、《禮部韻略》引同。今各本作「故王者居九畡之田」。辨詳見〈《說文解字繫傳》引《國語》斠證〉第 57 條、〈《宋本玉篇》引《國語》斠證〉第 2 條。

30・土部──墢墢，房越切，耕起土也，或从發，亦書作坺墢；又北末切，發土也。《國語》「王耕一墢」。（卷一三下，第 513 頁上）

31・土部──坺，房越切，地名。又北末切，發土也。《國語》：「王耕一墢。」或从友。又蒲撥切，《說文》：「治也，一曰臿土謂之坺。」引《詩》「武王載坺」。（卷一三下，第 513 頁上）

【按】本條出〈周語上〉，述古堂影宋鈔本《集韻》、《六書故》卷四、《增修互注禮部韻略》卷五、《增修校正押韻釋疑》卷五、《古今韻會舉要》卷二七、《洪武正韻》卷一四引同，今傳《國語》各本並同。《續資治通鑑長編》

卷三〇〇、《繹史》卷二七、《尚史》卷二六、《歷代名臣奏議》卷一一〇、《文獻通考》卷七、卷八七、《藝文類聚》卷三九、《北堂書鈔》卷九一、《太平御覽》卷五三七、《冊府元龜》卷一一五、卷三二五、《玉海》卷七六、《經濟類編》卷四一、《文章正宗》卷四、《文編》卷三、《文章辨體彙選》卷五二引同，《白孔六帖》卷三六《古今事文類聚遺集》卷六引作「撥」，董增齡《國語正義》亦作「撥」。《北堂書鈔》卷九一引賈逵注云：「一墢，一耜之墢也。王無耦，以一耜耕。王一墢，公三、卿九、大夫二十七。」是韋注襲賈也。黃丕烈《札記》云：「別本下有解云『一墢，一耜之墢也。王無耦，以一耜耕』十三字，無下節解『王耕』至『深尺』二十五字。《補音》出『一耜』，是宋公序本如此。惠云：『《玉海》所引與宋同。』丕烈案，此『一墢』者，對下『三之』而言也，非言耦數。《月令》：『天子三推。』高誘注《呂覽》云：『謂一發也，引此王耕一發，是以王耕爲廣尺深尺耳。』《補音》載賈注亦然，正韋所本『無耦一耜』之說，於『公三發，卿九發，大夫二十七發』不可通矣。《玉海》所載，《夏小正》王會解等，均非善本，難以爲據者也。發墢字同。」〔註39〕《攷異》云：「《詩‧載芟》疏、《呂覽‧孟春紀‧上農篇》高誘注引《國語》作『發』。案『發』是也，『墢』俗字。」〔註40〕《補音》各本、董《正義》作「撥」，他本並賈逵注作「墢」，《說文》作「坺」，朱駿聲云：「墢，即坺也。」〔註41〕按「犮」，《說文》謂「走犬皃」，馬敍倫謂「當從鍇本作從犬而ノ之，曳其足則刺犮也」，楊樹達（1885～1956）亦謂「ノ指犬之見曳，爲所事」，明指「犮」爲動作，嚴一萍（1912～1987）徑云：「犮猶拔也。」〔註42〕的是。張以仁《國語斠證》又引雷浚《說文外編》，謂「墢」似「撥」之形變。〔註43〕《說文》「茇，春艸根枯，引之而發土爲撥，故謂之茇」段注云：「此申明艸根爲茇之義也。《氾勝之書》曰：『春土長冒橛，陳根可拔，耕者急發。』《攷工記》注曰：『く土曰伐，伐之言發

〔註39〕〔清〕黃丕烈：《校刊明道本韋氏解國語札記》，北京：商務印書館 1959 年版《國語》後附，第 242 頁。王煦《國語補補音》卷上云：「宋本無此十四字，公序本行。」（觀海樓刻本，本卷第 4 頁）黃氏云「十三字」者誤。

〔註40〕〔清〕汪遠孫：《國語明道本攷異》，同上，第 269 頁。

〔註41〕〔清〕朱駿聲：《說文通訓定聲》，武漢市古籍書店 1983 年影臨嘯閣本，第 684 頁。

〔註42〕馬敍倫、楊樹達、嚴一萍之說並轉引自李圃主編《古文字詁林》第 8 冊，第 588 頁。

〔註43〕張以仁：《國語斠證》，臺北：臺灣商務印書館 1969 年版，第 36 頁。

也。』《詩‧噫嘻》『駿發爾私』箋云：『發，伐也。』《周語》『王耕一墢』注：『一墢，一耦之發也。』引之而發土者，謂枱藉陳根，土易解散，其耕澤澤也。爲撥之撥即《攷工記》之伐。《國語》之墢、《說文》土部之坺、今韵書之垡，實一字也。」〔註44〕徐復先生（1912～2006）云：「《考工記‧匠人》之伐，即撥字也。」〔註45〕按「發」、「墢」、「撥」、「坺」、「垡」實際上強調的都是一個完整動作，韋注所謂「一耦之墢」即是講用耦耕作，從把耦插入泥土到把耦從土地裏整個的這樣一個動作，當然它的客觀結果會形成一個廣尺深尺的耕作片。段注證草根之義同此。另如《左傳‧哀十六年》「必使先射，射三發，皆遠許爲」中的「發」，即從箭在手中發出去一直到落下這一個動作的完成。「發硎一試」則也是指完整的一個動作。從字形上看，用「墢」、「坺」（段注所云之「芨」亦然）強調的是耕作動作之後的結果，指用犁翻起或鍬挖出的一塊土，名詞。據許寶華等《漢語方言大詞典》，今閩語、吳語猶存此義，吳語猶有「一坺土」之語。〔註46〕段注《說文‧土部》云：「坺，坺土也，一臿土謂之坺。」段注：「一臿所起之土謂之坺，今人云坺頭是也。《耒部》曰：耕廣五寸爲伐，二伐爲耦。與《考工記》『二耜爲耦，一耦之伐，廣尺深尺謂之畎』稍不同。鄭云：畎土曰伐，伐即坺。依《考工記》，二耜之土爲伐，許云，一枱之土爲伐，即此云一臿土謂之坺也。」〔註47〕與吳語正合。蕭旭謂段氏「坺頭」之語，靖江方言同（靖與金壇隔一長江，相距 50 來公里），或以其爲長方體，稱作「方坺」，鄉里用於砌土牆、墊豬圈。又劉賾（1891～1978）云：「治也者，謂治土也，與一曰義及耕起土相應。吾鄉謂耕起之土曰犁坺，音同《唐韻》。」〔註48〕亦可爲證。用「發」、「芨」，則強調動作本身。「撥」、「拔」是從字形上對該詞動詞性和動作意蘊的進一步強調。張以仁謂：「發、坺諸音，聲母皆發雙唇，韻尾並收舌尖，古音甚爲相近（同在祭部）。爲音注者隨時地而有變異，適足以見語音漸變之跡。」又云：「今傳《國語》各本皆作『墢』，《玉海》七六亦作『墢』，《舊音》則

〔註44〕〔清〕段玉裁：《說文解字注》，上海：上海古籍出版社 1981 年影經韻樓本，第 38 頁下。

〔註45〕徐復：《後讀書雜志》，上海：上海古籍出版社 1996 年版，第 134 頁。

〔註46〕許寶華、〔日〕宮田一郎主編：《漢語方言大詞典》，北京：中華書局 1999 年版，第 3083 頁。

〔註47〕〔清〕段玉裁：《說文解字注》，上海：上海古籍出版社 1981 年影經韻樓本，第 684 頁下。

〔註48〕劉賾：〈楚語拾遺〉，《武漢大學文史哲季刊》第 1 卷第 1 號，第 147 頁。

作『撥』（〈楚語下〉之例同），《初學記》十四、《北堂書鈔》九一引亦作『撥』。然《舊音》引賈注則又作『墢』。《呂覽‧士容論‧上農篇》高誘注引《國語》則作『發』，畢沅校謂是『墢』之誤。然《禮記‧月令》、《周禮‧甸師》疏引皆作『發』。宋庠《補音》、朱駿聲《說文通訓定聲》皆謂本字爲『坺』。雷浚《說文外編》則以『撥』爲本字，形變爲『墢』，又通作『發』。諸說皆通，形有假借，以音逆之可也。」〔註49〕實際上這裏更強調動作，當以「發」爲是。韋注最爲得義。

32‧矛部——`猎`，仕角切，刺也，或作`猎`；又測窄切，《說文》：「矛屬。」又實窄切，又測革切，刺取也。《國語》：「`猎`魚鼈。」（卷一四中，第 532 頁上）

【按】本條出〈魯語上〉，述古堂影宋鈔本《集韻》引同。桂馥《義證》引作「羅籍魚」，不辭；朱駿聲《說文通訓定聲》作「周語」，誤。唐寫本《唐韻》第三十七葉引作「籍魚鼈」，汪遠孫《攷異》謂《說文》引《國語》作「籍」，平津館本《說文》作：「《周禮》曰：『籍魚鼈。』」並云：「从手、籍省聲。」〔註50〕非引自《國語》，清人邵瑛《說文解字羣經正字》云：「今經典《周禮》作『籍鼈』。」〔註51〕是其脫一「魚」字。徐鍇《繫傳通釋》「籍」字條引《春秋國語》作「籍魚鼈」，與寫本《唐韻》同，段注《說文》、《說文詁林》引《引經證例》並從徐作「《春秋國語》」，《說文詁林》引《校錄》云：「《繫傳》『《周禮》』作『《春秋國語》』蓋後人改。」《說文詁林》引《二徐箋異》亦以爲《繫傳》作《春秋國語》乃「淺人所易，非是」。〔註52〕王筠《說文句讀》、桂馥《說文義證》、朱駿聲《說文通訓定聲》並本《說文》作「《周禮》」。今《國語》各本俱作「`猎`魚鼈」。又《類篇》「刺」字，汲古閣影宋鈔本作「剌」，蔣禮鴻《類篇考索》已正。辨並見〈《說文解字繫傳》引《國語》斠證〉第 52 條、〈《廣韻》引《國語》斠證〉第 25 條。

〔註49〕張以仁：〈國語舊音考校〉，見載於氏著《國語左傳論集》，臺北：東昇出版事業公司 1980 年版，第 203～204 頁。

〔註50〕〔漢〕許慎：《說文解字》，北京：中華書局 1963 年影陳昌治據平津館本，第 257 頁上。

〔註51〕〔清〕邵瑛：《說文解字羣經正字》卷二四，上海古籍出版社 2002 年輯印《續修四庫全書》211 冊，第 310 頁上。

〔註52〕丁福保：《說文解字詁林》，北京：中華書局 1988 年版，第 11968 頁下。

捌、《集韻》引《國語》斠證

　　《集韻》為宋丁度（990～1053）、賈昌朝（998～1065）等人於景祐四年（1037）奉詔修纂，至寶元二年（1039）成書。關於其價值，魯國堯《〈集韻〉——收字最多規模宏大的一部韻書》有較為詳盡論述〔註1〕。現存版本有宋刻本、曹刻欄亭揚州使院刊本及嘉慶重刊本、姚氏咫進齋本等，各本源流得失可參見趙振鐸〈關於《集韻》的校理〉〔註2〕。今習見者一為中國書店 1983 影揚州使院刊本，一為上海古籍出版社 1985 影上海圖書館藏錢氏述古堂影宋鈔本。今考察述古堂本《集韻》引《國語》28 處 25 例，與《廣韻》、《類篇》、《玉篇》引用不同的有「吾」、「犒」、「𡗜」、「蒮」等 4 例，其他條目均見諸其他各篇，此處祇比較《集韻》各本異同，不再對重出條目作辨析。辨正時並參照文淵閣四庫本《集韻》、中國書店 1983 影揚州使院刊本《集韻》、宋金州軍刻本《集韻》、《四部備要》本《集韻》、清方成珪《集韻考正》等，另中華書局 1988 年出版國家圖書館藏宋刻原本，刊行 1000 冊，流布廣度未如前二者，2009 年又復刊行，亦頗有助於考校者，復參照瀚堂典藏所收錄之潭州宋刻本、《萬有文庫》影印日本天保九年重刊顧廣圻補刻本、《文淵閣四庫全書》本等。

〔註1〕　魯國堯：《魯國堯語言學論文集》，南京：江蘇教育出版社 2003 年版，第 310～316 頁。在臺灣國家圖書館全國碩博論文資訊網中搜索到文化大學中國文學研究民國六十三學年（1974）博士邱榮鐬之《集韻研究》，其緒論部份有專門一節介紹《集韻》之著錄與流傳，又其論文第六章專談《集韻》之校勘，必有可資參考者，惜乎年代較早，不能提供電子全文在線觀看，無緣得見。
〔註2〕　趙振鐸：〈關於《集韻》的校理〉，《中國語文通訊》（香港）第 23 期，又見載於氏著《辭書學論文集》，北京：商務印書館 2006 年版，第 258～264 頁。

1・魚韻——吾，吾吾，踈遠皃。春秋國語：暇豫之吾吾。（平聲卷一，第 63 頁）

【按】本條出〈晉語二〉，潭州宋刻本、金州軍刻本、中華宋刻本同，四庫本《集韻》、《五音集韻》作「疎遠貌」，《四部備要》本《集韻》、錢藏揚州使院本、曹氏棟亭本、天保重刊顧廣圻補刻本作「疎遠皃」。今傳《國語》各本同，《資治通鑑外紀》卷四、《皇王大紀》卷四〇、《繹史》卷五一上、《左傳紀事本末》卷二四、《通志》卷九〇、《尚史》卷四八引同，韋注云：「吾，讀如魚。吾吾，不敢自親之貌也，言里克欲爲閑樂事君之道，反不敢自親吾吾，然其智曾不如鳥鳥也。」汪遠孫《考異》云：「《御覽》引作『俉俉』。」〔註3〕《太平御覽》卷四六九引「吾吾」作「俉俉」，有注云：「俉俉，踈遠之貌。」〔註4〕吳曾祺曰：「吾吾即踽踽，與人不相親之貌。」〔註5〕《說文》：「踽，疏行貌。《詩》曰：『獨行踽踽。』」〔註6〕《詩・唐風・杕杜》毛傳云：「踽踽，無所親也。」〔註7〕《廣韻・魚韻》云：「《說文》曰：『衙衙，行皃。』又音牙。」〔註8〕《玉篇・行部》云：「衙，行皃，又踈遠皃。」〔註9〕又李元吉曰：「漢《橫吹曲》『朱鷺魚小雅』，解者謂朱鷺之容安舒閒雅。則此『吾吾』亦謂里克暇豫而安舒耳。似非不敢自親也。」〔註10〕王懋竑《國語存校》云：「吾吾，暇豫貌。言不如鳥鳥之暇豫也。」〔註11〕《韻補》正釋「吾吾」爲「敢自親之皃」〔註12〕，則是「吾吾」本狀「暇豫」之貌者也，韋注似非是。徐

〔註3〕〔清〕汪遠孫：《國語明道本攷異》，北京：商務印書館 1959 年版《國語》後附，第 300 頁。

〔註4〕〔宋〕李昉等纂：《太平御覽》，《四部叢刊》影宋本，本卷頁 5。

〔註5〕吳曾祺：《國語韋解補正》第二冊，上海：商務印書館 1916 年版，本卷頁 1。

〔註6〕〔漢〕許慎：《說文解字》，北京：中華書局 1963 年影陳昌治據平津館本，第 46 頁上。

〔註7〕〔清〕阮元校刻：《十三經注疏》，北京：中華書局 1980 年版，第 364 頁下。

〔註8〕〔宋〕陳彭年等：《宋本廣韻》，北京：中國書店 1982 年影張氏澤存堂本，第 46 頁。

〔註9〕〔宋〕陳彭年等：《宋本玉篇》，北京：中國書店 1983 年影張氏澤存堂本，第 189 頁。

〔註10〕〔明〕李元吉：《讀書囈語》卷八，《續修四庫全書》1143 冊影科圖藏明崇禎十六年刻本，第 508 頁上。

〔註11〕〔清〕王懋竑：《讀書記疑》卷一一，《續修四庫全書》第 1146 冊影同治十一年福建撫署本，第 343 頁下。

〔註12〕〔宋〕吳棫：《韻補》，北京：中華書局 1987 年影遼寧圖書館藏宋本，第 10 頁。

仁甫（1901～1988）曰：「『吾吾』當分讀。吾，代詞。」〔註 13〕亦非。連語以聲記詞，構成音節的字形祇是記音符號，是「吾吾」、「俉俉」、「踽踽」、「衙衙」異形而同義。

2．虞韻——犓，《說文》：从芻莝養牛。引《春秋國語》「犓豢幾何」，俗作「犓」，非是。（平聲卷二，第 80 頁）

【按】本條出〈楚語下〉，四庫本《集韻》、《五音集韻》、金州軍本《集韻》、《四部備要》本、中華宋刻本同。詳見〈《說文解字繫傳》引《國語》斠證〉第 8 條。

3．虞韻——珠，《說文》：「蚌之陰精。」引《春秋國語》「珠以禦火災」。（平聲卷二，第 80 頁）

【按】本條出〈楚語下〉，揚州使院本、金州軍本、四庫本、《四部備要》本、中華宋刻本並同。《集韻》轉引《說文》，而《說文》引實有「足」字，是《集韻》據今傳《國語》而正。辨詳見〈《宋本玉篇》引《國語》斠證〉第 1 條。

4．模韻——籚𥴩，《說文》積竹矛戟矜也。引《春秋國語》「朱儒扶籚」，一曰筐也，大曰籚，小曰籃，或作𥴩。（平聲卷二，第 87、88 頁）

【按】本條出〈晉語四〉，各本引同，中華宋刻本「筐」字闕末筆爲諱。辨詳見〈《說文解字繫傳》引《國語》斠證〉第 20 條。

5．模韻——砮㻯，《說文》石可以為矢鏃。引《春秋國語》「肅慎貢楛矢石砮」，古作「㻯」。（平聲卷二，第 88 頁）

【按】本條出〈魯語下〉，各本引同，北京中華書局影宋刻本「慎」字闕末筆爲諱。辨詳見〈《說文解字繫傳》引《國語》斠證〉第 36 條、〈《類篇》引《國語》斠證〉第 17 條。

6．佳韻——槎，衺斫也。《春秋國語》「山不槎蘖」。（平聲卷二，103 頁）

【按】本條出〈魯語上〉，金州軍本、四庫本、《四部備要》本、中華宋

〔註 13〕徐仁甫：〈晉語辨正〉，《晉陽學刊》1984 年第 2 期，第 78 頁。

刻本同，惟「楂」皆作「槎」。「楂」字，《康熙字典》、《漢語大字典》均未收，《龍龕手鑑》中錄之，《中華字海・木部》云：「楂，同『槎』，字見《龍龕》。」〔註14〕《干祿字書・平聲》收「耂差」條並云：「上俗下正。」〔註15〕則「楂」亦是「槎」之俗字可知。辨詳見〈《宋本玉篇》引《國語》斠證〉第 21 條。

7・哈韻──垓畡，《說文》：「兼垓八極地也。」引《國語》「天子居九垓之田」。或从田。（平聲卷二，第 112 頁）

【按】本條出〈鄭語〉。金州軍本、四庫本、《四部備要》本、中華宋刻本同，辨詳見〈《說文解字繫傳》引《國語》斠證〉第 57 條、〈《宋本玉篇》引《國語》斠證〉第 2 條。

8・諄韻──竣踆夋，《說文》：「偓竣也。」引《國語》「有司已事而竣」。《博雅》：「土也，伏也。」或作「踆」、「夋」。（平聲卷二，第 122、123 頁）

【按】本條出〈齊語〉。四庫本同，《四部備要》本改「已」作「已」，是。古書中往往「已」、「巳」混誤。金州軍本、中華宋刻本「土」作「止」，以《廣雅》校之，「止」字是，「土」、「止」形近而譌，辨詳見〈《說文解字繫傳》引《國語》斠證〉第 45 條。

9・僊韻──竣，退也。《國語》「已事而竣」。一曰：「攺也。」（平聲卷三，第 169 頁）

【按】本條出〈齊語〉。四庫本、《四部備要》本同，金州軍本、中華宋刻本「已」誤作「巳」、「攺」誤作「改」。《說文・攴部》：「攺，毅攺，大剛卯，以逐鬼魅也。」〔註16〕與「改」絕異，不可混同，然古書中每以形似而混，辨詳見〈《說文解字繫傳》引《國語》斠證〉第 45 條。

10・僊韻──捲，《說文》：「氣勢也。」引《國語》「有捲勇」。一曰：「收也，治也。」（平聲卷三，第 173 頁）

【按】本條出〈齊語〉。金州軍本、《四部備要》本、四庫本、潭州宋刻

〔註14〕 冷玉龍編：《中華字海》，北京：中華書局 1996 年版，第 762 頁右欄。
〔註15〕 施安昌編：《顏真卿書干祿字書》，北京：紫禁城出版社 1990 年版，第 16 頁。
〔註16〕 〔漢〕許慎：《說文解字》，北京：中華書局 1963 年影陳昌治據平津館本，第 69 頁下。

－276－

本、中華宋刻本同。辨詳見〈《玄應音義》引《國語》斠證〉第 41 條、〈《說文解字繫傳》引《國語》斠證〉第 53 條。

11・蕭韻──挑，《說文》撓也，一曰擥也。引《春秋國語》「郤至挑天」。
　　　　（平聲卷三，第 174 頁）

　　【按】本條出〈周語中〉，潭州宋刻本、錢藏揚州使院本、曹氏棟亭本、顧廣圻補刻本、中華宋刻本同，四庫本「郤」作「卻」。辨詳見〈《說文解字繫傳》引《國語》斠證〉第 51 條。

12・豪韻──溞，便也。《國語》：少溞於豕牢。（平聲卷三，第 192 頁）

　　【按】本條出〈晉語四〉。金州軍本、四庫本、《四部備要》本、中華宋刻本同，辨詳見〈《類篇》引《國語》斠證〉第 20 條。

13・庚韻──侊，《說文》：「小皃。」引《春秋國語》「侊飲不及一餐」。
　　　　（平聲卷四，第 229 頁）

　　【按】本條出〈越語下〉。金州軍本、四庫本、《四部備要》本、中華宋刻本同。辨詳見〈《說文解字繫傳》引《國語》斠證〉第 32 條、〈《廣韻》引《國語》斠證〉第 10 條。

14・侵韻──聆，地名，《說文》引《春秋國語》「回以信於聆遂」。
　　　　（平聲卷四，第 280 頁）

　　【按】本條出〈周語上〉。「以」字誤，當作「祿」，四庫本、金州軍本、《四部備要》本、中華宋刻本並不誤。又揚州使院本、金州軍刻本「遂」作「隧」，辨詳見〈《宋本玉篇》引《國語》斠證〉第 14 條。

15・鹽韻──聆，地名，《國語》：「回祿信於聆隧。」（平聲卷四，
　　　　第 292 頁）

　　【按】本條出〈周語上〉。四庫本、金州軍本、《四部備要》本、潭州宋刻本、中華宋刻本並同，一作「遂」一作「隧」，明二韻所收非出一處。辨詳見〈《宋本玉篇》引《國語》斠證〉第 14 條。

16・紙韻──庨庨，《說文》：「廣也。」引《春秋國語》「俠溝而庨我」，
　　　　或省。（上聲卷五，第 308 頁）

【按】本條出〈吳語〉。金州軍本、四庫本、《四部備要》本、中華宋刻本同，詳見〈《廣韻》引《國語》斠證〉第 15 條。

17・紙韻——闉闍，《說文》：「關門也。」引《春秋國語》「闉門而與之言」。亦姓，或从毀。（上聲卷五，第 314 頁）

【按】本條出〈魯語下〉。金州軍本、四庫本、《四部備要》本、潭州宋刻本、中華宋刻本同，詳見〈《廣韻》引《國語》斠證〉第 3、4 條。

18・紙韻——埤，下濕也。《春秋國語》：松栢不生埤。（上聲卷五，第 316 頁）

【按】本條出〈晉語八〉。揚州使院本、金州軍本、潭州宋刻本同，四庫本、《四部備要》本、中華宋刻本「栢」作「柏」，辨詳見〈《原本玉篇殘卷》引《國語》斠證〉第 83 條。

19・獼韻——塼，《說文》：「等也。」《春秋國語》：塼本肈末。（上聲卷六，第 385 頁）

【按】本條出〈齊語〉。金州軍本「肈」作「肇」，四庫本、《四部備要》本、揚州使院本「肈」作「堲」，中華宋刻本作「塋」，下作「手」、作「圭」者或「聿」字之譌也，三字字形近似。辨詳見〈《說文解字繫傳》引《國語》斠證〉第 44 條。

20・養韻——蝄蜽魍方，《說文》：蝄蜽，山川之精物，《淮南王說》：蝄蜽狀如三歲小兒□□□赤目、長耳、美髮。引《國語》「木石之□□蝄蜽」，或作「蛧」、「魍」、「方」。（上聲卷六，第 415 頁）

【按】本條出〈魯語下〉，空格處爲原本脫落，前三處爲「赤黑色」三字，后二格爲「怪蘷」。四庫本、金州軍本、錢藏揚州使院本、潭州宋刻本、曹氏棟亭本、中華宋刻本「魍」俱作「魍」，述古堂本作「魍」爲形譌。辨詳見〈《慧琳音義》引《國語》斠證〉第 8 條、〈《說文解字繫傳》引《國語》斠證〉第 56 條。

20・有韻——獀，春獵名。《國語》：獀于農隙。（上聲卷六，第 434 頁）

【按】本條出〈周語上〉。金州軍本、四庫本、《四部備要》本、中華宋刻本等並同，顧廣圻補刻本「于」誤作「子」，形近而譌。辨詳見〈《慧琳音

義》引《國語》斠證〉第 44 條。

21・霽韻——医，壹計切，《說文》：盛弓弩矢器也。引《春秋國語》
「兵不解医」。（去聲卷七，第 507 頁）

【按】本條出〈齊語〉，「医」，四庫本、中華宋刻本作「医」。黃丕烈
《札記》引惠云並《考異》並云《說文》引《國語》作「医」。《補音》、《經
子法語》並今傳《國語》各本字皆作「翳」，韋注云：「翳，所以蔽兵也。」
《經子法語》引韋注作「所以蔽也」，脫一「兵」字。此亦見《說文・匸部》，
段注云：「今《國語》作翳。叚借字。韋曰：『翳，所以蔽兵也。』按古『翳
隱』、『翳薈』字皆當於医義引申。不當借華蓋字也。翳行而医廢矣。」「盛」，
段注改作「臧」並云：「臧各本作盛。今依《廣韵》。此器可隱藏兵器也。」
〔註17〕並見〈《說文解字繫傳》引《國語》斠證〉第 55 條。

22・誶，《說文》「讓也」，引《國語》「誶申胥」。（去聲卷七，第 474 頁）

【按】本條出〈吳語〉，各本引同。辨詳見〈《說文解字繫傳》引《國語》
斠證〉第 15 條。

23・覺韻——鷟鸑，《說文》：「鷟鸑，鳳屬，神鳥也。」引《春秋國語》
「周之興也，鸑鷟鳴於岐山。」江中有鸑鷟似鳧而大，赤目。
或从隹。（入聲卷九，第 658 頁）

【按】本條出〈周語上〉。四庫本、《四部備要》本、中華宋刻本同，辨
詳見〈《說文解字繫傳》引《國語》斠證〉第 17 條。

24・末韻——墢坺，發土也。《國語》：王耕一墢。或从犮。（入聲卷九，
第 692 頁）

【按】本條出〈周語上〉。四庫本、《四部備要》本、中華宋刻本同。辨
詳見〈《類篇》引《國語》斠證〉第 30、31 條。

25・薛韻——蕝，《說文》：朝會束茅麦位曰蕝。引《春秋國語》「置茅
蕝表坐」。或作「茷」。（入聲卷九，第 708 頁）

〔註17〕〔清〕段玉裁：《說文解字注》，上海：上海古籍出版社 1981 年影經韻樓本，
第 635 頁下。

【按】本條出〈晉語八〉，四庫本《集韻》更作：「《說文》：朝會束茅表位曰蕝。引《春秋國語》『置茅蕝表坐』。或作『藂』。」金州軍刻本、錢藏揚州使院本、潭州宋刻本、曹氏棟亭本、天保重刊顧廣圻補刻本、中華宋刻本引皆同。韋訓「蕝」用賈義並進一步指出「蕝」是爲縮酒之用，而王引之非之，云：「會盟無縮酒之文，韋注非也，當以賈說爲長。竊謂置茅蕝者，未盟之先，擯相者習儀也。習儀則必爲位，故以茅蕝表之。」〔註18〕《漢語大詞典》即因王說而立義，而《中文大辭典》引汪遠孫《發正》則謂「朝會束茅表位爲蕝也。引繩曰茅，立表曰蕝，猶言縣藂、蕝茆也。」〔註19〕無論賈、韋、王等之說皆以「茅蕝」爲偏正結構，「茅」是「蕝」的構件，則當稱之爲「茅蕝」。辨並見〈《說文解字繫傳》引《國語》斠證〉第 6 條。

26・陌韻——㗌喀，嘔也。《國語》：伏弢喀血。或从口。（入聲卷十，第734 頁）

【按】本條出〈晉語九〉。四庫本、《四部備要》本、中華宋刻本引「喀」作「㗼」。辨詳見〈《類篇》引《國語》斠證〉第 5 條

27・麥韻——猎籍，刺取也。《國語》：猎魚鼈。或作籍。（入聲卷十，第738 頁）

【按】本條出〈魯語上〉。四庫本、《四部備要》本、揚州使院本、中華宋刻本同。辨詳見〈《說文解字繫傳》引《國語》斠證〉第 52 條、〈《廣韻》引《國語》斠證〉第 25 條、〈《類篇》引《國語》斠證〉第 32 條。

28・職韻——忒忒，《說文》惕也。引《春秋國語》「於其心忒然」，或从心。（入聲卷十，第 757 頁）

【按】本條出〈吳語〉，各本同。辨詳見〈《說文解字繫傳》引《國語》斠證〉第 30 條。

〔註18〕〔清〕王引之：《經義述聞》卷二一，南京：江蘇古籍出版社 2002 年版《高郵王氏遺書》，第 512 頁。
〔註19〕林尹等主編：《中文大辭典》（普及本），臺北：中國文化研究所 1968 年版，第 12125 頁。

玖、《韻補》引《國語》斠證

　　《韻補》爲宋人吳棫（約 1100～1154）〔註1〕所撰，棫字才老，多云其爲建州建安（今福建建甌）人，「宣和六年（1124）進士，紹興間（1131～1162）曾爲太常丞，因忤秦檜，貶泉州通判，卒於 1152～1155 之間。」〔註2〕事見《福建通志》卷一八七《儒林傳》。其所著《韻補》「是現在所能見到的第一部系統研究古音的著作。」〔註3〕關於《韻補》的成就，有黃易青〈吳棫《韻補》與《詩補音》古音系之比較〉〔註4〕，另中國文化大學中國文學研究所 2002年碩士生陳文玫撰有《吳棫韻補研究》之碩士論文，其第二章專門言《韻補》版本流變，可資參證。

〔註1〕夏征農主編《大辭海・語言學》以吳棫生卒爲約 1100～1154，見該書第 223頁，上海：上海辭書出版社 2003 年版。李思敬〈論吳棫在古音學史上的光輝成就〉（《天津師範大學學報》（自然科學版）1983 年第 2 期）也以吳棫生卒年爲 1100～1154。曹述敬主編《音韻學辭典》和馬文熙、張歸璧等編著《古漢語知識詳解辭典》則以吳棫「生卒未詳」。另陳文玫引李榮《語文論衡》記吳棫生卒年爲約 1100～1155，見陳文第 17 頁注。張民權〈吳棫《韻補》與宋代語音史問題——兼論賈昌朝並合「窄韻十三處」的語音依據〉「吳棫生平籍貫辯正」一部分正文沿襲 1100？～1155 之說，在註釋中，則云吳「大致與洪興祖同齡，即出生於哲宗元祐年間 1090 年前後」，張文認爲所謂「福建建安」是吳氏祖籍，本人籍貫則是宋時舒州，即今之安徽安慶地區。見《中國語言學》第二輯，濟南：山東教育出版社 2009 年版，第 68 頁。

〔註2〕曹述敬主編：《音韻學詞典》，長沙：湖南出版社 1991 年版，第 231 頁。另見馬文熙、張歸璧等編著《古漢語知識詳解辭典》，北京：中華書局 1996 年版，第 1152 頁。

〔註3〕曹述敬主編：《音韻學詞典》，長沙：湖南出版社 1991 年版，第 278 頁。

〔註4〕黃易青：〈吳棫《韻補》與《詩補音》古音系之比較〉，《語言研究》2007 年第4 期。

徐蕆（？～1170）《韻補序》云：「才老以壬申歲出閩，別時謂蕆曰：『吾書後復增損。』」〔註5〕壬申歲爲紹興二十二年（1152），則此書之成當在紹興二十二年（1152）以前。關於《韻補》的刻本，根據陳文玫，有宋刻本、元刊明補本、明刊古體字本、明覆宋刊本、明刊本、文淵閣《四庫全書》本、邵武徐氏叢書本、《音韻學叢書》本、靈石楊氏刊《連筠簃叢書》本、清抄本、渭南嚴氏刊本等。所謂宋刻本即遼寧省圖書館所藏宋孝宗乾道年間刻本，「是目前國內唯一的宋刻本」〔註6〕，傳世奇珍，彌足珍貴，中華書局於1987年影印以《宋本韻補》爲名行世，使海內孤本化身千萬，加惠士林無窮。今所據即是此本。此外，又自網上得日本早稻田大學圖書館藏岡本保孝（1797～1878）據太田全齋藏本抄《韻補》（簡稱岡本鈔本），並與《叢書集成新編》影靈石楊氏道光二十八年（1848）刊《連筠簃叢書》本〔註7〕、《四庫全書》本、《叢書集成三編》影渭南嚴氏刊本以爲參校〔註8〕，並參顧炎武《韻補正》、陳文玫《吳棫韻補研究》等相關研究成果。今所據宋本《韻補》引《國語》共10處，今則以該本所引的10處《國語》用例爲斠正，凡引用，後標注卷次、原書頁碼以及影印本頁碼。

1・五支——壞，自破也，《國語》云：周詩有之曰：「天之所支，不可壞也，其壞亦不可支也。」（卷一，葉一四，第7頁）

【按】本條出〈周語下〉，《御選唐宋文醇》卷一八柳宗元〈弔萇叔文〉

〔註5〕　徐蕆：《韻補序》，見刊於《宋本韻補》，北京：中華書局1987年影遼寧圖書館藏宋本。

〔註6〕　中華書局編輯部：《宋本韻補・出版說明》，北京：中華書局1987年影遼寧圖書館藏宋本。關於此本的一些情況，可以參閱王清原〈中國第一部研究古代音韻的專著《韻補》〉，《圖書館學刊》2006年第3期。此外，關於《韻補》的宋刻，《王子霖古籍版本學文集》第二冊《古籍善本經眼錄》附《寒雲日記》乙卯五月二十六日記云：「傅沅叔以所藏宋刻《韻補》五卷見讓……半葉十行，序大字，行十二，注小字雙行，行二十四字。」（上海古籍出版社2006年版，第140頁）與此本稍異。

〔註7〕　《連筠簃叢書》本《韻補》在《叢書集成新編》第39冊，前有道光二十八年平定張穆撰〈重刻吳才老韻補緣起〉一篇，後附徐蕆〈韻補序〉。渭南嚴氏刊本在《叢書集成三編》第28冊，實即《四庫全書》本之翻刻。

〔註8〕　宋本《韻補》與岡本保孝鈔本《韻補》俱用徐蕆〈韻補序〉，而《四庫全書》本《韻補》則用明人陳鳳梧序，張民權云陳序「實際上爲〈詩補音序〉」，見張文〈吳棫《韻補》與宋代語音史問題——兼論賈昌朝並合「窄韻十三處」的語音依據〉，《中國語言學》第二輯，濟南：山東教育出版社2009年版，第68頁。

引與宋本《韻補》引同，四庫本、《連筠簃叢書》本、渭南嚴氏刊本、岡本鈔本引後「可」字後有「以」字。今傳《國語》各本「其」下並有「所」字，蓋「支」、「壞」相對，皆「天」所出。前言「天之所支」，「天」與「所支」為「修飾語＋中心語」結構，「所支」充當名詞性成份，則「其壞」亦當是一個「修飾語＋中心語」結構，之間當加「所」字，保持形式上的一致，是《韻補》誤脫，「不可壞」、「不可支」句法亦同，《路史》卷一三云：「昔武王說詩曰《支》，《支》之言曰：『天之所支，不可壞也；而其所壞亦不可支也。』」《榕壇問業》卷一六云：「天之所壞，亦不可支；天之所支，亦不可壞。」「支」、「壞」前亦並有「所」字。《宋書》卷八二、《宋文紀》卷一四並云：「丘明又稱天之所支不可壞，天之所壞不可支。」「可」後俱無「以」字。四庫本、《連筠簃叢書》本、渭南嚴氏刊本、岡本鈔本「以」字顯係誤增。《六書故》卷二八引作「天之所支不可壞也其所壞者亦不可支也」，衍「者」字。《古文尚書疏證》卷五下、《詩攷》、《讀詩質疑》卷一一、《禮書》卷六三、《禮書綱目》卷一二、《皇王大紀》卷六〇、《繹史》卷八二、《左傳紀事本末》卷四、《尚史》卷二七、《玉海》卷二九、《喻林》卷三四、《經濟類編》卷五、《古詩紀》卷九引與今傳《國語》各本同。又遞修本《國語》韋注云：「支，挂也。」〔註9〕金李本、張一鯤本、穆文熙《國語評苑》、秦鼎本、綠蔭堂本、《四庫薈要》本與之同，黃刊明道本韋注作：「支，柱也。」〔註10〕崇文本、會文堂本、錦章書局本、董增齡《國語正義》、《四部備要》本、吳曾祺《國語韋解補正》、沈鎔《國語詳注》、徐元誥《國語集解》、今上古本並從之作「柱」。黃丕烈云：「《爾雅》：『搘，挂也。』『搘』、『支』聲相近，《說文·木部》作『榰，柱也。』然則用從木『柱』者，正字也。」〔註11〕汪遠孫云：「『挂』字誤也。《爾雅》『榰柱也』，俗本作『榰挂』，從手。」〔註12〕宋監本《爾雅》作「榰柱也」，郭注云：「相榰柱。」〔註13〕周祖謨云：「唐寫本從『手』，作『搘挂』，《釋文》同。《釋文》云：『搘音枝，

〔註9〕 〔吳〕韋昭注：《國語》卷三，北京：北京圖書館出版社 2006 年中華再造善本工程影宋刻宋元遞修本，本卷第 26 頁。

〔註10〕 〔吳〕韋昭注：《國語》卷三，上海：上海古籍出版社 1992 年《四部精要》第 11 冊《史部七》影黃氏讀未見書齋刊本《國語》，第 12 頁上欄。

〔註11〕 〔清〕黃丕烈：《校刊明道本韋氏解國語札記》，北京：商務印書館 1959 年版《國語》後附，第 247 頁。

〔註12〕 〔清〕汪遠孫：《國語明道本考異》，同上，第 284 頁。

〔註13〕 周祖謨：《爾雅校箋》，南京：江蘇教育出版社 1984 年版，第 34 頁。

《說文》作㯯。拄音注,《說文》作柱,皆從木作。』案《五經文字》木部引『《爾雅》㯯柱也』,亦從木。」〔註14〕段注云:「《釋言》曰:『搘,拄也。』即『㯯柱』之譌。」〔註15〕李鼎超云:「今以木石支器物曰『㯯』,作『支』亦通。」〔註16〕從手者明其動作,從木者明其器質,未必爲譌也。遞修本、《補音》引《舊音》出「支拄」〔註17〕,遺書本同,二本「支」前脫「解」字,四庫本《補音》補「解」字,字仍作「拄」。是公序系本作「拄」而明道系本作「柱」,居常以從木者爲名詞,從手者爲動詞,《國語》此處「支」爲動詞義無疑,則其訓釋當爲「拄」字,作「柱」者皆囿於《說文》,然《說文》本釋語源,非釋常用義。

2・五支——怠,懈也,范蠡曰:「得時無怠,時不再來。」「來」讀如「釐」。(卷一,葉一五,第8頁)

【按】本條出〈越語下〉,四庫本、岡本鈔本、《連筠簃叢書》本、渭南嚴氏刊本引同,今傳《國語》各本並同,《繹史》卷九六下、《左傳紀事本末》卷五一、《古史》卷三七、《歷代名臣奏議》卷四九、《春秋臣傳》卷三〇、《景定建康志》卷四八、《冊府元龜》卷七四三、《經濟類編》卷一四、宋周必大《文忠集》卷一三六〈論治效〉、《文章辨體彙選》卷四九五、《御選古文淵鑒》卷六引並同。《韻補》讀「來」爲「釐」實際是襲用舊注,其「來」字條注引《儀禮》「來女孝」孫注云:「『來』讀爲『釐』。」〔註18〕根據段玉裁古音十七韻,「來」、「釐」皆在第一部,又「來」「洛哀切」,「釐」「里之切」〔註19〕,高本漢(1889~1978)、李方桂(1902~1987)、王力(1900~1986)、鄭張尚芳所擬之「來」、「釐」音值亦同〔註20〕,是「來」、「釐」古本音同。

〔註14〕 同上,第 213 頁。
〔註15〕 〔清〕段玉裁:《說文解字注》,上海:上海古籍出版社 1981 年影經韻樓本,第 254 頁上。
〔註16〕 李鼎超:《隴右方言》,蘭州:蘭州大學出版社 1988 年版,頁 251。
〔註17〕 〔宋〕宋庠:《國語補音》卷一,北京:北京圖書館出版社 2006 年中華再造善本工程影宋刻宋元遞修本,本卷第 27 頁。
〔註18〕 〔南宋〕吳棫:《宋本韻補》,北京:中華書局 1987 年影遼寧圖書館藏宋本,第 8 頁。
〔註19〕 〔清〕段玉裁:《說文解字注》,上海:上海古籍出版社 1981 年影經韻樓本,第 231 頁、第 694 頁。
〔註20〕 見東方語言學網:上古音查詢,http://www.eastling.org/OC/oldage.aspx。

3・九魚——吾，吾吾，敢自親之皃，《國語》優施歌曰：「暇豫之吾吾，不如鳥烏，人皆集于苑，已獨集于枯。」（卷一，葉一九，第 10 頁）

【按】本條出〈晉語二〉，《集韻・魚韻》祇引「暇豫之吾吾」五字，「吾吾」辨見前。「苑」、「巳」實爲「苑」、「己」之譌，岡本鈔本作「苑」、「己」，引與宋本同，四庫本、《連筠簃叢書》本「己」作「巳」，亦形誤，四庫本「己」每譌作「巳」，四庫本、岡本鈔本二「于」字作「於」。今傳《國語》各本二「于」字並作「於」。渭南嚴氏刊本「鳥烏」誤作「烏烏」。韋注云：「集，止也。苑，茂木貌。己，里克也。喻人皆與奚齊，己獨與申生。」蕭旭云：「苑，《御覽》卷 469 引作蔚，有注云：『蔚喻茂盛，枯喻衰落。』蓋從賈逵本。苑、蔚古字通，字或作菀，《詩・正月》毛傳：『菀，茂木也。』又《桑柔》毛傳：『菀，茂貌。』朱駿聲謂本字爲鬱。《舊音》：『苑音鬱。』甚確。董增齡引《淮南子・俶真訓》：『形苑而神壯。』高誘注：『苑，枯病也。』董氏曰：『以茂爲苑，猶古人以亂爲治，以汙爲澣也。』大誤。苑訓枯病，音於阮切。」〔註21〕又蕭旭《〈淮南子・俶真篇〉校補》云：「苑，讀爲蒐。《廣雅》：『蒐，薉也。』《玉篇》：『蒐，敗也，萎蒐也。』《集韻》：『蒐，《博雅》：矮蒐，敗也。』『萎』同『矮』，《說文》：『矮，病也。』也作『瘘』。可知『蒐』爲薉萎之病。」〔註22〕可從。

4・十陽——名，自命也。范蠡曰：「失得滅名，流走死亡。」（卷二，葉四一，第 45 頁）

【按】本條出〈越語下〉，岡本鈔本引作「失德滅名，流走元亡」，宋本「得」字係「德」字之誤，今傳《國語》各本俱作「德」；岡本鈔本「元」字係「死」字之誤，今傳《國語》各本字俱作「死」，「流走」與「死亡」結構類型相同，「元亡」亦不辭。四庫本、渭南嚴氏刊本引與今傳《國語》各本同，《景定建康志》卷四八引亦與今傳《國語》本同。《連筠簃叢書》本「亡」字作「亾」，「亾」，「亡」之俗，他與今傳《國語》各本同。

〔註21〕蕭旭：〈國語校補〉（二），《東亞文獻研究》（韓國）第 4 輯。
〔註22〕蕭旭：《〈淮南子・俶真篇〉校補》，見載於氏著《羣書校補》，揚州：廣陵書社 2011 年版。

5・十陽——成，就也。范蠡曰：「得時不成，反受其殃。」（卷二，葉
　　四五，第 47 頁）

【按】本條出〈越語下〉，四庫本、《連筠簃叢書》本、岡本鈔本、渭南
嚴氏刊本引同，今傳《國語》各本並同。

6・八語——我，已稱，《國語》：「彼來從我，固守勿與。」（卷三，葉
　　一一，第 60 頁）

【按】本條出〈越語下〉，岡本鈔本「來」作「来」，「來」、「来」異體。
四庫本《韻補》、《連筠簃叢書》本、渭南嚴氏刊本、今傳《國語》各本並與
宋本引同。

7・四十四有——憂，愁也。《國語》：商人棄也，其名有之，謙謙之德，
　　不足就也，不可以矜而祇取其憂也，謙謙之食不足狃也，不能
　　為膏而祇離咎也。（卷三，葉三四、葉三五，第 71 頁、第 72 頁）

【按】本條出〈晉語一〉，四庫本、岡本鈔本、《連筠簃叢書》本、渭南
嚴氏刊本引「謙謙」作「嗛嗛」，「名」作「銘」，無「憂」前之「其」字。岡
本鈔本後「祇」字作「祇」，渭南嚴氏刊本並作「祇」，四庫本、《連筠簃叢書》
本並作「祇」，又各書引用復有作「秖」或「秖」者，《說文・示部》云：「祇，
地祇，提出萬物者也。」此其本義，又作語辭。《說文・示部》：「祇，敬也。」
〔註23〕此後作為語辭之常用書寫形式。「祇」、「秖」皆後起字，「秖」本義指
禾始熟，《集韻・支韻》：「秖，適也，或从禾。」〔註24〕「秖」或「秖」之形
誤，實際「祇」、「祇」亦本或一字之誤變。段注云：「祇誤祇，俗又作秖。」
〔註25〕又《韻補》卷四亦引是條，字數有不同。「商人棄也」實「商之衰也」
之誤，四庫本、岡本鈔本、《連筠簃叢書》本、渭南嚴氏刊本即引作「商之衰
也」。「名」，今傳《國語》俱作「銘」，「謙謙」作「嗛嗛」，「祇」係「祇」字
之誤。「其」字係衍，因「取憂」、「離咎」句法正同。《皇王大紀》卷九引作

〔註23〕〔漢〕許慎：《說文解字》，北京：中華書局 1963 年影陳昌治據平津館本，第
　　　　8 頁上、第 7 頁下。
〔註24〕〔宋〕丁度等：《集韻》，上海：上海古籍出版社 1985 年影述古堂本，第 24
　　　　頁。
〔註25〕〔清〕段玉裁：《說文解字注》，上海：上海古籍出版社 1981 年影經韻樓本，
　　　　第 650 頁下。

「罷」字，《冊府元龜》卷七三二、《通志》卷一八一、《繹史》卷五一上、《左傳紀事本末》卷二四、《尚史》卷四六引、《喻林》卷二九、《經濟類編》卷五七引則作「離」，汪遠孫云：「公序本『罷』作『離』，下同。《說文》無『罷』字。」〔註26〕又《冊府元龜》引「咎」字誤作「舍」。宋吳仁傑《兩漢刊誤補遺》卷六引云：「商銘曰嗛嗛之德不足就也，不可以矜而秖取憂；嗛嗛之食不足狃也，不能爲膏而而秖離咎也。」〔註27〕脫一「也」字。

8・九御──詐，莊助切，僞也，《國語》：「詐之見詐，果喪其賂。」
（卷四，葉二六，第 85 頁）

【按】本條出〈晉語三〉，四庫本、岡本鈔本、《連筠簃叢書》本、渭南嚴氏刊本引同，今傳《國語》各本並同，渭南嚴氏刊本「喪」作「㦼」，《說文》云「喪」從哭從亡，則「㦼」實本字而「喪」則爲楷化過程中產生之譌寫形式。《繹史》卷五一、《尚史》卷四六、《左傳紀事本末》卷二四、《通志》卷一八一、《古詩紀》卷三、《古樂苑》卷四二、《皇霸文紀》卷六、《古詩鏡》卷三○引並同，《資治通鑑外紀》卷六引「賂」作「輅」，形誤。

9・四十九宥──報，施報也。《國語》改葬共世子，國人誦之曰：「貞之無報也。孰是人斯，而有是臭也。」（卷四，葉五一，第 98 頁）

【按】本條出〈晉語三〉，今傳《國語》各本並同，《資治通鑑外紀》卷五、《繹史》卷五一上、《左傳紀事本末》卷二四、《通志》卷一八一、《尚史》卷四六引同。「施報」之說，字書無訓此者，《左傳・僖二十八年》云：「令無如僖負羈之宮而免其族，報施也。」當係《韻補》釋義所本。四庫本、《連筠簃叢書》本引與宋本同，渭南嚴氏刊本「共」作「其」，誤。岡本鈔本引作「國語故塟共世子孫人誦之曰自之無報也熟是人斯而有是臭也」，「故」、「孫」、「自」、「熟」字並誤，「塟」、「葬」異體。柳宗元《非國語》「誦」作「頌」，亦通。韋注引賈、唐云：「貞，正也。謂惠公欲以正禮改葬世子而不獲吉報也。孰，誰也。斯，斯世子也。誰使是人有是臭者，言惠公使之也。」又引或云：「貞，謂申生也，與下相違，似非也。」蕭旭引王引之《經傳釋詞》「孰，猶

〔註26〕〔清〕汪遠孫：《國語明道本考異》，北京：商務印書館 1959 年版《國語》後附，第 299 頁。
〔註27〕〔宋〕吳仁傑：《兩漢刊誤補遺》臺北：臺灣商務印書館 1986 年《文淵閣四庫全書》第 253 冊，第 866 頁。

何也。斯，詞也」並云：「斯，用法同『兮』。而，猶當也。」可從。

10・四十九宥——憂，愁也，《國語》：「商之衰也，其銘有之：謙謙之
　　　德，不足就也，不可以矜而祗取耰也。」（卷四，葉五二、葉五
　　　三，第 98 頁、第 99 頁）

　　【按】本條出〈晉語一〉，四庫本、岡本鈔本、《連筠簃叢書》本、渭南
嚴氏刊本引「謙謙」作「嗛嗛」，「耰」作「憂」，岡本鈔本引「祗」作「祇」，
渭南嚴氏刊本誤作「秪」。今傳《國語》各本「有之」後有「曰」字，「謙謙」
作「嗛嗛」，黎庶昌《古逸叢書》摹寫本《原本玉篇》殘卷引《國語》「謙=
之德」賈逵曰：「謙=，猶小=也。」即作「謙謙」，汪遠孫云：「《舊音》云：
『賈作謙。』」〔註28〕是《韻補》本有所自。古「謙謙」、「慊慊」、「嗛嗛」
實多通用，如《易・謙卦》陸德明《釋文》云：「子夏作『嗛』。」葉萌以為：
「古從口猶從言。」〔註29〕宋本《韻補》「耰」字為「憂」字之譌，因「憂」
下條即為「耰」字，因而誤焉。雖然吳棫「對於徵引文獻有其獨到之處，而
且可信度也較高」〔註30〕，但是刊刻行世，疏漏難免，此即一例。

〔註28〕〔清〕汪遠孫：《國語明道本考異》，北京：商務印書館 1959《國語》後附，
　　　　第 299 頁。
〔註29〕葉萌：《古漢語貌詞通釋》，濟南：山東文藝出版社 1993 年版，第 442 頁。
〔註30〕張雷：《〈韻補〉所引漢代著述及其文獻價值——以〈易林〉為例〉，《福建論
　　　　壇》2000 年第 3 期。

拾、《六書故》引《國語》斠證

　　《六書故》，南宋戴侗（1200～1284）〔註1〕所著，是書以六書明字義，「正文共 33 卷，選錄字頭 7603，從收字的數量和選錄原則來看，可以稱之為當時的常用字典。」〔註2〕目前所見研究資料有：韓相雲〈《六書故》引《說文》攷異〉（國立台灣師範大學 1985 中國文學所碩士論文）、劉斌〈戴侗與《六書故》〉（《辭書研究》1988 年第 2 期）、黨懷興〈《六書故》詞義系統研究〉（《陝西師大學報》1988 年第 3 期）、張博〈《六書故》同族詞研究述評〉（《固原師專學報》1990 年第 1 期）、黨懷興〈《六書故》「因聲以求義」論〉（《陝西師大》1992 年第 1 期）、劉福根〈《六書故》「因聲以求義」的理論與實踐〉（《古漢語研究》1996 年第 4 期）、張智惟〈戴侗《六書故》研究〉（逢甲大學中國文學系 1999 碩士論文）、黨懷興〈《六書故》所引唐本《說文解字》考〉（《陝西師範大學學報》1999 年第 4 期）、黨懷興〈六書故研究〉（陝西師範大學出版社 2000 年版）、李智慧〈《六書故》詞義引申術語研究〉（《石家莊經濟學院學報》2000 年第 4 期）、黨懷興〈論戴侗的說文解字研究〉（《陝西師範大學學報》2001 年第 3 期）、黨懷興〈《六書故》運用鍾鼎文考釋文字平議〉（《中央民族大學學報》2001 年第 4 期）、盧鳳鵬〈《六書故》引唐本《說文》「械」篆試析〉（《畢節師範高等專科學校學報》2003 年第 2 期）、李智慧／陳英傑〈《六書故》引申規律及其影響〉（《石家莊經濟學院學報》2003 年第 4 期）、李智慧／崔竹朝〈《六書故》詞義引申條例及釋

〔註1〕　戴侗生卒年月，多云不詳，此參《溫州文獻叢書》編輯部為影印本《六書故》所撰〈景印說明〉，上海社會科學院出版社 2006 年版。
〔註2〕　劉斌：〈戴侗與《六書故》，《辭書研究》〉1988 年第 2 期，第 118 頁。

義指瑕〉（《石家莊職業技術學院學報》2004 年第 1 期）、陳會兵〈《六書故》的六書理論與語言學思想〉（《學術論壇》2005 年第 6 期）、陳會兵〈《六書故》的漢語漢字系統論〉（《溫州大學學報》2006 年第 2 期）、李豔玲〈評戴侗《六書故》〉（《當代學術論壇》2008 年第 12 期）、宗慧堅〈《六書故》之六書理論概觀〉（《語文學刊》2009 年第 2 期），大體可分爲：《六書故》綜合研究、《六書故》詞彙語義方法研究、《六書故》引《說文》研究、《六書故》六書理論研究、《六書故》考釋方法研究等幾個方面。《六書故》版本有元刊本，明萬曆張宣刊本，清李鼎元刊本，四庫本，和刻李鼎元本等。流布較廣者則爲文淵閣四庫全書本。後發現溫州市圖書館藏永嘉黃氏敬鄉樓舊藏明影抄元刊本〔註 3〕，於 2006 年刊佈於世。關於《六書故》的引書價值，學者們還只是局限在所引《說文》的探討上，未能關注到群書，目前也沒有見到有專門文章談其引書價值，唯〈戴侗《六書故》研究〉闢專章談《六書故》的引述情形〔註 4〕，於《六書故》所引經書、小學書一一統計，於其他典籍則未能統計，在引述情形小結中提到《六書故》引書稱名不一，「如《論語》戴侗多省成《語》，而《國語》則戴侗多以各國稱之，如〈周語〉、〈吳語〉等，然有《國語》亦省稱爲《語》者。」〔註 5〕根據我個人的統計，《六書故》引《國語》共 79 個字頭，其中稱「語」者 12 處，稱〈周語〉11 處，稱〈魯語〉12 處，稱〈齊語〉6 處，稱〈晉語〉15 處，稱〈鄭語〉6 處，稱〈楚語〉6 處，稱〈吳語〉6 處，稱〈越語〉1 處，稱又曰 3 處，另有以《國語》爲輔證者 2 處。因影抄本多篆書直接楷化字，如「亡」作「𠃑」、「以」作「㠯」等，故本文以四庫本爲主，每條引錄後標四庫本與影抄本中之頁碼。茲依前後順序逐條討論，凡牽涉《國語》問題之處，亦並隨文略爲之析，以就教於博雅君子。

1・示部——禋，於人切，語曰：精意以享曰禋。（第 40 頁下左、第 61 頁上右）

【按】本條出〈周語上〉，影抄本同。今本〈周語上〉云：「精意以享，

〔註 3〕 前者爲臺灣商務印書館 1986 年影印本，第 226 冊；後者爲上海社會科學院出版社 2006 年影印本。

〔註 4〕 張智惟：〈戴侗《六書故》研究〉第二章第三節，逢甲大學中國文學系 1999 碩士論文，第 81～118 頁。

〔註 5〕 張智惟：〈戴侗《六書故》研究〉，第 116 頁。

禮也。」《六書故》把「×，×也」的訓詁格式轉換爲「×曰×」的訓詁格式。

2・金部──銓，語曰：銓度天下之眾寡。（第 49 頁上左、第 71 頁上右）

　　【按】本條出〈吳語〉，影抄本同。原句作「不智，則不知民之極，無以銓度天下之眾寡」，《六書故》節略引用。韋注云：「銓，稱也。」

3・金部──鎛，語曰：細鈞有鍾無鎛，昭其大也。大鈞有鎛無鍾，甚大無鎛，鳴其細也。（韋昭曰：鍾，大鍾；鎛，小鍾也。細謂角徵羽也。兩細不相和，故有鍾無鎛，明其大者，以大平細也。大謂宮商也。兩大不相和，故去鍾而用鎛，以小平大也。甚大謂同尚大聲，故又去鎛獨鳴其細，謂絲竹革木也。《說文》曰：鎛，大鍾淳于之屬，所以應鍾磬也。堵以二金樂，（蜀本堵以二鎛，奏大樂）則鼓鎛應之。按：《說文》及康成皆以鎛爲鍾之大者，《國語》則鎛細於鍾。《國語》之說似不可易，鎛、鏄多互用，宜從《說文》鎛爲鍾而鏄爲田器。）

（第 52 頁、第 74～75 頁）

　　【按】本條出〈周語下〉，今本《國語》同。今遞修本韋注則作「細，細聲，謂角、徵、羽也。鈞，調也。鍾，大鍾；鎛，小鍾也。昭，明也。有鍾無鎛，爲兩細不相和，故以鍾爲節節。明其大者，以大平細。大，謂宮商也。舉宮商而但有鎛無鍾，爲兩大不相和，故去鍾而用鎛，以小平大。甚大，謂同尚大聲也，則又去鎛獨鳴其細。細，謂絲竹革木。」「徵」字闕末筆，金李本與遞修本同。黃刊明道本「徵」字不缺筆，「爲兩細」、「爲兩大」之「爲」作「謂」，「爲」、「節」之間有「之」字，「節」字不重出，「平細」、「平大」後有「也」字，「大謂宮商」之「謂」作「調」，「故」、「去」之間有「云」字，「同尚」作「宮商」。汪遠孫云：「公序本衍『之』字，『節』下重『節』字，非。」〔註6〕則汪氏所云公序本衍「之」字者未知何指，云重「節」字非者則甚是。明道本作「調」字者實爲「謂」字之誤，汪氏已揭出。「云」字，汪氏云爲明道本衍文，言是，因本文與注文前文中并無相關說明。又汪遠孫引《攷正》云：「上『大鈞』注：『大謂宮商也。』則此作『同尚』爲是。」

────────────

〔註6〕　〔清〕汪遠孫：《國語明道本攷異》，北京：商務印書館 1959 年版國學基本叢書本《國語》後附，第 283 頁。

〔註7〕《六書故》則約略韋注，顛倒次序。

4・金部——銑，語曰：玦之以金銑者寒甚矣。（《爾雅》曰：絕澤謂之銑。《說文》曰：金之澤者謂之銑，一曰小鑿也。）（第 53 頁下右、第 76 頁下右）

【按】本條出〈晉語一〉，黃刊明道本作：「玦之以金銑者，寒之甚矣。」公序系本則無「寒之甚矣」中「之」字，汪遠孫云：「公序本無『之』字，是也。《太平御覽・服章部九》引《國語》同。」〔註8〕是《六書故》引與公序本同。《說文繫傳》引《國語》注曰：「銑猶洒也，洒然寒皃，言無和潤也。」〔註9〕《故訓匯纂》收有「銑」字訓詁 12 條，唯韋釋作「洒」，其他各條皆釋作名物，其中 4 見釋作金之美者〔註10〕。《爾雅・釋器》「絕澤謂之銑」郭注云：「銑即美金，言最有光澤也。《國語》曰『玦之以金銑』者，謂此也。」〔註11〕依此，則「銑」為最有光澤之金，有光澤則令人生寒氣，〈晉語一〉「佩之以金玦」韋注引傳云：「金寒，玦離。」即是此意。按《說文・水部》：「洒，滌也。从水西聲。」〔註12〕《玉篇・水部》：「洒，今為洗。」〔註13〕《學林》卷一云：「洒與洗同，洒亦有潔淨之意。」〔註14〕《國語補音》引《舊音》云：「洒或為洗。」〔註15〕《莊子・山木》「洒心去欲」陸德明釋文云：「洒，本亦作洗。」〔註16〕《說文・水部》：「洗，洒足也。」〔註17〕《玉篇・水部》：「洗，今以為洒。」〔註18〕《後漢書・陳元傳》「洮

〔註7〕　〔清〕汪遠孫：《國語明道本效異》，同上，第 283 頁。

〔註8〕　〔清〕汪遠孫：《國語明道本效異》，同上，第 300 頁。

〔註9〕　（南唐）徐鍇：《說文解字繫傳》，上海：商務印書館《四部叢刊初編》影配補宋本，第 264 頁。

〔註10〕宗福邦等：《故訓匯纂》，北京：商務印書館 2003 年版，第 2369 頁。

〔註11〕周祖謨：《爾雅校箋》，南京：江蘇教育出版社 1984 年版，第 71 頁。

〔註12〕〔漢〕許慎：《說文解字》，北京：中華書局 1963 年影陳昌治覆刻平津館本，第 236 頁下。

〔註13〕〔宋〕陳彭年等：《宋本玉篇》，北京：中國書店 1983 年影張氏澤存堂本，第 352 頁。

〔註14〕〔宋〕王觀國：《學林》，《叢書集成新編》第 12 冊，第 23 頁上。

〔註15〕〔宋〕宋庠：《國語補音》卷二，北京：國家圖書館出版社 2006 年影宋刻宋元遞修本，本卷第 13 頁。

〔註16〕〔唐〕陸德明：《經典釋文》，北京：中華書局 1985 年影通志堂經解本，第 386 頁下。

〔註17〕〔漢〕許慎：《說文解字》，同上，頁 237 上。

汰學者之累惑」李賢注：「洮汰猶洗濯也。」〔註 19〕《集韻·銑韻》：「洗，通作洒。」〔註 20〕又《說文·广部》「瘀，寒病也」段注云：「古多借洒爲瘀。〈晉語〉狐突曰：玦之以金銑，寒之甚矣。韋注：玦猶離也，銑猶洒也。洒洒，寒皃。唐人《舊音》云：洒或爲洗。《本艸》：爲色洗洗是寒皃。玉裁謂：凡《素問》、《靈樞》、《本艸》言洒洒、洗洗者，其訓皆寒，皆瘀之段借。古辛聲、先聲、西聲同在眞文一類。國語注洒音銑，不誤。」〔註 21〕今按「洗」、「洒」、「銑」上古音在心紐文部，《廣韻》音在心紐銑韻，〔註 22〕）音同。又「寒」上古音在匣紐元部，《廣韻》音在匣紐寒韻。「洒洒」在今江蘇常州話中音[ɕiⁱ]，仍狀寒冷之貌，如《漢語方言大詞典》引作「冷洒洒格」。〔註 23〕《六書故》引《爾雅》、《說文》以明「銑」義。「金銑者」結構是一個中心詞＋修飾性成份的組合方式，即金之銑者。《說文繫傳》引作「玦之以金者銑寒甚矣」，韋注即云「銑猶洒」，則明二者非同，類比爲釋而已。

5・土部——墣，匹各切，塊也。吳語曰：涓人疇枕楚王以墣而去之。（別作圤。）（第 59 頁上左、第 83 頁下左）

  【按】「涓人」、「楚」字當爲《六書故》引用所加，爲明確語義計，今本《國語》無之。《六書故》云「別作圤」者，按《說文·土部》：「墣或从卜。」〔註 24〕此《六書故》所本。

6・土部——墢，北末切。撥，房越放吠四切。語曰：王耕一墢。（韋昭曰：一耜之墢也。王無耦，以一耜耕。或作坺。《說文》曰：治也。）（第 59 頁下左、第 84 頁下右）

〔註 18〕〔宋〕陳彭年等：《宋本玉篇》，同上，頁 352。

〔註 19〕〔南朝宋〕范曄撰、〔唐〕李賢注：《後漢書》卷三六，杭州：浙江古籍出版社 1998 年版《二十五史》第 1 冊，第 754 頁下。

〔註 20〕〔宋〕丁度等：《集韻》，上海：上海古籍出版社 1985 年影述古堂本，第 378 頁。

〔註 21〕〔清〕段玉裁：《說文解字注》，上海古籍出版社 1981 年影經韻樓本，第 349 頁上。

〔註 22〕郭錫良：《漢字古音手冊》（增訂本），北京：商務印書館 2010 年版，第 331、332 頁。

〔註 23〕許寶華、〔日〕宮田一郎：《漢語方言大詞典》，北京：中華書局 1999 年版，第 4381 頁。

〔註 24〕〔漢〕許慎：《說文解字》，同上，第 286 頁下。

【按】本條出〈周語上〉。遞修本韋注與《六書故》引同，黃刊明道本「王耕一墢」後唯注音，無注文，在「班三之」後作「王耕一墢，一耦之發也。耜廣五寸，二耜爲耦，一耦之發，廣尺深尺」。金李本、張一鯤本、穆文熙《國語評苑》、綠蔭堂覆刻張一鯤本、俱與遞修本同，董增齡《國語正義》字作「撥」。汪遠孫《國語發正》云：「公序本是也。《補音》注：『一耜，詳里反。』《文選·藉田賦》注、《太平御覽·資產部二》引皆作『一耜』，《詩·載芟》疏及《御覽》又引『王無耦，以一耜耕』句，是唐時本如此。《舊音》及《北堂書鈔》引賈逵云：『一發，一耜之發也，耜廣五寸，二耜爲耦，一發浚尺。』賈意一耜所發之土謂之發，廣五寸、浚尺。『二耜爲耦』四字連文引之，非謂『一發』爲『一耦之發』也，與《考工記·匠人》微有不同。《說文》『耦』下云：『耒廣五寸爲伐，二伐爲耦。』『坺』下云：『一臿土謂之坺，臿即耜也。』『坺』正字，『發』、『伐』假借字，『墢』俗字，字異而義同。許君多本師說，足證賈注之義，韋意與賈同，但無『耜廣五寸』數語，此本後人取賈注羼入韋注，復据《考工記》改注文，又以文義牴牾，改『一耜』爲『一耦』，刪去『王無耦以一耜耕』七字耳。」〔註25〕又「撥」、「墢」、「坺」、「發」、「發」之別，詳見《《類篇》引《國語》斠證》第21條。

7 · 土部——堦，古諧切。設級以升高謂之階。又作隑，古謂梯亦曰階，《喪大記》復虞人設階。（康成曰：梯也。《類篇》曰：江南人呼梯為隑，柯開切，不知乃階也。）又作坏隑，亦古哀切。（《說文》陔階次也。又作垓。司馬相如《封禪書》曰：上暢九垓。服虔曰：重也。《淮南子》曰：吾與汗漫期乎九垓之上。《史記》漢武帝作太一壇三垓。鄒氏曰：一作陔。《說文》：垓，兼垓八極也。引《國語》天子居九畡之田。按：梯、堦、陔實一聲。《國語》畡從田。垓、畡實兩字。）（第61頁上、第86頁上左）

【按】所云《說文》引《國語》者爲《鄭語》。黃丕烈《札記》引惠云：「《說文》引作『垓』，云：『兼該八極。』」〔註26〕宋庠《補音》云：「畡，本

〔註25〕〔清〕汪遠孫：《國語明道本攷異》，同上，第269頁。
〔註26〕〔清〕黃丕烈：《校刊韋氏解國語札記》，北京：商務印書館1959年版國學基

或作『垓』，通。」〔註27〕段注云：「『畡』者，『垓』字之異也。」〔註28〕《通雅》卷四十：「智謂垓、姟、畡一字也。」〔註29〕並皆言是。竝見〈《說文解字繫傳》引《國語》斠證〉第51條。

8・山部——嵎，語俱切。《孟子》曰：虎負嵎莫之敢攖。（朱子曰：山曲也。）《虞書》曰：命羲仲宅嵎夷，曰暘谷。《禹貢》曰：嵎夷既畧，在今密州。《魯語》曰：汪芒氏，守封嵎之山者也。（《說文》嵎夷之嵎作堣，以嵎為封嵎山，在吳楚閒，汪芒之國。）（第72頁下右、第101頁上右）

【按】本條出〈魯語下〉，詳見〈《原本玉篇殘卷》引《國語》斠證〉。影抄本「攖」作「嬰」，「嬰」、「攖」古今字。

9・石部——砮，乃都切。石可為鏃者。《書》：荆州之貢，厲砥砮丹。〈魯語〉曰：肅慎氏貢石砮。（第76頁下右、第106頁上右）

【按】本條出〈魯語下〉，今傳《國語》云：「於是肅慎氏貢楛矢、石砮。」是《六書故》節引。

10・厂部——底，〈晉語〉曰：底著滯淫。（別作坻。《說文》：坻，著也。）又都禮切。（《說文》曰：下也。按：底、厎不當分二字。）（第78頁下左、第108頁下）

【按】本條出〈晉語四〉。今傳《國語》各本作「底」，《補音》作「厎」，汪遠孫云：「『底』、『厎』不同，訓『止』者『厎』為正字。」〔註30〕張以仁云：「《爾雅》訓『止』之字作『厎』，亦有從『氏』作『底』者，然無作『厎』者，《攷異》失檢。」〔註31〕四部叢刊本《說文繫傳》即引〈晉語四〉本句作「底」。《說文・厂部》：「厂，山石之厓巖，人可居。」《說文・厂部》：

本叢書本《國語》後附，第260頁。

〔註27〕〔宋〕宋庠：《國語補音》卷三，同上，本卷第11頁。

〔註28〕〔清〕段玉裁：《說文解字注》，上海古籍出版社1981年影經韻樓本，第682頁下。

〔註29〕〔明〕方以智：《通雅》，北京：中國書店1990年影浮山此藏軒刻本，第485頁上。

〔註30〕〔清〕汪遠孫：《國語明道本攷異》，北京：商務印書館1959年版國學基本叢書本《國語》後附，第305頁。

〔註31〕張以仁：《國語斠證》，臺北：臺灣商務印書館1969年版，第227頁。

「厎，柔石也。从厂氏聲。砥，厎，或从石。」《說文・广部》：「广，因广 為屋，像對刺高屋之形。」《說文・广部》：「底，山居也。一曰下也。从广 氏聲。」〔註 32〕段注以為「山」乃「止」字之譌，當是。「广」、「厂」形義 固不相同，然因二字近似，從二字之字遂多得混同。《六書故》「厎、底不當 分二字」之說誤。如此，則字當作「底」。韋注云：「底，止也。」是從《說 文》立訓。

11・田部──畡，柯開切。〈楚語〉曰：百姓、千品、萬官、億醜、兆
　　　　民，經入畡數，天子之田九畡以食兆民，王取經入焉，以食萬
　　　　官。（韋昭曰：九州之內有畡數，兆民耕食其中也。侗謂：百、
　　　　千、兆、億、畡，皆數也。畡之數今亡矣，九州之說億。）（第
　　　　80 頁下右、第 111 頁上右）

　　【按】本條出〈楚語下〉。《國語》本文作「王曰：『所謂百姓、千品、
萬官、億醜、兆民經入畡數者，何也？』對曰：『民之徹官百。王公之子弟
之質能言能聽徹其官者，而物賜之姓，以監其官，是為百姓。姓有徹品，十
於王謂之千品。五物之官，陪屬萬，為萬官。官有十醜，為億醜。天子之田
九畡，以食兆民，王取經入焉，以食萬官。』」劃線部分為《六書故》所引。
遞修本韋注「九州」前有「九畡」二字，「數」後有「也」字，「兆民」前有
「食」字，「耕」、「食」之間有「而」字。黃刊明道本「耕」前有「民稱」
二字，他與遞修本同。汪遠孫云：「公序本無『民稱』二字，脫。」〔註 33〕
吳曾祺《國語韋解補正》、徐元誥《國語集解》從明道本有「民稱」二字，
「民稱」亦未當，存「民」字可也。《風俗通義》云：「十十謂之百，十百謂
之千，十千謂之萬，十萬謂之億，十億謂之兆，十兆謂之經，十經謂之垓。」
〔註 34〕是《六書故》「皆數也」之所本。

12・田部──畤，耳由切。（《說文》曰：和田也。）《鄭語》曰：依、
　　　　畤、歷、莘，君之土也。（韋昭曰：邑名。）（第 82 頁下、第 113
　　　　頁下左）

〔註 32〕〔漢〕許慎：《說文解字》，第 192 頁、193 頁。
〔註 33〕〔清〕汪遠孫：《國語明道本攷異》，第 332 頁。
〔註 34〕〔漢〕應劭撰，王利器校注：《風俗通義校注》，北京：中華書局 1981 年版，
　　　　第 581 頁。

【按】公序本系列作「畩」，明道本系列作「䅒」，《舊音》云：「音柔，《說文》曰：『䰞田也。』或爲『䅒』者誤。」〔註35〕字從田者，張希峰謂「畩」字本作「柔」，「畩」是後起區別字〔註36〕，言是，從「田」以示其義類；字從黑，則或從其土地肥沃程度上命意，如今俗謂之「黑土地」然。汪遠孫《攷異》云：「公序本作『莘』，《舊音》同。案《詩譜》及《御覽》皆作『華』，《水經・洧水注》引此亦作『華』。」〔註37〕「華」俗體作「萆」、「莘」等，或因其形似「莘」而譌。並見拙稿《《說文解字繫傳》引《國語》斠證》第 53 條。

13・人部——仁，孔子曰仁者人也。人其人之謂仁。尸，古文，從人省。忎，古文，從心千聲。（伯曰：仁，從人二聲。佞，從女仁聲。仁與二同聲，仁，如眞切；二，如實切。共紐以如字。人與二古皆有紐音。〈晉語〉之謠曰：佞之見佞，音紉。果喪其田，協地因切。詐之見詐，協側固切。果喪其貉，得國而狃，必逢其咎，喪田不懲，禍亂其興。蓋有紐音也。）（第 133 頁下、第 178 頁）

【按】《六書故》注引〈晉語〉之謠出〈晉語三〉，今傳《國語》各本同。因「佞」、「田」、「詐」不協韻故用協音法。「佞」上古音在泥紐耕部，「田」上古音在定紐眞部，「詐」上古音在莊紐鐸部，「貉」上古音在來紐鐸部。〔註38〕則「詐」、「貉」韻本同，「耕」、「眞」準疊韻。影抄本「得」字無「彳」，「蓋」前有「妄」，他處亦俱作「佞」。

14・見部——覿，亭歷切。猶見也。〈周語〉曰：火朝覿矣。《禮》：大夫聘於他國，公事既畢，則以其私請見，謂之私覿，亦曰私面。（第 135 頁下左、第 181 頁上左）

【按】本條出〈周語中〉，韋注云：「火，心星也。覿，見也。草穢塞路爲茀。朝見，謂夏正十月，晨見於辰也。」「草穢塞路爲茀」實釋下句「道茀，

〔註35〕〔宋〕宋庠：《國語補音》卷三，同上，本卷第 11 頁。
〔註36〕張希峰：《漢語詞族續考》，成都：巴蜀書社 2002 年版，第 335 頁。
〔註37〕〔清〕汪遠孫：《國語明道本攷異》，第 325 頁。
〔註38〕郭錫良：《漢字古音手冊》（增訂本），北京：商務印書館 2010 年版，第 441 頁、第 335 頁、第 2 頁、第 168 頁。

不可行也」，故當置於「晨見於辰也」之後。汪遠孫云：「同年生杭州項氏名達曰：『日後十八度之星恆朝見東方，日前十八度之星恆夕見西方。』依《大衍術攷歲差》，周定王時多至日在牛一度，立冬後八日，日在箕初度，則心星朝見夏正十月也。」〔註39〕董增齡《國語正義》引襄九年《傳》：「古之火正或食于心，故心為大火。九月之昏，火始入。十月之昏則伏。故晨見于東方。」〔註40〕則此以天文星象變化言時令，指秋冬之際。

15‧見部——覒，莫獲、莫狄二切。密察也。語曰：太史順時覒土。
　　　　（又作眽。唐本：覓，尋也，從爪。徐本從厎。眽，厎聲。
　　　　覒、眽兩出音同。）（第 136 頁上右、第 181 頁下右）

【按】本條出〈周語上〉，遞修本、金李本等公序本系列「太」字作「大」，黃刊明道本則作「太」，與《六書故》引同。「大」、「太」古今字，中古以後多用「太」字。從「目」之字與從「見」之字往往異體，是「覒、眽兩出音同」。覓、覒上古音俱明紐錫部，「爪」則上古音在莊紐幽部，「厎」則上古音在滂紐錫部，〔註41〕錫、幽未可言通。黨懷興云：「『覓』字金文已有，本義當為求索，故從爪。後又用同『覒』，故又有『邪視』義。」〔註42〕按〈班簋〉字作「🐾」，則「覓」當是會意而非形聲。「爪」、「厎」本不同，因字形相近而混用。影抄本「徐本」之「本」誤作「木」。

16‧人部——儀，語曰：丹朱馮身以儀之。殆亦儀匹之意。（第 142 頁下
　　　　左、第 190 頁下左）

【按】本條出〈周語上〉。遞修本、金李本、張一鯤本、穆文熙本、綠蔭堂本、秦鼎本等公序系本皆作「馮」，黃刊明道本作「憑」，張以仁云：「《說苑‧辨物篇》、《左傳》莊三十二年疏及《爾雅‧釋詁》疏、《廣博物志》十四引皆作『馮』，〈釋詁〉疏引韋《解》亦作『馮』，則作『馮』是也。阮元

〔註39〕〔清〕汪遠孫：《國語發正》卷二，廣西師範大學圖書館藏道光振綺堂本，本卷第 9 頁。

〔註40〕〔清〕董增齡：《國語正義》卷二，成都：巴蜀書社 1985 影章壽康刊本，第 180 頁。

〔註41〕郭錫良：《漢字古音手冊》（增訂本），北京：商務印書館 2010 年版，第 144 頁、第 249 頁、第 168 頁。

〔註42〕黨懷興：〈《六書故》所引唐本《說文解字》考〉第 7 條，《陝西師範大學學報》1999 年第 4 期，第 153 頁。

據《釋文》單疏本、雪牕本、正德本、監本、毛本之作『馮』而校謂作『憑』者非。」〔註43〕汪遠孫云：「『馮』、『憑』古今字。」〔註44〕言是。《說文》無「憑」字，《廣雅》、《玉篇》、《廣韻》中有之。

17·人部──僬，語曰：僬僥氏長三尺，短之至也。（韋昭曰：西南夷之別名。按：此說亦未有所稽。《荀子》曰：焦僥與烏獲搏。單作焦。）（第147頁上、第196頁上左）

【按】本條出〈魯語下〉，黃丕烈云：「段云『民』，丕烈案：見《海外南經》郭璞注也。」汪遠孫《發正》云：「段說非也。《史記·孔子世家》、《家語》、《說苑·辨物篇》皆作僬僥氏，僬當依《說文》、《山海經》、《淮南子》作『焦』，傳寫者誤涉『僥』字加人旁。」〔註45〕張以仁以爲《發正》之說頗可商議，云：「《左》文十一年疏、《白帖》七、《御覽》六一二、《天中記》二一、《山堂肆考·角集十八》皆引作『僬僥氏』。〈晉語四〉『僬僥不可使舉』，亦作『僬僥』，《國語舊音》亦二出『僬僥』，則《國語》自作『僬僥』也。又郝懿行《山海經箋疏》謂郭引外傳『民』當爲『氏』，字之譌也。與段玉裁說正相反。按『氏』有國、族等義，僬僥氏猶僬僥族，僬僥國人也。《初學記》十九引作『僬僥國人長三尺』，蓋從其訓解義而誤。宜《發正》之以段說爲非也。」〔註46〕「民」、「氏」形近易混，然此處固當以作「氏」爲是，張說「氏」有國、族義，則「僬僥氏」的構成關係爲同位，如是「民」字，則表所屬，則當爲「僬僥之民」，中間需加「之」字。又汪遠孫、張以仁所言「僬僥」事，實因「僬僥」本記音符號，因所記詞爲人，故從人，「焦僥」、「僬僥」並不誤，惟後世選擇以「僬僥」爲書寫形式，是以其示義功能更強之故。遞修本韋注「夷」作「蠻」，黃刊明道本「別名」後有「也」字。《國語》唯言僬僥短長，未言其方位。《列子·湯問篇》「從中州以東四十萬里得僬僥國」楊伯峻《集釋》引王重民云：「《淮南·墜形篇》：『西南方曰僬僥。』韋昭〈魯語〉注：『僬僥，西南蠻之別名。』是古者一謂僬僥在西南也。《御覽》七百九十引《外國

〔註43〕張以仁：《國語斠證》，臺北：臺灣商務印書館1969年版，第56頁。
〔註44〕〔清〕汪遠孫：《國語明道本攷異》，北京：商務印書館1958年版《國語》後附，第271頁。
〔註45〕〔清〕汪遠孫：《國語發正》卷五，廣西師範大學圖書館藏道光丙午振綺堂本，本卷第19頁。
〔註46〕張以仁：《國語斠證》，臺北：臺灣商務印書館1969年版，第171頁。

圖》云：『僬僥去九疑三萬里。』是又謂在南方也。《釋文》引《括地志》云：『在大秦國北。』大秦在西南，是又謂在西方也。約之以謂在西南者爲折中。其謂在西在南者，蓋觀點略有不同耳。」〔註47〕中國古俗稱四方少數民族，爲南蠻北狄西戎東夷，是韋注作「蠻」，而後以四夷稱四表邊民，故「夷」得作共名，此或《六書故》引作「夷」字之由。

18・子部——疏，語曰：疏爲川谷，以道其氣。（第 155 頁下左、第 207 頁上左）

【按】本條出〈周語下〉。遞修本等公序系本作「道」，黃刊明道本則作「導」，「道」、「導」古今字。汪遠孫云：「凡『導』，公序本作『道』。」〔註48〕此公序本與明道本區別標識之一。

19・女部——嬴，以成切。鄭語曰：嬴，伯翳即伯益。之後也。秦、趙、梁皆嬴姓。（第 159 頁上右、第 211 頁下左）

【按】今傳《國語》各本同，黃丕烈引惠云：「《漢書》作『益』。」〔註49〕韋注云：「伯翳，舜虞官，少昊之後伯益也。」

20・女部——姞，巨乙切。《傳》曰：鄭文公賤妾曰燕姞，（杜氏曰：南燕姓。）夢天使與己蘭曰：余爲伯儵，余而祖也。石癸曰：姞，吉人，后稷之元妃也。又曰：宋雍氏女於鄭伯，曰雍姞。〈晉語〉曰：黃帝之子得姓者十四人，姞其一也。〈周語〉曰：密須由伯姞。（《世本》曰：姞，密須姓。）（第 159 頁上、第 211 頁下左）

【按】引〈晉語〉出〈晉語四〉，黃刊明道本文云：「凡黃帝之子二十五宗，其得姓者十四人，爲十二姓：姬、酉、祁、己、滕、箴、任、荀、僖、姞、儇、依是也。」引〈周語〉出〈周語中〉，今傳《國語》同。

21・女部——妘，王分切。〈鄭語〉曰：祝融之後八姓，妘姓鄔鄶路偪

〔註47〕楊伯峻：《列子集釋》，北京：中華書局 1985 年版，第 155 頁。

〔註48〕〔清〕汪遠孫：《國語明道本攷異》，北京：商務印書館 1958 年版《國語》後附，第 273 頁。

〔註49〕〔清〕黃丕烈：《校刊韋氏解國語札記》，北京：商務印書館 1958 年版《國語》後附，第 260 頁。

陽。（韋昭曰：陸終第四子求言為妘姓，封於鄶，今新鄭也。鄔路偪陽其後別封也。）（第 159 頁上左、第 212 頁上右）

【按】此亦節略引用。遞修本作「<u>祝融亦能昭顯天地之光明……其後八姓於周未有侯伯……妘姓鄔鄶路偪陽</u>」，韋注「第」作「弟」，「子」後有「曰」字，重「鄶」字。金李本、張一鯤本、綠蔭堂本、穆文熙本竝與遞修本同。黃刊明道本正文同，韋注字作「第」，不重「鄶」字，他與遞修本同。「第」、「弟」古今字。

22·女部——姤，胡戒、胡計二切。〈楚語〉曰：姤其讒慝。（《爾雅》曰：苟姤也。《說文》曰：妒也。韋昭曰：覆也。）（第 164 頁下左、第 218 頁下左）

【按】本條出〈楚語下〉，遞修本同。《札記》云：「《補音》作『姤』。丕烈案，此『姤』字，乃宋公序誤讀《舊音》所改。」〔註 50〕黃刊明道本作「殈」，黃刊明道本韋注云：「殈，覆也。止、覆，謂解怨除恨。」俞樾云：「『姤』之訓『覆』，其義未聞。『姤』當讀為『扴』，《說文·手部》：『扴，刮也。字又作硈。』《周易·豫·六二》釋文引鄭注：『硈謂磨硈也。』『扴其讒慝』正取『磨刮』之義，作『姤』者，叚字耳。」〔註 51〕朱駿聲亦云：「姤，叚借為扴。」〔註 52〕亦通。

23·女部——妲，當割切。〈晉語〉曰：殷辛伐有蘇，有蘇氏以妲己女焉。（第 165 頁上右、第 213 頁上右）

【按】本條出〈晉語一〉，今傳《國語》本同。

24·面部——靦，他典切。《說文》曰：面見也。《詩》云：為鬼為蜮，則不可得，有靦面目，視人罔極。（毛氏曰：姡也。《說文》曰：姡面醜也。古活切。）語曰：余雖靦然而人面哉，吾猶禽獸也。（按：《詩》意為鬼蜮，則其形不可得見，斯人靦然面目，視人罔極，將何顏以逃也。面見之說惟允，或以靦為

〔註 50〕 〔清〕黃丕烈：《校刊韋氏解國語札記》，北京：商務印書館 1958 年版《國語》後附，第 262 頁。
〔註 51〕 〔清〕俞樾：《羣經平議》卷二九，《續修四庫全書》第 178 冊，第 481 頁下。
〔註 52〕 〔清〕朱駿聲：《說文通訓定聲》，武漢市古籍書店 1983 年影臨嘯閣本，第 664 頁。

憨，亦非。別作䭕、䃤、覰、愓。《說文》曰：青徐謂憨曰愓，並非。）（第 171 頁上右、第 226 頁下右）

【按】本條出〈越語下〉，今傳《國語》各本同，《六書故》釋「覰」之義亦甚當。影抄本「視」作「眂」、「罔」作「网」，異體。

25・耳部——聆，巨今切。〈周語〉曰：回禄信於聆隧。義闕。（第 184 頁下左、第 244 頁上右）

【按】本條出〈周語下〉，詳見前〈《宋本玉篇》引《國語》斠證〉。

26・口部——嗛，胡監切。與銜通。〈晉語〉曰：嗛嗛之德不足就也。韋昭曰：猶小小也。（第 193 頁、第 253～254 頁）

【按】本條出〈晉語一〉，《說文・口部》：「嗛，口有所銜也。」〔註 53〕是《六書故》「與銜通」之所自。影抄本「德」字無「彳」，《說文・心部》云：「悳，外得於人，內得於己也。从直心。」段注云：「俗字叚德爲之。」〔註 54〕是影抄本《六書故》依《說文》立字。

27・言部——謠，余招切。《詩》云：心之憂矣，我歌且謠。毛氏曰：曲合樂曰歌，徒歌曰謠。《傳》曰：文武之世，童謠有之曰，鸜之鵒之，公出辱之。〈鄭語〉曰：宣王之時，有童謠曰，檿弧箕服，實亡周國。按：歌必有度曲聲節，謠則但搖曳永誦之，童兒皆能爲之，故有童謠也。（第 197 頁下左、第 259 頁下右）

【按】《札記》引惠云：「《漢書・五行志》『萁』，萁草。」〔註 55〕汪遠孫云：「劉向以爲萁服，蓋以萁草爲箭服。」〔註 56〕詳見〈《說文解字繫傳》引《國語》斠證〉第 21 條。影抄本「徒」作「迬」、「箕」作「其」。林炯陽云：「《廣韻・平聲・模韻》：『徒，迬上同。』《四聲篇海・辵部》：『迬，今

〔註 53〕〔漢〕許慎：《說文解字》，北京：中華書局 1963 年影陳昌治覆刻平津館本，第 31 頁上。

〔註 54〕〔清〕段玉裁：《說文解字注》，上海古籍出版社 1981 年影經韻樓本，第 502 頁下。

〔註 55〕〔清〕黃丕烈：《校刊韋氏解國語札記》，北京：商務印書館 1958 年版《國語》後附，第 261 頁。

〔註 56〕〔清〕汪遠孫：《國語明道本攷異》，北京：商務印書館 1958 年版《國語》後附，第 327 頁。

作徒。』《正字通・辵部》：『迲，徒本字。』按：段注本《說文解字・辵部》『迲』篆下，段玉裁注云：『迲，隸變作徒。』是『徒』為『迲』之隸變。」〔註57〕又「其」為「箕」後起字，則《六書故》影抄本皆作本字。

28・言部——讓，〈周語〉曰：「有威讓之令。」（第 201 頁下左、第 265
　　頁上左）

　　【按】本條出〈周語上〉，今傳《國語》各本同。

29・曰部——曹，藏牢切。按：書傳所用為曹耦。〈周語〉曰：民所曹
　　好，鮮其不濟也。《詩》云：乃造其曹。又為國名。亦作姓。（第
　　206～207 頁、第 271 頁下左）

　　【按】本條出〈周語下〉。韋注云：「曹，眾也。」《原本玉篇殘卷》引作「曺」，異體。《六書故》之「耦」同「偶」。影抄本「曹」作「𤕰」，《說文》篆書作「𤕰」，則「𤕰」為「𤕰」之直接楷化。

30・心部——懟，直類切。怨憤無好氣也。《孟子》：不娶則廢人之大倫
　　以懟父母。〈周語〉曰：事君者險而不懟。（第 241 頁下左、第
　　315 頁下左）

　　【按】本條出〈周語上〉。韋注云：「在危險之中不當懟。」俞樾云：「如韋義，則與下文『怨而不怒』不一律矣。『險而不懟』疑當作『慊而不懟』。《淮南子・齊俗篇》『衣若縣衰而不慊』高注曰：『慊，恨也。』『慊而不懟』言雖恨而不懟，正與下文『怨而不怒』同義。古字『險』與『慊』通。《爾雅・釋山篇》釋文引《字林》曰：『陳，山形，似重甗。』《集韻》引《字林》曰：『險，山形，如重甗。』是其證也。『險』與『陳』通，故亦與『慊』通矣。」〔註58〕王引之云：「險謂中心憂危之也。此與下句『怨而不怒』皆以心言，非以境言。下文單襄公曰：『君子將險哀之不暇，而何易樂之有焉。』《荀子・榮辱篇》曰：『安利者常樂易，危害者常憂險。』是其證。」〔註59〕俞樾之釋稍嫌迂曲，王說是。是「險」、「懟」皆心理動詞。影抄本「氣」作

〔註57〕林炯陽：「迲」字研訂說明，《異體字字典》網絡版，http://140.111.1.40/yitia/fra/
　　　　fra01288.htm。
〔註58〕〔清〕俞樾：《羣經平議》卷二八，《續修四庫全書》第 178 冊，第 456 頁上。
〔註59〕〔清〕王引之：《經義述聞》卷二〇，清道光七年壽藤書屋刻本，本卷第 4 頁。

「气」，亦用《說文》本字。

31・心部——悁，規緣切。狷急也。〈晉語〉曰：小心悁介，不敢行也。
　　　與狷義近。《說文》曰：忿也。（第 242 頁上左、第 316 頁下右）

　　【按】本條出〈晉語二〉，今傳《國語》「悁」作「狷」，古書中引《國語》作「悁介」者唯《六書故》1 見，其他則未見。韋注云：「狷者，守分有所不爲也，言雖知當與申生俱去，恥不能事君而出，故不敢行也。」韋所釋「狷」義與《六書故》不同，取《孟子》「狷者有所不爲」之說。又〈楚語下〉「狷而不絜」韋注云：「狷者直己之志不從人也。」前後一貫。且〈晉語〉「狷介」與「小心」聯用，當非「急」義。陳偉云：「小心二字尤欠明晰。」〔註 60〕陳瑑云：「案狷介雙聲，《後漢書・陰興傳》『豐亦狷急』，亦一聲之轉。《論語》『狂簡』、『狂狷』，《孟子》『狂獧』皆同，聲相轉之字。故《山經》之『蹊閒介然』，當讀『閒介』絕句。」〔註 61〕《辭通》以「狷」爲疾、急之義，收「狷狹」、「狷急」，無「狷介」。又〈晉語二〉下文云「亡人無狷潔，狷潔不行。重賂配德，公子盡之，無愛財。」〈楚語下〉云：「彼其父爲戮於楚，其心又狷而不絜。若其狷也，不忘舊怨，而不以絜悛德，思報怨而已思報怨而已。則其愛也足以得人，其展也足以複之，其詐也足以謀之，其直也足以帥之，其周也足以蓋之，其不絜也足以行之，而加之以不仁，奉之以不義，蔑不克矣。」疑〈晉語二〉此處之「狷介」義與「狷潔（絜）」同。審後世古書中「狷潔」，當是守德無私之義，《漢語大詞典》竝收「狷介」、「狷潔」，釋爲「潔身自好」。

32・心部——悔，〈晉語〉曰：「貞屯悔豫。」（第 246 頁下右、第 321 頁下右）

　　【按】本條出〈晉語四〉，見下文第 73 條。

33・心部——懋，魚觀切。意已倦而勉強也。《詩》云：不懋遺一老。
　　　（《爾雅》曰：願也。強也。且也。鄭氏曰：心不欲自強之
　　　辭也。）〈楚語〉曰：吾懋置之耳。《傳》曰：兩君之士皆未

〔註 60〕〔清〕陳偉：《愚慮錄》卷一，《續修四庫全書》第 1165 冊，第 686 頁下。
〔註 61〕〔清〕陳瑑：《國語翼解》卷四，臺北：新文豐出版公司《叢書集成新編》第
　　　109 冊，第 676 頁中。

懯也。（第 247 頁上左、第 322 頁下右）

　　【按】本條出〈楚語上〉，今傳《國語》各本「置」作「寘」，「之」後有「於」字，《六書故》引脫「於」字。韋注云：「懯，猶願也。」審〈楚語上〉文義，恰如《六書故》之釋「意已倦而勉強也」。影抄本「強」作「彊」、「爾」作「尒」。葉鍵得云：「《說文解字・虫部》：『𧒟，蚚也。從虫，弘聲。』徐鍇曰：『弘與強聲不相近，秦刻石文從口，疑從籀文省。』知有作『強』形者。《隸辨・平聲・陽韻》引〈桐柏廟碑〉字作『彊』、引〈北海相景君銘〉作『彊』、引〈景北海碑〉作『彊』，隸變作『強』。《字彙・弓部》：『強，與強同。』《正字通・弓部》：『強，俗強字。』『強』為『強』之異體，洵可徵也。」〔註62〕《說文・弓部》云：「彊，弓有力也。从弓畺聲。」〔註63〕《廣韻・陽韻》：「彊，與強通用。」《廣韻・養韻》：「彊，或作強。」〔註64〕或音同通用也，至遲至唐宋之時「彊」、「強」（強）即已混用。張文彬云：「《金石文字辨異・上聲・紙韻・爾字》引〈漢校官碑〉作『尒』。其按語云：『《說文》：「尒，詞之必然也。」《廣韻》云：「尒與爾同。」』《敦煌俗字譜・爻部・爾》多作『尒』。《字辨・體辨二》：『尒爾，尒，正字；爾行尒廢。』四部備要本《集韻・上聲・紙韻》：『尒，忍氏切。通作𤅫。』按『𤅫』即『爾』字。按：『爾』從『尒』聲，二字為聲子聲母之關係，以聲每多互用，致成異體。」〔註65〕是影抄本以「彊」、「尒」為本字。

34・手部——招，之遙切。《說文》曰：手呼也。引手以招來之也。又祁堯切。〈周語〉曰：好盡言以招人過。（韋昭曰：舉也。）
　　（第 256 頁上左、第 334 頁下右）

　　【按】本條出〈周語下〉，汪遠孫云：「《後漢書・鍾皓傳》『招』作『昭』。『昭』、『招』古字通也。」〔註66〕舊讀「招」為「翹」，如《舊音》、《漢書》

〔註62〕葉鍵得：「強」字研訂說明，《異體字字典》網路版，http://140.111.1.40/yitia/fra/fra01258.htm。
〔註63〕〔漢〕許慎：《說文解字》，北京：中華書局1963年影陳昌治覆刻平津館本，第270頁上。
〔註64〕〔宋〕陳彭年等：《宋本廣韻》，北京：中國書店1982年影澤存堂本，第157頁、第291頁。
〔註65〕張文彬：「尒」字研訂說明，《異體字字典》網絡版，http://140.111.1.40/yitia/fra/fra02477.htm。
〔註66〕〔清〕汪遠孫：《國語明道本攷異》，北京：商務印書館1958年版《國語》後

蘇林讀，而《詁訓柳先生》卷四四云「招音搖」，眞德秀《文章正宗》卷一二〈韓愈爭臣論〉注云：「方云：『舊本招下注音翹二字。』武子好盡言以招人過見《國語》、《漢書·五行志》。蘇林讀『招』爲『翹』，招，舉也。宋元憲曰：考他書，未獲爲翹之意，作音者當有所據。今按：《呂氏春秋》『孔子之勁能招國門之關』注：『招，舉也。』又〈過秦論〉『招八州而朝同列』，蘇林亦音翹。」〔註67〕何焯《義門讀書記》卷三一云：「招人過與招君過暗對。」〔註68〕王引之云：「昭者明著之詞，言好盡己之言以明著人之過也。《賈子·禮容語篇》作『好盡言以暴人過』，暴亦明著之詞。則其字之本作昭甚明，韋本作招者借字耳。」〔註69〕亦可爲說。影抄本「堯」作「垚」。

35·手部——揗，古忽切。〈吳語〉曰：狐埋而狐揗之。韋昭曰：發也。

（第 263 頁下右、第 343 頁下右）

【按】今傳《國語》各本同。《正字通·手部》引〈吳語〉韋注並云：「與掘通。」〔註70〕《通雅》卷一〇亦引〈吳語〉韋注並云：「與掘同。」〔註71〕言是。

36·又部——爰，于元切。相爰引也。借爲發語辭。《詩》云：爰居爰處，又借爲藩爰之爰。（亦作楥，《春秋傳》：晉人以君命賞，於是作爰田。杜氏曰：分公田之稅應入公者，爰之於所賞之眾。《國語》作轅田。韋昭曰：易也。爲易田之法賞眾，以田易疆界也。或云：轅，車也，以田出車賦。韋昭謂賞以說眾，而言出車賦非也。《說文》𤲟，𤲟田易居也。徐鍇曰：爰田之爰即此字，謂以田相換易也。）（第 274 頁下右、第 356～357 頁）

【按】本條出〈晉語三〉，今傳《國語》同，轅田之釋以李隆獻之釋爲稍

附，頁 279。

〔註67〕〔宋〕眞德秀：《文章正宗》卷一二，《文淵閣四庫全書》第 1355 冊，第 370 頁上。

〔註68〕〔清〕何焯：《義門讀書記》，北京：中華書局 1987 年版點校本，第 544 頁。

〔註69〕〔清〕王引之：《經義述聞》卷二〇，同上，本卷第 16 頁。

〔註70〕〔明〕張自烈：《正字通》，《續修四庫全書》第 234 冊，第 446 頁上。

〔註71〕〔明〕方以智：《通雅》，北京：中國書店 1990 年影浮山此藏軒刊本，第 133 頁上。

近〈晉語〉本文之義，李隆獻把古代關於「轅／爰（趄）田」的觀點分八說：
（1）換田賞眾：賈逵、服虔、孔晁主之；韋昭、洪亮吉從賈逵說；（2）以田
出車賦：賈逵引『或說』主之；惠棟從之。王毓銓取其說而稍加變異；（3）
分公田之稅以賞眾：杜預；（4）固定授田法：孟康、姚鼐、錢穆主之；張晏
說亦可歸此類，略有不同；（5）歲休輪耕法：段玉裁、朱大韶、李貽德主之；
李亞農、杜正勝說並同；（6）賞田：馬宗璉主之；王毓銓的說法也與此說相
類；（7）作新田：齊思和；（8）開阡陌，易井田之法：竹添光鴻。〔註72〕李
氏評述各家說法以竹添光鴻氏所言近似，但認為竹添光鴻氏沒有指出爰田的
受眾，故云：「晉惠時所作的爰田，與商鞅所制之轅田，基本上仍有相異之處：
商鞅制轅田，開阡陌，乃全面廢除周朝的井田制，分田於民，農民分得的田，
權利即屬於農民；而呂甥之作爰田，僅由於公田不足，故破井田之制，開阡
陌以益田，受田者僅為政治、軍事上有權力的『群臣』、『國人』而已，並未
普及於農民，故亦未全面改革井田制。」〔註73〕對此一問題進行研究者頗多，
拙稿《說文解字繫傳》引《國語》斠證），第 10 條曾約略統計，得論文 30
餘篇。由於材料缺乏、知識背景的差別，各家恐難得統一認識。僅就〈晉語
三〉本文而言，則以李隆獻所說似稍近之。

37・彳──徇，辭閏切。周告也。《書》曰：遒人以木鐸徇于路。〈周語〉
曰：王則大徇（又作狥，唐本旬聲，徐本匀聲）。（第 301 頁上
左、第 393 頁下右）

【按】本條出〈周語上〉。韋注云：「大徇，帥公、卿、大夫親行農也。」
《國語》「徇」字 13 見，「大徇」結構 3 見。韋注唯於此處注云「徇，行也」。
《六書故》所釋與韋注不同。《玄應音義》卷一三「徇園」注引《說文》云：
「徇，行示也。」〔註74〕《書・泰誓中》「王乃徇師而誓」陸德明《釋文》引
《字詁》云：「徇，巡也。」〔註75〕審本文之義，當是巡視、監察之義，亦作
巡視、示眾。非親行農之義也。

〔註72〕李隆獻：《晉文公復國定霸考》，臺北：臺灣大學出版委員會 1988 年版，第 88
　　　 ～91 頁。
〔註73〕李隆獻：《晉文公復國定霸考》，同上，第 93 頁。
〔註74〕〔唐〕玄應：《眾經音義》，《續修四庫全書》第 198 冊，第 159 頁上。
〔註75〕〔唐〕陸德明：《經典釋文》，北京：中華書局 1983 年影通志堂經解本，第 45
　　　 頁上。

38·彳——徹，語曰：民之徹官百。（韋昭曰：達也。）又曰：陳士卒百人以為徹行。（韋昭曰：百人通為一行也。）又曰：不敢徹聲。（第 302 頁下右、第 394～395 頁）

【按】「民之徹官百」出〈楚語下〉，「陳士卒」出〈吳語〉，韋注云：「徹，通也。以百人通為一行。」「不敢徹聲」出〈越語上〉，其他二注俱釋為「達」，「通」、「達」義近。今傳《國語》各本同。

39·鹿部——麑，吾雞切。鹿子也。〈魯語〉曰：獸長麑麕。（第 327 頁下左、第 425 頁上右）

【按】本條出〈魯語上〉，今傳各本同。韋注云：「鹿子曰麑，麋子曰麕。」

40·革部——韇，求位切。（《說文》曰：韋繡也。）〈齊語〉曰：輕罪贖以韇盾一戟。（韋昭曰：綴革，文如繢也。又作韇。）（第 337 頁下右、第 437 頁下左）

【按】今傳《國語》同。陳奐《詩毛氏傳疏》卷一一一云：「韇當讀畫繢之繢，與《詩》龍盾同。」〔註 76〕可從。

41·鳥部——鶪，烏諫切。內則膳受鶪蜩。范亦作𪆂，〈晉語〉曰：平公射鴳不死。（韋昭曰：鴳，鳸，小鳥也。杜氏曰：青鳥，鶬鶪也。春鳴夏止。）（第 343 頁上左、第 445 頁上左）

【按】本條出〈晉語八〉，黃刊明道本韋注作「鳸」不作「鳸」，崇文本、會文堂本、錦章書局本、博古齋本、蜚英館本、《國語韋解補正》、《國語集解》從之。遞修本、金李本、張一鯤本、《國語評苑》、薈要本、文淵閣四庫本、《國語正義》、秦鼎本、綠蔭堂本作「鳸」，《山堂肆考》卷一六八、《說文解字義證》、《說文通訓定聲》引韋注亦作「鳸」。《爾雅·釋鳥》：「鳸，鴳。」陸德明云：「《左傳》、《詩》並作『鳸』。」〔註 77〕李白〈古詩五十九首〉「豈思農鳸春」王琦注云：「鳸、鳸古字通用。」〔註 78〕汪遠孫云：「《說文》，『雇』籀

〔註 76〕〔清〕陳奐：《詩毛氏傳疏》卷一一，北京：中國書店 1984 年影漱芳齋刊本，本卷第 8 頁。

〔註 77〕〔唐〕陸德明：《經典釋文》，同上，第 433 頁下。

〔註 78〕〔唐〕李白撰、〔清〕王琦注：《李太白全集》，北京：中華書局 1999 年點校本，第 146 頁。

作『鳦』。今通假字作『鳸』。」〔註79〕《廣韻》作「鳪」，《玉篇》又有「鶭」字，云與「鳦」同。《學林》卷四云：「許慎《說文》曰『雇』，音戶九。雇，農桑候鳥，亦作鳦、鳪、鶭。《爾雅》曰：『春鳸鳻鶞，夏鳸竊玄，秋鳸竊藍，冬鳸竊黃，桑鳸竊脂，棘鳸竊丹，行鳸唶唶，宵鳸嘖嘖。』《爾雅釋音》曰：『鳸音戶。』《玉篇》曰：『雇，乎古切，亦作鳪鶭。』今以為雇傭字。《廣韻》曰：『雇，古暮切，本音戶九。雇，鳥也，相承借為雇賃字。』然則雇字本非雇傭、雇賃之字，其曰相承借用，則是義無所考，但借用之耳。」〔註80〕王說較圓通。

42・虫部——蜡，（陸氏）由季切。〈楚語〉曰：鼀蜡之既多而不能掉其尾。（韋昭曰：大曰鼀，小曰蜡。）（第362頁、第468頁下右）

【按】本條出〈楚語上〉，引韋注俱與今傳《國語》同。

43・虫部——螽，與專切。《春秋》書螽生。（《爾雅》曰：螽，蝝蜪。董仲舒、劉向曰：螟始生也。一曰蝗始生。劉歆曰：蚍蜉之有翼者，食穀為灾黑青也。何休曰：始生為螽，長大為蚤。陸德明曰：董仲舒說蝗子也。劉歆說蚍蜉子。）〈魯語〉曰：蟲舍蚳螽。（韋昭亦曰復陶也。蓋祖《爾雅》。）（第366頁下左、第474頁下右）

【按】本條出〈魯語上〉。關於韋注，拙稿〈《國語補音》三種版本校異〉亦略有辨，可參。

44・虫部——蚳，直尼切。又作蚔。《周官》鼈人掌取互物祭祀，共鱻蠃蚳以授醢人。（《爾雅》：蚳，蟻子。杜子春曰：蚳，蛾子。陸氏曰：蚍蜉子。）《語》曰：魚禁鯤鮞蟲舍蚳螽。（韋昭曰：蝗子也。可以為醢。《說文》曰：蚳，蟻子；蚳，畫也。讀若祁。畫，薑也。䖑籀文。按：鼈人共互物，凡貍物則蚳，必水物龜鼈之類，恐非蝗子。里革言鯤鮞蚳螽，似為蟲魚孕育之通名，非專言蛾子也。）（第370頁下右、第479頁上左）

〔註79〕〔清〕汪遠孫：《國語明道本攷異》，北京：商務印書館1958年版《國語》後附，頁319。

〔註80〕〔宋〕王觀國：《學林》卷四，同上，第46頁上。

【按】本條出〈魯語上〉，與上條在同一篇中，且爲前後句。《補音》作「螘」，云：「今多作『蟻』，《說文》無。」〔註81〕是公序本系列作「螘」，黃刊明道本等作「蟻」。《禮書綱目》卷六三、《說文解字義證》引作「螘」，胡刻本李善注《文選》卷二、《冊府元龜》卷七四一引作「蟻」。《通雅》卷四七云：「螘即蟻。鯤鮞蚳蝝似爲蟲魚孕育之通名，非專言蛾子也。」〔註82〕雷學淇《介菴經說》卷一〇云：「蓋蚳有三義：蟲子也，餘蚳也，䖯也。此見于經者。凡蟲類之子已成形者，皆謂之蚳。猶魚之子皆曰鯤、鳥之子皆曰雛也。小蟲之類以蟻爲長，先諸蟲而出蟄，故蚳之名于蟻著之，以發其凡，不得泥〈釋獸〉諸文，謂此亦蟻子之專稱也。」〔註83〕可從。

45・魚部——鯤，古魂切。〈魯語〉曰：魚禁鯤鮞，鳥翼鷇卵，蕃庶物也。（《爾雅》曰：鯤，魚子。莊周之言無稽不采。）（第 373 頁下右、第 483 頁上右）

【按】本條與上二條同出〈魯語上〉。全句語序爲「魚禁鯤鮞，獸長麑麌，鳥翼鷇卵，蟲舍蚳蝝，蕃庶物也」。《說文》無「鯤」字，《爾雅・釋魚》：「鯤，魚子。」郭璞云：「凡魚之子總名鯤。」〔註84〕郭說與上條引方以智《通雅》之言可互證。韋注釋從《爾雅》。

46・禾部——稭，〈吳語〉曰：吳夫差陳士卒百人為徹行，行頭皆擁鐸共稭。（唐尚書曰：稭，棨戟也。按：稭以共言，殆棨戟之屬，因以紀人徒之數，如党進所執丈也。）（第 385 頁上、第 498 頁下右）

【按】黃刊明道本作「陳士卒百人，以爲徹行百行，行頭皆官師，擁鐸拱稭，建肥胡，奉文犀之渠。」公序本「師」作「帥」，汪遠孫云：「《補音》以作『帥』爲是。案『師』字是也。《周禮・小宰》鄭司農《注》及賈《疏》引《國語》並作『官師』。《內傳》襄十四年『官師相規』杜《注》云：『官師，大夫比。』韋《注》所本。」〔註85〕韋注云：「三君皆云：『官師，大夫

〔註81〕〔宋〕宋庠：《國語補音》卷一，北京：國家圖書館出版社 2006 年影宋刻宋元遞修本，本卷第 31 頁。

〔註82〕〔明〕方以智：《通雅》卷四七，同上，第 567 頁上。

〔註83〕〔清〕雷學淇：《介菴經說》卷一〇，《續修四庫全書》第 176 冊，第 243 頁。

〔註84〕周祖謨：《爾雅校箋》，南京：江蘇教育出版社 1984 年版，第 140 頁。

〔註85〕〔清〕汪遠孫：《國語明道本攷異》，北京：商務印書館 1958 年版《國語》後

也。』昭謂：下言『十行一嬖大夫』，此一行宜為士。周禮：『百人爲卒，卒長皆上士。』擁，猶抱也。拱，執也。抱鐸者，亦恐有聲也。唐尙書云：『稽，棨戟也。』鄭司農以爲：『稽，計兵名籍也。』周禮：『聽師田以簡稽。』」影抄本「徒」作「辻」。

47‧木部——朱，借為朱儒之朱，〈晉語〉曰：朱儒不可使援。東方朔曰：朱儒長三尺。（別作侏。）（第385頁下左、第386頁上右）

【按】本條出〈晉語四〉，今作「侏儒」，「援」作「援」，詳見〈《說文解字繫傳》引《國語》斠證〉第20條。

48‧木部——楛，〈魯語〉曰：有隼集于陳侯之廷，楛矢貫之。楛蓋可以為矢笴也。（第396頁下右、第513頁上左）

【按】本條出〈魯語下〉。《說苑》卷一八、《佩文韻府》卷七一之二引作「廷」，孫星衍《孔子集語》從《說苑》，他皆作「庭」，今傳《國語》字亦作「庭」。「廷」、「庭」古今字。

49‧木部——橈，餘招切。〈晉語〉曰：橈木不生危。（韋昭曰：大木也。）（第402頁上左、第521頁上右）

【按】本條出〈晉語八〉，詳見〈《說文解字繫傳》引《國語》斠證〉第23條。

50‧木部——枷，古牙切。接摺兩木為連枷，以擊落禾穀也。（《說文》曰：淮南謂之柍。《方言》曰：自關而西謂之拂。）〈齊語〉曰：耒耜枷芟。軍器亦用此。（第408頁下右、第529頁上右）

【按】詳見〈《說文解字繫傳》引《國語》斠證〉第24條。

51‧木部——槎，鉏加、鉏何二切。（《說文》曰：衺斫也。亦通作查、楂。）〈魯語〉曰：山不槎蘖。（《漢書》作茬蘖。）（第415頁下、第537頁下左）

【按】本條出〈魯語上〉，詳見拙稿〈《宋本玉篇》引《國語》斠證〉第21條。影抄本「蘖」作「𣎵」。《說文》字作「𣎵」，云：「古文櫱，从木無頭。」

附，第336頁。

〔註86〕是影抄本《六書故》字從《說文》古文。

52・禾部──秆、稾，（秆，別作稈、䕚、藡；稾，別作菒、蒿。〈齊語〉曰：及寒，擊菒除田。）（第 420 頁上左、第 544 頁下右）

【按】《札記》引惠云：「《管子》『稾』。」〔註87〕《攷異》云：「《舊音》：『菒音杲。』《補音》云：『通作稾。』案《管子》正作『稾』。」〔註88〕宋本《太平御覽》引作「槀」。《說文・木部》：「槀，木枯也。」《玄應音義》卷一五「槀草」注云：「槀，稈也，即乾草也。」《慧琳音義》卷三六引顧野王云：「槀即禾槀草也。」又引《考聲》云：「槀，禾黍莖也。」《學林》卷九云：「亦枯槀也，後世移其木於旁爲槀。」〔註89〕審《故訓匯纂》「槀」字故訓，唯多訓作「木枯」、「葉落」，不及草。「菒」字不見於《說文》，《故訓匯纂》唯錄韋注、《廣韻》、《類篇》〔註90〕，韋注云：「枯草也。」《廣韻・皓韻》云：「乾草。」《類篇・艸部》云：「菒，稈也。」《集韻・皓韻》云：「稾藡菒蒿，《說文》稈也，或作藡菒蒿。」又「槀」字注云：「《說文》木枯也，或書作槀。」〔註91〕《集韻》引《說文》「稈也」之釋出《說文・禾部》「稾」字之注，非爲「槀」字注文，玄應《眾經音義》亦引誤。就「稾」、「藡」、「菒」、「蒿」這幾個字而言，其共同義素皆表乾枯，四者同源。「菒」字則唐以前文獻中似唯〈齊語〉有之，各書亦唯引〈齊語〉。敦煌文獻 S3880/1〈二十四節氣詩〉中有「菒」字，云：「太菒邀博客。」〔註92〕則「菒」字

〔註86〕〔漢〕許慎：《說文解字》，北京：中華書局 1963 年影陳昌治覆刻平津館本，第 124 頁上。

〔註87〕〔清〕黃丕烈：《校刊明道本韋氏解國語札記》，北京：商務印書館 1958 年版《國語》後附，第 250 頁。

〔註88〕〔清〕汪遠孫：《國語明道本攷異》，北京：商務印書館 1958 年版《國語》後附，第 294 頁。

〔註89〕〔漢〕許慎：《說文解字》，同上，第 119 頁下。〔唐〕玄應：《眾經音義》，《續修四庫全書》第 198 冊影清道光二十五年（1845）《海山仙館叢書》本，第 175 頁上。〔唐〕慧琳：《一切經音義》，《續修四庫全書》第 197 冊影日本元文三年（1738）至延亨三年（1746）獅谷蓮社刻本，第 43 頁下。〔宋〕王觀國：《學林》，臺北：新文豐出版公司 1985 年版《叢書集成新編》第 12 冊，第 81 頁下。

〔註90〕宗福邦等：《故訓匯纂》，北京：商務印書館 2003 年版，第 1943 頁。

〔註91〕〔宋〕陳彭年等：《宋本廣韻》，北京：中國書店 1982 年影澤存堂本，第 283 頁。〔宋〕司馬光編：《類篇》，上海：上海古籍出版社 1988 年影汲古閣影抄本，第 27 頁上。〔宋〕丁度等：《宋刻集韻》，北京：中華書局 1988 年影北圖藏宋本，第 115 頁下。

〔註92〕黃永武主編：《敦煌寶藏》第 32 冊，臺北：新文豐出版公司 1982 年版，第 106

晚出，而《御覽》引用「槀」字，今傳公序本《國語》皆用「菓」字，或其所據本本不同也。張以仁《斠證》引作「菓」，並云：「『菓』乃『菓』字之誤。韋解作『菓』可證。金、秦、董、日、時、崇本皆作『菓』。《管子·小匡篇》則作『槀』。《補音》謂『菓通作槀。』」〔註93〕徐元誥云：「菓即槀，《管子·小匡篇》正作『槀』。」〔註94〕明道本各本中，黃丕烈讀未見書齋刻本、上海博古齋 1913 年影本、《四部備要》本皆作「菓」不作「菓」，審汪遠孫（1789～1835）《國語發正》之道光丙午（1846）本與《續清經解》本、湖北崇文書局同治己巳（1869）重雕天聖明道本本、上海蜚英館光緒三年（1878）影《士禮居叢書》本、上海錦章書局影天聖明道本則字皆作「菓」不作「菓」。非如張氏所云崇文本作「菓」也。後出之《士禮居叢書》，以上海蜚英館石印本流通最廣，故世界書局影印本、上海古籍出版社 1992 年《四部精要》所影《國語》、揚州廣陵書社 2010 年影印《士禮居叢書》本、瀚堂典藏所收錄之士禮居本實皆蜚英館石印本，非黃氏原本。汪遠孫《發正》刻在道光丙午（1846），為作「菓」字之始。然看《發正》以及《攷異》等汪氏著，是汪氏以其為「菓」字無疑。通過上引《札記》、《攷異》之說可知，黃、汪并以字作「菓」字。《發正》之所以誤作「菓」字，實刻工誤書，崇文本不審，沿襲《發正》之誤，遂使蜚英館本、錦章書局本亦沿誤。

53·禾部——秀，引之為俊秀、秀桀，〈齊語〉曰：秀民之為士。《記》曰：選士之秀者升之學，曰俊士。（第 423 頁上左、第 548 頁上）

　　【按】今傳《國語》作「其秀民之能為士者，必足賴也」，韋注云：「秀民，民之秀出者也。賴，恃也。」《六書故》所引《記》，為《禮記·王制篇》文。

54·米部——粲，倉贊切。米精白也。引之則凡潔白者皆謂之粲，言女色者曰粲。《詩》云：見此粲者。語曰：女三為粲。（別作婇、奻。）玉之潔白曰粲。（別作璨。）齒之整潔曰粲，笑見齒者因謂之粲，粲而有光曰粲爛。（第 424 頁上、第 549 頁）

頁。

〔註93〕張以仁：《國語斠證》，臺北：臺灣商務印書館 1969 年版，第 181 頁。

〔註94〕徐元誥撰，王樹民、沈長雲點校：《國語集解》（修訂本），北京：中華書局 2006 年版，第 221 頁。

【按】本條出〈周語上〉，黃侃「奻」字批註云：「由晶、精、粲來。」
〔註95〕另見拙稿《試說「三女爲粲」之「粲」本字爲「姦」》〔註96〕。

55‧竹部——簦，丹增切。〈吳語〉曰：簦笠相望。从草。（唐尚書曰：
　　　　夫須也。韋昭曰：備雨具也。）《史記》：躡蹻儋簦。（徐廣曰：
　　　　笠有柄謂之簦。按：簦以儋，言有柄是也。）（第 434 頁上左、
　　　　第 561 頁上左）

【按】字頭即以「簦」，引例當亦從竹，然公序本系列俱作「簦」。詳見
《《慧琳音義》引《國語》斠證》第 49 條。

56‧竹部——籧篨，籧，彊魚切。篨，直魚切。織竹如席，規以為囷。
　　　　或以貯穀粟，或以取魚。擁腫不能俯者似之，故因以名其疾。
　　　　《詩》云：籧篨不殄。〈晉語〉曰：籧篨不可使俯。（第 434～
　　　　435 頁、第 562 頁）

【按】本條出〈晉語四〉。明道本系列字作「蘧蒢」、作「俯」，崇文本、
博古齋本、蜚英館本、錦章書局本、叢書集成初編本、今上古本從之。汪遠
孫以爲公序本是。鄭良樹云：「《詩‧新臺》疏、《爾雅‧釋訓》疏引此『蒢』
並作『篨』。」〔註97〕《毛詩注疏》卷二、《皇王大紀》卷四二、《詩本義》
卷三、《春秋臣傳》卷七、《詩輯》卷四、《慈湖詩傳》卷三、《詩傳旁通》卷
二、《古今韻會舉要》卷三、《山堂肆考》卷二三一、《駢雅訓纂》卷四上、《通
雅》卷三四、《說文解字注》卷五引字作「蘧蒢」、「俯」，《鐵崖樂府注》卷
八、《六家詩名物疏》卷六、《經濟類編》卷一五、《文章辨體匯選》卷五六、
黃道周《易象正》卷二、唐順之《右編》卷一一、徐元太《喻林》卷九五、
《格物通》卷三六、《駢雅訓纂》卷三上、《國語正義》、《尙史》卷四三、《毛
詩傳箋通釋》卷一三、《繹史》卷五一下、《古文淵鑒》卷六、《說文解字注》
卷八引字作「俯」，《冊府元龜》卷七四〇、洪亮吉《更生齋集甲集》卷二引
字作「蘧蒢」、「俯」，袁子讓《五先堂文市榷酤》卷二引字作「蘧蒢」、「俯」。
《十三經注疏正字》卷一〇云：「俯，〈晉語〉作俯。」梁章鉅《文選旁證》

〔註95〕黃侃：《黃侃手批說文解字》，北京：中華書局 2006 年版，第 788 頁。
〔註96〕拙稿〈試說「三女爲粲」之「粲」本字爲「姦」〉，見刊於《東南文化》2006
　　　　年第 2 期，頁 54～56。
〔註97〕鄭良樹：〈國語校證〉（中），《幼獅學誌》第 8 卷第 1 期，第 18 頁。

卷四三「蘧篨戚施之人注蘧篨不鮮」云：「按《詩・新臺》蘧篨从竹不從草，〈晉語〉蘧篨不可使俛同，《方言》、《說文》皆作竹席解，故從竹。段氏玉裁謂不可使俯者，捲蘧篨而豎之，其物亦不可俯，故《詩》以言醜惡，《爾雅》以名口柔也。然《漢書敘傳》『舅氏蘧篨』从草，師古注：『蘧篨，口柔，觀人顏色而爲辭，佞者也。』亦从草。古或通用。」「艸」、「竹」本易混也。「俯」、「俛」異體字。

57・艸部——艾，又為報義。《詩》云：福祿艾之。〈周語〉曰：艾人必豐。皆報也。（第 445 頁上左、第 575 頁上）

【按】本條出〈周語上〉。韋注云：「艾，報也。」洪頤煊《讀書叢錄》卷六云：「艾無報訓。『艾』與『樹』對言之，『艾』當作『刈』。《離騷》『願竢時乎吾將刈』王逸注：『刈，穫也。』言樹於有禮，其獲人必多也。」〔註98〕洪說可從。

58・艸部——荼，《詩》云：出其闉闍，有女如荼。〈吳語〉：吳王白常白旗白羽之矰，望之如荼。（第 450 頁上左、第 581 頁上左）

【按】《正字通》卷九、《通雅》四三引與《六書故》同，《毛詩注疏》卷四引與公序本同。今傳黃刊明道本《國語》作「皆白裳、白旆、素甲、白羽之矰，望之如荼」，《禮書》卷一三一、明王鳴鶴《登壇必究》卷三三、孫詒讓《周禮正義》卷七九引與明道本同，《太平御覽》卷三〇一字作「裳」、「旗」。《說文・巾部》：「常，下帬也，从巾尚声。裳，常或从衣。」段注云：「今字裳行而常廢矣。」〔註99〕是「常」、「裳」本異體，「旆」、「旗」亦異體。

59・艸部——蔟，倉奏切。草茂盛蔟聚也。語曰：六律，二曰太蔟。（韋昭曰：達也。《漢志》作族，十二月太族，族奏也。言陽氣大奏地而達物也。）（第 460 頁下右、第 594 頁下右）

【按】本條出〈周語下〉，韋注云：「正月，太蔟，乾九二也。管長八寸。

〔註98〕〔清〕洪頤煊《讀書叢錄》卷六，《續修四庫全書》第 1157 冊，第 605 頁上。

〔註99〕〔清〕段玉裁：《説文解字注》，上海古籍出版社 1981 年影經韻樓本，第 358 頁下。

法云：九分之八。太蔟，言陽氣，太蔟達於上也。」汪遠孫引項名達云：「九分指黃鐘言，應云『黃鐘九分之八』。」〔註100〕又有字作「大」、「簇」者。《太平御覽》卷一六、《文獻通考》卷一三二、《儀禮經傳通解》卷二一、邢雲路《古今律曆考》卷九、朱載堉《樂律全書》卷二一、《禮書綱目》卷一○、《禮書綱目》卷八二、《尚史》卷二七、《說文通訓定聲》卷八引作「太蔟」，《儀禮經傳通解》卷二六、陳友仁《周禮集說》卷五、《禮書綱目》卷五五、《繹史》卷八二、《禮記集解》卷一五、《禮記訓纂》卷六、《儀禮經注一隅》卷上引作「大蔟」，《紀纂淵海》卷三、《禮書》卷一一七、《山堂考索》前集卷五三、《儀禮經傳通解》卷一三、《續後漢書》卷八七下、劉瑾《律呂成書》卷二、《續文獻通考》卷一○七、《天中記》卷六、《廣博物志》卷三三、《禮書綱目》卷八三、《五禮通考》卷七二、《晉書斠注》卷一六、《聖門禮樂統》卷一八引作「太簇」，《經濟類編》卷四六、《春秋經傳比事》卷一八、《子史精華》卷一○五引作「大簇」。又《留青日札》卷一二引作「太族」。可見書寫比較隨意，正字當從竹。「大」、「太」古今字。《六書故》引韋注「達也」不辭。

60・艸部——苑，於阮切。苑近於藪，林木鳥獸所聚也。〈晉語〉曰：
　　　　人皆集於苑，已獨集於枯。故謂苑囿。（亦作菀。）（第461頁
　　　　上左、第595頁下右）

　　【按】本條出〈晉語二〉，韋注云：「苑，茂木貌。」《河東先生集》卷四三〈感遇〉「栖息豈殊性，集枯安可任」注云：「『集』一作『榮』。〈晉語〉云：『人皆集於苑，已獨集于枯。』」〔註101〕以〈晉語二〉本處較之，則詩字作「集」為是，作「榮」者非。景宋本《東坡詩集注》卷一六、元李冶《敬齋古今黈》卷八、明曹學佺《石倉歷代詩選》卷一三、明郭子章《六語》卷一《譏語》、明黃道周《易象正》卷六、明陸時雍《古詩鏡》卷三○、明徐元太《喻林》卷二九、明鍾惺《古詩歸》卷二、明梅鼎祚《古樂苑》前卷、《春秋傳》卷五、《皇王大紀》卷四三引字亦作「菀」。「菀」讀作 wǎn，與「苑」通；讀作 yù，茂盛貌，與「苑」義同。

〔註100〕〔清〕汪遠孫：《國語發正》卷三，廣西師範大學圖書館藏道光丙午振綺堂本，本卷第16頁。

〔註101〕〔唐〕柳宗元撰、〔宋〕童宗說注釋、〔宋〕張敦頤音辯：《增廣註釋音辯唐柳先生集》卷四三，《四部叢刊初編》影元刊本，本卷第17頁。

61・艸部——茀，方勿切。草無蔽也。〈周語〉曰：道茀不可行。（第 461
頁下左、第 596 頁上左）

【按】本條出〈周語中〉，韋注云：「草穢塞路爲茀。」《六書故》所釋之
義與韋注同。

62・工部——巫，武夫切。〈楚語〉曰：民之精爽不貳者，明神降之，
在男曰覡，在女曰巫。《周官》有男巫女巫。（《說文》曰：
祝也。女能事無形以舞降神者也。象人兩褎舞，與工同意。
古者巫咸初作巫，𤮺，古文。）（第 470 頁上右、第 605 頁下）

63・工部——覡，〈楚語〉曰：男曰覡，女曰巫。（第 470 頁上左、第 606
頁上右）

【按】上二條出〈楚語下〉，今傳《國語》各本「貳」前有「攜（懱）」
字。詳見〈《說文解字繫傳》引《國語》斠證〉第 22 條。

64・广部——㢋，尺爾切。（又昌也切。《說文》曰：廣也。）〈吳語〉
曰：齊宋徐夷曰將闕溝而㢋我。（韋昭曰：旁擊也。又作㢋。）
（第 472 頁下右、第 609 頁上）

【按】今〈吳語〉曰：「齊、宋、徐、夷曰：『吳旣敗矣！』將夾溝而㢋
我，我無生命矣。」引脫「吳旣敗矣」四字，引「夾」作「闕」者，或因〈吳
語〉上文「闕爲深溝」之「闕」字而誤。「㢋」字之辨詳見〈《宋本玉篇》引
《國語》斠證〉第 15 條。

65・宀部——宸，植隣切。語曰：爲敝邑宸宇。（《說文》曰：屋宇也。
韋昭曰：宸，屋霤也。）（第 477 頁下左、第 615 頁下左）

【按】本條出〈越語上〉，今傳《國語》各本作「而爲弊邑宸宇」，《六
書故》引誤。「弊」或作「敝」，「敝」、「敕」形近易混，影抄本字即作「敕」。
《國語》「宸」字唯此一見。今傳《國語》韋注「霤」後無「也」字。然古
書中多以「宇」義爲「屋霤」，少以「宸」者，在中國基本古籍庫中輸入「宸
屋霤」祇得 6 見，其中 2 見爲《國語》和《國語正義》，另外 3 見爲《說文
解字注》、《說文解字義證》、《六書故》、《通雅》引韋注。輸入「宇屋霤」，
得 24 見。段注云：「若《玉篇》引賈逵云：『宸，室之奧者。』」當亦是《國

語》注，而其說異矣。」〔註 102〕《說文・宀部》：「宸，屋宇也。」〔註 103〕
《故訓匯纂》收故訓 32 條，唯段注、朱駿聲與韋注釋作「屋霤」、「屋簷」、
「屋邊」，他皆作「屋宇」、「室」、「居」、「帝王居」之類。〔註 104〕《中文大
辭典》因韋注釋「宸宇」為「喻聊以遮蔽也」〔註 105〕，是「宸」、「宇」同
義復用。

66・門部——閈，羽委切。（又呼懷、空媧二切。）半開也。〈魯語〉
　　　曰：公父文伯之*母*，季康子之從祖叔*母*也，康子往焉，閈門
　　　與之言。（《類編》曰：門不正開也。別作闀闠。）（第 482 頁
　　　下右、第 621 頁下左）

　　【按】明道本「與之」前有「而」字，他本則與《六書故》引同。「類
編」當作「類篇」。

67・囗部——亩，《詩》云：亦有高亩萬億及秭。又作稟，从禾。稟
　　　請亩稍之亩，筆錦切。今書傳專以稟為稟請之稟。〈晉語〉
　　　曰：人之有元君，叔稟命焉，若稟而弃之，是樊穀也。其稟
　　　不才，是穀不成也。《書》云：不言臣下，罔攸稟令。（別作
　　　廩，从广。按：亩乃露積，不當从广，又借為坎廩之廩，盧
　　　感切，或作壈。）（第 485 頁上左、第 625 頁上）

　　【按】本條出〈晉語七〉，黃刊明道本全句作「抑人之有元君，將稟命
焉。若稟而棄之，是焚穀也；其稟而不材，是穀不成也。」《文章正宗》引
無「其稟而不材」中之「而」字，與《六書故》引同，遞修本等公序本系列
無之。「叔」為「將」之異體，葉鍵得云：「《六書正譌・平聲・陽唐韻》：『牂，
叔，即羊切。奉也。《六書故》云從又手也，會意，從爿，諧聲，今從之。
舊說將從肉從寸，非。』楷化作『叔』。《字彙・爿部》：『叔，與將同。』《正
字通・爿部》：『叔，同將。』『叔』字由『將』字省寫而成。」〔註 106〕「弃」

〔註 102〕〔清〕段玉裁：《說文解字注》，上海古籍出版社 1981 年影經韻樓本，第 338
　　　　頁下。
〔註 103〕〔漢〕許慎：《說文解字》，北京：中華書局 1963 年影陳昌治覆刻平津館本，
　　　　第 150 頁上。
〔註 104〕宗福邦等：《故訓匯纂》，北京：商務印書館 2003 年版，第 575 頁。
〔註 105〕林尹等：《中文大辭典》（普及本），中國文化大學出版部 1990 年第八版，第
　　　　3971 頁。
〔註 106〕葉鍵得：「叔」字研訂說明，《異體字字典》網路版，http://dict.variants.moe.

與「棄」、「燓」與「焚」皆異體。

68・邑部——鄶，古外切。古國名。〈鄭語〉曰：濟、洛、河、潁之間，子男之國，虢、鄶為大。《春秋》鄭文夫人葬公子瑕于鄶城之下。《國風》作檜。（杜氏曰：故鄶國，在滎陽密縣東北。按：如杜氏之說，當作檜。《輿地記》：鄭所遷檜在今鄭州新鄭縣。今此在鄭州密縣，大同小異。）（第 490 頁下、第 632 頁上左）

【按】今傳《國語》各本作「其濟、洛、河、潁之間乎！是其子男之國，虢、鄶爲大」，《六書故》引有脫字。汪遠孫云：「《漢書・地理志》『鄶』作『會』，顏師古《注》云：『會讀曰鄶，字或作檜。』」〔註107〕

69・匚部——医，於計切。《說文》曰：盛弓矢器也。引〈齊語〉曰：兵不解医。（《說文》从匚。）（第 498 頁、第 643 頁下右）

【按】今傳《國語》各本同。

70・食部——飧，〈越語〉曰：觥飯不及壺飧。既食而再飯、三飯亦曰飧。《記》曰：君既食，又飯飧。飯飧者，三飯也。（第 521 頁下左、第 673 頁上右）

【按】本條出〈越語下〉，影抄本作「飧」。詳見〈《說文解字繫傳》引《國語》斠證〉第 32 條、〈《廣韻》引《國語》斠證〉第 10 條。

71・食部——饇，依據切。厭滿也。《詩》云：如食宜饇。亦作飫。《詩》云：飲酒之飫。（毛氏曰：饇，飽也。不脫屨而升堂曰飫。）〈周語〉：王公立飫，則有房烝，王公諸侯之有飫也，將以講事成章，建大德、昭大物也，故立成禮烝而已。又曰：武王克殷，作詩以為飫歌。其詩曰：天之所支，不可壞也，其所壞者亦不可支也。（第 524～525 頁、第 677 頁上右）

【按】本條出〈周語下〉，「又曰」後別爲一章，今傳《國語》作「周詩有之曰：『天之所支，不可壞也。其所壞，亦不可支也。』昔武王克殷，而作

edu.tw/yitia/fra/fra01063.htm。

〔註107〕〔清〕汪遠孫：《國語明道本攷異》，北京：商務印書館 1958 年版《國語》後附，第 325 頁。

此詩也，以爲飫歌，名之曰『支』，以遺後之人，使永監焉」。詳見〈《韻補》引《國語》斠證〉第 1 條。影抄本「厭」作「猒」，作「不脫屨升堂謂之飫」，「德」字無「彳」。「厭」、「猒」古今字。

72・酉部——酋，字秋切。《說文》曰：繹酒也。从酉水半見于上。按：酋，酒釀而久者。〈鄭語〉曰：毒之酋昔者，其殺也滋速。（第 526 頁下左、第 679 頁下右）

【按】今傳《國語》各本「昔」作「腊」，韋注云：「精熟爲酋。腊，極也。滋，益也。」「昔」、「腊」亦古今字關係。

73・卜部——鼎，〈吳語〉曰：請貞於陽卜。〈晉語〉曰：筮之，得貞屯悔豫。貞之為言正，定其吉凶也。（第 556 頁下、第 716 頁下）

【按】引〈吳語〉與今傳《國語》同。引〈晉語〉出〈晉語四〉，今傳《國語》作：「公子親筮之，曰：『尙有晉國。』得貞屯、悔豫，皆八也。」《六書故》引脫字。韋注云：「蓍曰筮。尙，上也，命筮之辭也。內曰貞，外曰悔。震下坎上，屯。坤下震上，豫。得此兩卦，震在屯爲貞，在豫爲悔。八，謂震兩陰爻，在貞在悔皆不動，故曰皆八，謂爻無爲也。」

74・衣部——裻，冬毒切。背縫也。〈晉語〉曰：衣之偏裻。古通作督。（《說文》：裻，新衣聲。一曰背縫。又作褚。《說文》曰：衣躬縫也。）（第 580 頁下右、第 744 頁下左）

【按】本條出〈晉語一〉。詳見〈《說文解字繫傳》引《國語》斠證〉第 35 條。

75・衣部——襏襫，襏，北末切；襫，施隻切。〈齊語〉曰：農衣襏襫。（韋昭曰：蓑薜也。）（第 585 頁下左、第 751 頁下右）

【按】「襏」即「襏」。今傳〈齊語〉作「身衣襏襫」，遞修本韋注云：「蓑薜衣也。」金李本、張一鯤本、《國語評苑》、《國語正義》、秦鼎本等同。黃刊明道本韋注作「蓑襞衣也」，是《六書故》引脫「衣」字。汪遠孫云：「『蓑』，《說文》作『衰』，今字通俗作『蓑』。『襞』，公序本作『薜』，《舊音》同，云：『諸本或作襞，誤。』案：『薜』字見《六韜・農器篇》。」

〔註 108〕「衰」、「蓑」古今字。《說文・衣部》：「襞，艸衣也。」《說文・韋部》：「鞶，革中辨謂之鞶。」〔註 109〕徐鍇云：「革中絕謂之辨，中斷皮也，復分謂之鞶。」〔註 110〕宋庠云：「注及《集韻》它書等所解，大率云草衣雨具，則今謂之蓑衣是也，農人所用。《說文》有『袯』字，音『撥』，即蠻夷服也。《玉篇》亦作『袯』，注：『蠻衣也。』下乃別出此『襏』字，云『通用』。」〔註 111〕本句上下文云：「擊菒除田，以待時耕；及耕，深耕而疾耰之，以待時雨；時雨既至，挾其槍、刈、耨、鎛，以旦暮從事於田野。脫衣就功，首戴茅蒲，身衣襏襫，霑體塗足，暴其髮膚，盡其四支之敏，以從事於田野。」從〈齊語〉文本看，「脫衣就功」之「衣」自然是平素所穿之衣，非勞作所能用，則「襏襫」應該是便於田野勞動的一種衣服，下文所言「暴其髮膚，盡其四支之敏」即是這種服飾帶來的便利，非必謂避雨之蓑衣。此處強調農的勞動，而非強調其避雨。宋庠所釋似更合文義。《管子・小匡》「身衣襏襫」尹知章注云：「襏襫，謂麤堅之衣，可以任苦著者也。」〔註 112〕亦即宋庠所謂「蠻衣」。

76・网部——罔，〈魯語〉曰：木石之怪夔罔兩。（別作魍魎、蛧蜽。）

（第 587 頁下左、第 754 頁上）

　　【按】本條出〈魯語下〉，辨詳見〈《說文解字繫傳》引《國語》斠證〉第 56 條、〈《慧琳音義》引《國語》斠證〉第 8 條。

77・网部——罶，力久切。《詩》云：魚麗于罶。又曰：三星在罶。〈魯語〉曰：講眾罶，取名魚。（毛氏曰：魚梁也。寡婦之笱也。《說文》曰：寡婦笱，魚所留也。別作𦉞。孔氏曰：以薄取魚易成，故號寡婦笱，非寡婦所作也。按：笱以竹為之，𦉞以網為之，罶非笱也。《詩》言三星在罶，則罶非甚大之具，《語》

〔註 108〕〔清〕汪遠孫：《國語明道本攷異》，北京：商務印書館 1958 年版《國語》後附，第 294 頁。

〔註 109〕〔漢〕許慎：《說文解字》，北京：中華書局 1963 年影陳昌治覆刻平津館本，第 172 頁下、第 113 頁下。

〔註 110〕（南唐）徐鍇：《說文解字繫傳》，第 104 頁上。

〔註 111〕〔宋〕宋庠：《國語補音》卷二，北京：國家圖書館出版社 2006 年影宋刻宋元遞修本，本卷第 7 頁。

〔註 112〕尹知章注：《管子》卷一八，《四部叢刊》影宋刊本，本卷第 6 頁。

稱取名魚，則亦非小魚網矣。）（第 588 頁下左、第 755 頁下左）

【按】本條出〈魯語上〉，辨詳見〈《說文解字繫傳》引《國語》斠證〉第 28 條。

78・网部——罜麗，罳，苦庾切。䍥盧谷切。（《說文》曰：罜麗魚罟也。）《魯語》：水蟲孕，於是乎禁罜麗。（韋昭曰：罜當作罜，小網也。）（第 589 頁上右、第 756 頁上右）

【按】本條出〈魯語上〉，黃刊明道本「麗」前有「罜」字。《札記》云：「《補音》無『罜』字。丕烈案，李善注〈西京賦〉引有『罜』字，又《荀子・成相篇》楊倞注引亦作『禁罜麗』。賈逵曰：『罜麗，小罟也。』韋與賈同。唐人《舊音》云：『上音獨，下音鹿。』公序乃於正文刪『罜』於注文『罜當為眾』改云『罜當為罜』。」〔註113〕又汪遠孫云：「公序本『是』下有『乎』字。」〔註114〕抱經堂本《荀子》卷一八楊注引《國語》作「鳥獸成，水蟲孕，水虞於是禁罜麗」，《儀禮經傳通解》卷二六、《玉海》卷一二二、《賈子次詁》卷六引作「水虞於是禁罜麗」，《玉燭寶典》卷四、《冊府元龜》卷七四一、《文章正宗》卷五、《廣博物志》卷四九、《經濟類編》卷二八、《文章變體彙編》卷五三、《歷代名臣奏議》卷一九三、《文編》卷三、《右編》卷五、《禮書綱目》卷六三引「禁」前有「乎」字。是《六書故》引脫「水虞」二字。若據明道本，則當作「禁眾罜麗」；據公序本，則當作「禁罜麗」，上文云「鳥獸孕，水蟲成，獸虞於是乎禁罝羅」，明「罝羅」為捕鳥獸之器，此處云「鳥獸成，水蟲孕」，則不當再云「禁罝」，且上下皆二音節結構，此處出一三音節者，於上下句亦未協，故當以公序本為是。

79・网部——署，〈魯語〉曰：文公欲弛孟文子之宅，對曰：署，位之表也；有司來命，易臣之署，不敢聞命。署從网，蓋網之在綱，各有部屬，因以為位署也。（第 589 頁下、第 756 頁下左）

【按】本條出〈魯語下〉。辨見〈《玄應音義》引《國語》斠證〉第 2 條。

〔註113〕〔清〕黃丕烈：《校刊明道本韋氏解國語札記》，北京：商務印書館 1958 年版《國語》後附，第 248 頁。

〔註114〕〔清〕汪遠孫：《明道本國語攷異》，北京：商務印書館 1958 年版《國語》後附，第 289 頁。

拾壹、《古今韻會舉要》引《國語》斠證

　　《古今韻會舉要》，元代熊忠、黃公紹撰，其版本較多，有元刻明補本、清淮南書局重刊本等，臺灣師範大學中國文學研究所 1990 年博士李添富《古今韻會舉要研究》論文緒論及論文第二章專門談《韻會》版本沿革，王碩荃《古今韻會舉要辯證》亦言及《韻會》版本，皆可資參證。〔註1〕中華書局 2000 年根據吉林省社會科學院圖書館藏明嘉靖十五年（1536）秦鉞、李舜臣（1499～1559）刻十七年（1538）劉儲秀重修本影印並附甯忌浮校記。今所據以校《國語》引例者即是此本，同時參照《四庫全書》本、日本刊本以及明人方日升的《古今韻會舉要小補》〔註2〕。初次翻書進行統計，得《古今韻會舉要》引《國語》例 54 處，後通過瀚堂典藏進行搜索復有得，共得 79 處。每例後標注卷次，原刻本頁碼和影印本頁碼。

1・㦧，《爾雅》：惛也。本作㦧，或作㦧。一曰懟也。《國語》：「君使臣㦧。」（卷一，葉八，第 26 頁）

　　【按】本條出〈晉語二〉，四庫本、日本刊本引同。辨詳見〈《廣韻》引《國語》斠證〉第 1 條。

2・呢，《說文》：呢，異之言，从口㕥聲。一曰雜語。徐按：四民雜處則其言呢，呢，雜異。（卷一，葉三一，第 38 頁）

〔註1〕　王碩荃：《古今韻會舉要辯證》，石家莊：河北教育出版社 2002 年版，第 1～3 頁。李添富：《古今韻會舉要研究》，介紹文字見臺灣國家圖書館全國碩博論文資訊網，http://etds.ncl.edu.tw/theabs/site/sh/detail_result.jsp。
〔註2〕　方日升《古今韻會小補》三十卷，爲北京大學圖書館藏明萬曆三十四年周士顯刻本，見收於《四庫存目叢書》第 212、213 冊。

【按】本條引徐鍇說而漏《國語》二字，實〈齊語〉文，四庫本同。辨詳見《〈宋本玉篇〉引〈國語〉斠證》第 15 條。

3·儀，《國語》「丹朱馮身儀之」注言：「馮依其身而匹偶之。」（卷二，葉五，第 41 頁）

【按】本條出〈周語上〉，《經子法語》引《國語》、今傳《國語》各本「身」後有「以」字，且黃刊明道本字作「憑」，《國語韋解補正》、《國語詳注》、《國語集解》、商務本、上古本並從之，《毛詩李黃集解》卷六、《讀詩略記》卷一、《資治通鑑外紀》卷四、《通志》卷三下、《文獻通考》卷九〇、《冊府元龜》卷七八〇引俱作「丹朱憑身以儀之」。公序系本與《韻會》引同，《儀禮經傳通解續》卷二六上、《禮書綱目》卷四五、《爾雅注疏》卷一、《爾雅翼》卷一三、《六書故》卷八、《繹史》卷四五、《左傳紀事本末》卷二四、《通志》卷一八一、《尚史》卷二六、卷二七、《說苑》卷一八、《經濟類編》卷九七、《廣博物志》卷一四、柳宗元《非國語》亦俱作「丹朱馮身以儀之」。四庫本《韻會》亦有「以」字，則是四庫本《韻會》據今傳《國語》改。汪遠孫《攷異》云：「『馮』、『憑』古今字。」〔註 3〕或字本作「馮」，後改。「以」字有無，於義本無礙，《韻會》引脫。韋注云：「馮，依也。儀，匹也。詩云：『實維我儀。』言房后之行有似丹朱，丹朱馮依其身而匹偶焉，生穆王也。」則《韻會》所言之注實即韋注。

4·鮞，《說文》：魚子也，从魚而聲。《國語》：「魚禁鯤鮞。」一曰魚之美者，東海之鮞。（卷二，葉二四，第 50 頁）

【按】本條出〈魯語上〉，四庫本、日本刊本同，《禮部韻略·魂韻》引《國語》「禁鯤鮞」。韋注云：「鯤，魚子也。鮞，未成魚也。」與《說文》同。內府藏本《切韻》即云：「鮞，魚子，又，魚之美者。」〔註 4〕

5·漦，《說文》：順流也，从水�聲。一曰水名，一曰盝也。一曰流涎出貌，《國語》：「龍亡而漦在。」《文選·幽通賦》：「震鱗漦。」（卷二，葉三四，第 55 頁）

〔註 3〕 〔清〕汪遠孫：《國語明道本考異》，北京：商務印書館 1959 年版《國語》後附，第 271 頁。

〔註 4〕 見《續修四庫全書》250 冊，第 19 頁。

　　【按】本條出〈鄭語〉，四庫本《韻會》、《繫傳》引同，日本刊本無「文選」之「文」字。辨詳見〈《說文解字繫傳》引《國語》斠證〉第 41 條。

6・夔，《說文》：夔即魖也，如龍，一足，象有角手人面之形。从攵，斂足也。徐按：《國語》「木石之怪夔罔兩」。（卷二，葉三四，第 55 頁）

　　【按】本條出〈魯語下〉，四庫本、日本刊本同。辨詳見〈《慧琳音義》引《國語》斠證〉第 8 條、〈《說文解字繫傳》引《國語》斠證〉第 56 條。

7・嵎，《說文》：封嵎，山名，在吳楚閒，汪芒之國。徐按：《國語》「防風氏守封嵎之山」者也。（卷三，葉一五，第 71 頁）

　　【按】本條出〈魯語下〉，日刊本同。辨詳見〈《原本玉篇殘卷》引《國語》斠證〉第 77 條。

8・姑，《說文》：夫母也。《爾雅》：婦稱夫之母曰姑，在曰君姑，沒曰先姑。《國語》：「吾聞之先姑。」（卷三，葉二三，第 75 頁）

　　【按】本條出〈魯語下〉，今傳《國語》各本同。

9・砮，《說文》：石可以為矢鏃，从石奴聲。引《國語》「貢楛矢石砮」。（卷三，葉二七，第 77 頁）

　　【按】本條出〈魯語下〉，四庫本、日刊本同。辨詳見〈《說文解字繫傳》引《國語》斠證〉第 36 條、〈《類篇》引《國語》斠證〉第 17 條。

10・巫，《國語》：「民之精爽不携貳者，則明神降之。在男曰覡，在女曰巫。」（卷三，葉三二，第 79 頁）

　　【按】本條出〈楚語下〉，四庫本同。日刊本「爽」作「爽」、「携」作「揍」，皆俗寫形式，於義無乖。《慧琳音義》祇引「在男曰覡，在女曰巫」八字。「民之精爽不携貳者，則明神降之」爲《韻會》節略引用一章節中文字。汪遠孫《攷異》云《太平御覽・方術部》十六引《國語》「民」上有「擇」字。「携」即「攜」，《太平御覽》卷七三五、卷八八一、《南華真經義海纂微》卷五九引亦作「携」。《國語補音》、金李本、閔《裁注》本、《國語評苑》、《四庫薈要》本、《國語正義》「攜」作「儶」，《禮書綱目》卷五七、《繹史》卷

八九、《尚史》卷五七、《天中記》卷四○、《文章辨體彙選》卷五八引亦作「懾」；明道系本與《韻會》同作「攜」，《儀禮經傳通解續》卷二七上、《禮書綱目》卷四四、《五禮通考》卷二二、《資治通鑑外紀》卷八、《冊府元龜》卷七八○、《經濟類編》卷九七同作「攜」。《六書故》卷二五、《冊府元龜》卷三二上、《羣書考索》卷三二引脫「攜」二字。拙著《〈國語〉動詞管窺》曾申述之〔註5〕。汪遠孫《攷異》云《御覽》、《周禮》注皆作「神明」。檢索「漢籍全文檢索系統（二）」先秦至五代 238 種文獻，「明神」得 177 篇 238 次，「神明」得 837 篇 1529 次。先秦秦漢 112 種文獻，「明神」39 篇 65 次，「神明」得 324 篇 655 次。則自先秦以來「明神」結構在文獻中的出現頻次即少於「神明」，但是兩者一直並存。審《國語》他處「明神」6 見，皆在〈周語上〉中；「神明」2 見，皆在〈楚語上〉中。周、楚兩語本自不同，則此處或宜從〈楚語上〉作「神明」也。《漢語大詞典》祇收錄「神明」詞條，未收錄「明神」，亦未於「神明」條下說明，當補。

11·櫨，通作簬，《國語》「朱儒扶簬」。（卷三，葉三七，第 82 頁）

【按】本條出〈晉語四〉，日刊本同。辨詳見《〈說文解字繫傳〉引《國語》斠證》第 20 條。

12·闖，門不正開也。《國語》：「闖門而與之言。」（卷四，葉一一，第 88 頁）

【按】本條出〈魯語下〉，四庫本、日刊本同。辨詳見《〈廣韻〉引《國語》斠證》第 3、4 條。

13·垓，《說文》：「兼垓八極地也。從土亥聲。」引《國語》「天子居九垓之田」。又垓下，地名，《漢書·項羽傳》注：「沛郡洨縣聚邑，或作畡。」今《國語》「王者舉九畡之田」。又數也，《風俗通》：「十萬曰億。」（卷四，葉一四，第 89 頁）

【按】「天子居九垓之田」條出〈鄭語〉，《韻會》襲《說文》、《繫傳》，今傳《國語》各本作「故王者居九畡之田」，故《韻會》下舉「今《國語》」「王者舉九畡之田」例，「舉」實「居」字之譌。辨詳見《〈說文解字繫傳〉引《國

語》斠證〉第 57 條、〈《宋本玉篇》引《國語》斠證〉第 2 條。

14·竣，《說文》偓竣也。从立夋聲。引國語有司已事而竣。（卷四，葉
　　二六，第 95 頁）

　　【按】本條出〈齊語〉，辨詳見〈《說文解字繫傳》引《國語》斠證〉第
45 條。

15·閩，《說文》東南越種。从虫門聲。《周禮·職方氏》「七閩」注：
　　「閩，蠻之別也。」《國語》曰：「閩芊蠻也。」又叔熊避難
　　於濮蠻，隨其俗如蠻人，後子孫分為七種，故曰七閩。（卷四，
　　葉三三，第 99 頁）

　　【按】本條出〈鄭語〉，今傳《國語》各本作「蠻芊蠻」，黃丕烈《札記》
引段云：「《周禮注》作『閩芊蠻矣』。」汪遠孫《考異》亦云：「《周官·職
方氏》鄭注引《國語》上『蠻』字作『閩』。」〔註6〕鄭良樹引《周禮》疏
云：「彼不作『閩』者，彼蓋後人轉寫者誤，鄭玄以『閩』為正。」鄭氏又
云：「周禮疏文又引注文作『謂上言叔熊避難於濮蠻，隨其俗如蠻人也，故
曰：蠻』，與韋解不同。」〔註7〕可從。

16·新，……又姓，《國語》：晉大夫新穆子。（卷四，葉三三，第 99 頁）

　　【按】本條出〈晉語九〉，黃刊明道本文作「趙襄子使新稺穆子伐狄，
勝左人、中人」，金李本、閔《裁注》本、《國語評苑》、《四庫薈要》本、《國
語正義》「稺」作「稺」，《繹史》卷八七下、《山西通志》卷一〇八、《經濟
類編》卷六五引即從公序本作「稺」。汪遠孫《攷異》云：「今通作『稺』。」
〔註8〕《資治通鑑外紀》卷一〇、《大事記解題》卷一引即作「稺」。「稺」、「稺」
不見於今本《說文》，而《易·序卦》「蒙者蒙也，物之稺也」江藩述補引《說
文》曰：「稺，幼禾也。」《文選》庾信《竹杖賦》「予猶稚童」倪璠注引《說
文》：「稚，幼禾也。」〔註9〕二字唯聲符不同。今《說文·禾部》字作「稺」，

〔註6〕〔清〕黃丕烈：《校刊明道本韋氏解國語札記》，北京：商務印書館 1959 年版
　　　　《國語》後附，第 260 頁。〔清〕汪遠孫：《國語明道本考異》，北京：商務印
　　　　書館 1959 年版《國語》後附，第 326 頁。
〔註7〕鄭良樹：〈國語校證〉（下），《幼獅學誌》第 8 卷第 2 期，第 3 頁。
〔註8〕〔清〕汪遠孫：《國語明道本考異》，同上，第 322 頁。
〔註9〕轉引自宗福邦等主編《故訓匯纂》，北京：商務印書館 2003 年版，第 1629 頁。

段注云：「引伸爲凡幼之偁。今字作稚。」〔註 10〕公序存古。韋注云：「穆子，晉大夫新稚狗也。」韋以「新稚狗」釋「新稚穆子」，則「狗」實其名，而姓乃「新稚」，非「新」也。《元和姓纂》卷三云：「新，出自荀氏新稚穆子之後，別爲新氏。」〔註 11〕《韻會》之說實本《廣韻》，見前。《後漢書》卷一○○、《列子‧說符篇》亦據〈晉語〉此文，「漢籍全文檢索系統（第二版）」中更無他籍有「新稚」者，吉常宏《古人名字解詁》亦未見有說。陳明遠、汪宗虎云：「新稚，歷史上的複姓。出自荀氏，爲新稚穆子之後。」〔註 12〕可證古有「新稚」複姓，在百度中搜索「新稚」條目，得「新稚鶴」之名〔註 13〕，清人福格（1796？～1870？）《聽雨叢談》卷一〈八旗姓氏〉云：「其源派有《八旗滿洲姓氏譜》可稽，若古之伊耆氏、羿官氏、新稚氏、赫胥氏、陸終氏、菟裘氏、運奄氏、將梁氏、修魚氏、白冥氏、蜚廉氏、漆雕氏、沈猶氏，頗似今之滿洲姓氏。」〔註 14〕是「新稚」古今皆有之複姓也。《韻會》實誤。

17‧趄，徐曰：按《左傳》「晉於是作爰田」、《國語》作轅田，皆假借，此乃正字也。（卷五，葉一六，第 110 頁）

【按】此引徐鍇《繫傳》，辨詳見〈《說文解字繫傳》引《國語》斠證〉第 10 條。

18‧煇，又炎熱貌，《文選》「夏無炎煇」注引《國語》云：「水無沉氣，火無炎煇。」（卷六，葉五，第 123 頁）

【按】本條出〈周語下〉，《國語補音》、遞修本、金李本、《四庫薈要》本「炎」作「灾」，張一鯤本、閔《裁注》本、《國語評苑》、《國語正義》、秦鼎本、黃刊明道本、《國語翼解》、《國語韋解補正》、《國語詳注》、商務本、上古本作「災」，「沉」皆作「沈」。《資治通鑑外紀》卷一、《繹史》卷八二、《左傳紀事本末》卷四、《通志》卷三上、《太平御覽》卷七二、《古今姓氏辨

〔註 10〕〔清〕段玉裁：《說文解字注》，上海：上海古籍出版社 1981 影經韻樓本，第 321 頁。

〔註 11〕〔唐〕林寶：《元和姓纂》卷三，嘉慶七年刊本，本卷頁 19。

〔註 12〕陳明遠、汪宗虎：《中國姓氏大全》，北京：北京出版社 1987 年版，第 352 頁。

〔註 13〕見江西南昌婚介網，http://www.315qq.com/he1.asp?id=9194。

〔註 14〕〔清〕福格撰、汪北平點校：《聽雨叢談》，北京：中華書局 1997 年版，第 7 頁。

證》卷二一、《記纂淵海》卷一、《經濟類編》卷七七、《文章正宗》卷四、《文編》卷三、《東漢文紀》卷三〇、《文章辨體彙選》卷五二引亦作「災」，《通志》卷八九、《歷代名臣奏議》卷二四九、《隸釋》卷三、《中庸衍義》卷六、《冊府元龜》卷二六一、《天中記》卷一〇、《古文淵鑒》卷五引「災」作「灾」，《隸釋》卷三、《中庸衍義》卷六、《通志》卷三上、《太平御覽》卷七二、《冊府元龜》卷二六一、《古今姓氏辨證》卷二一、《經濟類編》卷七七、《東漢文紀》卷三〇引作「沉」。惟《國語集解》作「炎」，《通雅》卷一二引作「沉」、「炎」。黃丕烈《札記》引惠云：「〈景福殿賦〉『夏無炎暉』李善注引此『火無炎暉』。韋昭曰：『暉，焱起貌。』。」黃自云：「韋《解》曰：『天曰災。』其作「災」字無疑。蓋李注但引證『暉』字，後人並改『災』字爲『炎』以就賦文，殊失李旨。」汪遠孫《攷異》云：「『炎』是也。作『災』者，疑涉《注》『天曰災』致誤。」〔註15〕王煦亦云：「『灾』當作『炎』。」〔註16〕張以仁《斠證》云：「《白帖》一、《御覽》七二引皆作『災』，《天中記》十則引作『灾』，同金本。則『炎』之誤『災』也久矣。」〔註17〕蕭旭以爲汪、張「並失之」，引《隸釋》卷三〈白石神君碑〉「故天無伏陰，地無蠢陽，水無沉氣，火無灾暉，時無逆數，物無害生，用能光遠宣朗，顯融昭明，年穀歲熟，百姓豐盈，粟升五錢，國界安寧」並云：「《文選》注引作『炎』爲誤字，不可據改。」〔註18〕則《韻會》與《國語集解》皆因《文選》注引而誤。

19・捲，《說文》：「氣勢也，从手卷聲。」引《國語》「予有捲勇」。

（卷六，葉六，第 123 頁）

【按】本條出〈齊語〉，《韻會》襲用《說文》，今傳《國語》各本作「有拳勇」，「予」字衍文。辨詳見〈《玄應音義》引《國語》斠證〉第 41 條、〈《說文解字繫傳》引《國語》斠證〉第 53 條。

20・竣，退也，《國語》「已竣」。（卷六，葉七，第 124 頁）

〔註15〕 〔清〕黃丕烈：《校刊明道本韋氏解國語札記》，北京：商務印書館 1959 年版《國語》後附，第 246 頁。〔清〕汪遠孫：《國語明道本考異》，北京：商務印書館 1959 年版《國語》後附，第 280 頁。

〔註16〕 〔清〕王煦：《國語補補音》卷上，觀海樓刻本，本卷第 7 頁。

〔註17〕 張以仁：《國語斠證》，臺北：臺灣商務印書館 1969 年版，第 103 頁。張所言「金本」即金李本。

〔註18〕 蕭旭：〈國語校補〉（一），《東亞文獻研究》第 2 輯（2008 年 6 月）。

【按】本條出〈齊語〉，引《國語》「已竣」實爲「已於事而竣」之省，辨詳見《《說文解字繫傳》引《國語》斠證》第 45 條。

21・蟜，蠾蟜，螙名。一曰有蟜，古諸侯。〈晉語〉云：「黃帝娶于有蟜氏。」（卷六，葉二六，第 133 頁）

【按】本條當出〈晉語四〉，因今傳《國語》各本作「昔少典娶於有蟜氏，生黃帝、炎帝。黃帝以姬水成，炎帝以姜水成」，《儀禮經傳通解》卷二、《禮書綱目》卷三、《通志》卷一、卷九〇、《冊府元龜》卷二五四引與今本同，《竹書紀年》亦云：「少典之君娶于蟜氏之女。」是「少典」而非「黃帝」。章引賈侍中云：「少典，黃帝、炎帝之先。有蟜，諸侯也。炎帝，神農也。」《史記索隱》亦引作「少典娶於有蟜氏」〔註 19〕，又《史記正義》引《帝王世紀》云：「有蟜氏女，登爲少典妃。」〔註 20〕則是《韻會》引誤「少典」爲「黃帝」。

22・憔，憔悴，憂患也。《國語》「日以憔悴」。或作「顦顇」。（卷六，葉三〇，第 135 頁）

【按】本條出〈吳語〉，《禮部韻略》引同。《韻會》釋「憂患也」從《集韻・宵韻》。「或作『顦顇』」者，是《補音》作「顦顇」。《說文》有「顦顇」無「憔悴」，段注：「其字各不同。今人多用憔悴字。」〔註 21〕連綿詞本以音爲義，無固定形體，所以從心不從頁者，或以從頁之字多表名物而從心之字多表性狀故。張以仁以爲「『憔悴』俗字」。《繹史》卷九六上、《左傳紀事本末》卷五一、《尚史》卷六三、《紫微雜說》、《冊府元龜》卷七四二、《經濟類編》卷六五、《西山文集》卷一四《進故事》、《妙絕古今》卷一、《文章辨體彙選》卷五三、卷二〇一、卷四九四、《古文淵鑒》卷六引俱作「憔悴」。章注云：「憔悴，瘦病也。」

〔註 19〕吳文祺主編《辭通續編》引司馬貞《補三皇本紀》作「有蝸」並云：「『蟜』、『蝸』並从『虫』旁，二形相似，故『蟜』訛爲『蝸』。」上海：上海古籍出版社 1991 年版，第 218 頁。

〔註 20〕〔漢〕司馬遷注、〔南朝宋〕裴駰等注：《史記三家注》，北京：中華書局 1959年點校本，第 2 頁。

〔註 21〕〔清〕段玉裁：《說文解字注》，上海：上海古籍出版社 1981 年影經韻樓本，第 421 頁下。

23・匏，《說文》瓠也。从夸包聲。取其可包藏物也。《詩》「匏有苦葉」
　　注、陸佃曰：「長而廋上曰瓠，短頸大腹曰匏，瓠甘匏苦，長
　　短亦殊。」《國語》叔向云：「苦匏不材於人，共濟而已。」謂
　　佩匏可以渡水。（卷七，葉四，第 140 頁）

　　【按】本條出〈魯語下〉，今傳《國語》各本同。《韻會》「佩匏可以渡水」
亦與韋解同。

24・精，又凡物之純至曰精，又古者以玉為精，《國語》「一純二精」。
　　（卷八，葉三○，第 170 頁）

　　【按】本條出〈楚語下〉，今傳《國語》各本同，《禮部韻略・清韻》、《洪
武正韻・精韻》引作「祀以一純二精」。韋注云：「一純，心純一而絜者。二
精，玉帛也。」

25・薐，又《國語》：屈到嗜芰，死，將以芰祭，其子去之。今按：芰
　　為邊之實。則屈到所嗜蓋決明之菜，非水中芰審矣。（卷九，葉
　　一七，第 187 頁）

　　【按】此襲《繫傳》，辨詳見〈《說文解字繫傳》引《國語》斠證〉第 4
條。

26・疇，《國語》賈逵注：「一井為疇。」（卷九，葉二五，第 191 頁）

　　【按】賈注對應之《國語》本文為〈周語下〉「田疇荒蕪」，辨見〈《玄應
音義》引《國語》斠證〉第 7 條。馬國翰《玉函山房輯佚書》根據《法炬陀
羅尼經音義》及《文選》注輯佚。

27・儺，《廣雅》：又，輩也。《廣韻》：匹也。《國語》丹朱馮身儀之
　　儺。儺猶儔也。（卷九，葉二六，第 191 頁）

　　【按】本條出〈周語上〉及韋注，見卷二所引，《禮部韻略・尤韻》、《洪
武正韻・儔韻》引與《韻會》同。今傳《國語》各本無「儺」字，整個〈周
語〉亦無「儺」字，《國語》「儺」字 19 見，曾無一見可釋為「儔」者。秦漢
至隋唐傳世文獻中「之儺」數見，無一可以釋為「儔」者，此處既然釋「儺」
為「儔」，則「儺」亦「匹偶」之義，與「儀」同。或本釋「儀」為「儺」，
復釋「儺猶儔」也。《韻會》不知何據。

28‧畹，《說文》：「和田也，从田柔聲。」一曰鄭地名，徐按：《國語》
「依畹歷華」，四邑名也。（卷九，葉三二，第 194 頁）

【按】本條出〈鄭語〉，此襲《繫傳》，辨詳見〈《說文解字繫傳》引《國
語》斠證〉第 20 條。

29‧腬，《說文》：「嘉善肉也。」徐案《國語》舅犯曰：「毋亦柔嘉是
食，犯肉胜臊之也。安可食？」（卷九，葉三二，第 194 頁）

【按】本條出〈晉語四〉，此襲《繫傳》，辨詳見〈《說文解字繫傳》引《國
語》斠證〉第 18 條。

30‧斟，《廣韻》斟酌也益也。又姓。國語祝融之後。（卷一○，葉四，
第 200 頁）

【按】本條出〈鄭語〉，原文云：「斟姓無後。融之興者，其在羋姓乎？」
韋注云：「斟姓，曹姓之別。」辨詳見〈《廣韻》引《國語》斠證〉第 13 條。

31‧竦，《說文》敬也。从立从束。自申束也。一曰上也。《國語》竦
善抑惡。（卷一一，葉五，第 213 頁）

【按】本條出〈楚語上〉，今傳《國語》各本作「教之春秋，而爲之聳善
而抑惡焉」，字作「聳」不作「竦」。辨詳見〈《希麟音義》引《國語》斠證〉
第 2 條。

32‧比，《說文》：「比，密也，二人為从，反从為比。相與周密也。」
徐引《國語》司馬侯曰：「罔與比而事吾君矣。」（卷一一，葉
一二，第 216 頁）

【按】本條出〈晉語八〉，此襲《繫傳》，辨詳見〈《說文解字繫傳》引《國
語》斠證〉第 33 條。

33‧庝，《說文》：「廣也，从广㐱聲。」引《國語》「俠溝而庝我」。徐
曰：「庝我，牽曳之，使勢分廣也。」或省作「庝」，唐《王
忠嗣傳》：「軍庝翼掩之。」（卷一一，葉一七，第 219 頁）

【按】本條出〈吳語〉，辨詳見〈《廣韻》引《國語》斠證〉第 15 條。

34‧嬉，妹嬉，夏桀妻氏。唐《桓彥範傳》：「桀奔南巢，禍階未嬉。」

通作「喜」，《國語》：「桀伐有施，人以妹喜女焉。」（卷一一，葉二一，第 221 頁）

【按】本條出〈晉語一〉，今傳《國語》文作：「桀伐有施，有施人以妹喜女焉。」汪遠孫《考異》云：「《內傳》昭二十八年《釋文》、《荀子‧解蔽篇》注引《國語》『妹』作『末』。」張以仁云：「藝文書局影印嘉慶二十年重刊宋本《左傳釋文》仍作『妹喜』，與《考異》作『末喜』者不同。」〔註22〕宋元遞修本《釋文》和中華書局影印本俱作「末喜」，引《國語》云：「桀伐有施，有施氏以末喜女焉。」大約張氏所依據之《釋文》本子據今傳《國語》改。《羣經音辨》卷二云：「末喜，桀后也。」〔註23〕鄭良樹云：「《楚辭‧天問》補注引此『妹』亦作『末』，注同。《左‧昭二十八年傳》疏、《文選‧王文考‧魯靈光殿賦》注、《楚辭補注》引『喜』咸作『嬉』；『喜』、『嬉』古通。」〔註24〕張以仁亦云：「『妹喜』，或作『末喜』，或作『妹嬉』，『喜』、『嬉』音同，『末』、『妹』古通。」所謂「妹」、「嬉」者，加「女」以示性別耳。張氏並引《太平御覽》卷一三五引《國語》「桀罰蒙山而得末嬉」，又云：「又《夏本紀》正義引『施人』上無『有』字，蓋脫。《晉世家》正義引則未脫。又『人』，《左傳釋文》、《疏》及《廣》、《博》皆作『氏』，《天中記》則作『人』。」〔註25〕查「漢籍全文檢索數據庫」（第二版），「末喜」最早見於《荀子‧解蔽篇》「桀蔽於末喜斯觀」，並見於《竹書紀年》、《越絕書》，「妹喜」則見於《國語》、古今本《竹書紀年》與《吳越春秋》，《史記》、《漢書》、《後漢書》亦並作「末喜」，《史記‧夏本紀》正義引《淮南子》作「末喜」，引《國語》作「妹喜」，《史記‧外戚世家》索隱引《國語》作「末喜」，《漢書‧外戚列傳》顏注、《後漢書》章懷太子注作「末喜」，劉向《列女傳》、陳壽《三國志》、《宋書‧樂志》、《金樓子》卷二、《舊唐書‧令狐德棻列傳》亦並作「末喜」，《唐會要》卷三、卷五二則作「妹喜」。鄭珍（1806～1864）云：「『妲』字古亦不從女。今凡書傳例作『妲己』，後世改耳。古女有名『旦』者，鄭旦是也。例以桀妃末喜，古籍多不從女，或加作『妹嬉』，正相類矣。」〔註26〕或《國語》本亦不從女，

〔註22〕張以仁：《國語斠證》，臺北：臺灣商務印書館 1969 年版，第 195 頁。

〔註23〕賈昌朝：《羣經音辨》卷二，《文淵閣四庫全書》本，本卷第 12 頁。

〔註24〕鄭良樹：〈國語校證（中）〉，《幼獅學誌》第 8 卷第 1 期，第 2 頁。

〔註25〕張以仁：《國語斠證》，臺北：臺灣商務印書館 1969 年版，第 195 頁。

〔註26〕〔清〕鄭珍：《說文新附考》卷七，咫進齋叢書本，本卷第 7 頁。

後世作「妹」作「嬉」者，加形符以明性別類屬也。又按《國語》本文，「有蘇氏」、「有襃人」，語境相同而「人」、「氏」互現。張以仁《國語引得》收「X＋人」結構46個，「X」為複合結構者2，其他皆單音節。其中「X」為國族〔註27〕的19個，為「申」、「狄」、「宋」、「吳」、「周」、「晉」、「秦」、「荊」、「商」、「莒」、「越」、「楚」、「齊」、「鄭」、「鄶」、「魯」、「衞」、「襃（有襃）」、「有施」，唯「有施」為複合結構，其他皆單音節。收「X＋氏」結構47個〔註28〕，其中「X」為複合結構者29個，「X」為國族名的29個，皆複合結構，有「有虞」、「有蟜」、「有蘇」三個。審他書，凡帶「有」字之國族名後往往跟「氏」。另外，「X＋人」結構除了「商」、「襃（有襃）」、「有施」之外，其他皆是周的諸侯封國。而在「X＋氏」結構中，大體皆先周國族名稱，幾乎沒有周朝確立的國族。「有施」、「有襃」、「有蘇」三者非周時所立，又是複合結構，準此兩點則「有施人」、「有襃人」之「人」皆當作「氏」。

35・理，《左傳・昭十三年》「行理之命」注：「使人也。」又云：「行李往來。」《國語》：「行理以節逆之。」（卷一一，葉二二，第221頁）

【按】本條出〈周語中〉，今傳《國語》各本並同，《古文淵鑒》卷五、《文章辨體彙選》卷五八、《文編》卷二一、《文章正宗》卷四、《經濟類編》卷七四、《玉海》卷一二五、卷一一九、《冊府元龜》卷二五四、《能改齋漫錄》卷五、《尚史》卷二七、《通志》卷八九、《左傳紀事本末》卷二六、《繹史》卷五六、《皇王大紀》卷四七、《五禮通考》卷二二七、卷二三一、《禮書綱目》卷一五、《儀禮經傳通解》卷二二、《禮書》卷五七、《周禮注疏》卷一五引同。《甕牖閒評》卷一云：「理、李二字古通用，處無異義也。」〔註29〕《通雅》卷三亦云：「兩傳之中李、理互異而義則相同，古李、理字通用。」高本漢亦以「李」是「理」的假借〔註30〕，皆是。

〔註27〕這裏的國族指春秋及其以前的，如三晉之韓趙魏等則不在此列。

〔註28〕張以仁：《國語引得》，臺北：中央研究院歷史語言研究所1976年版，第17頁、第181頁。

〔註29〕〔宋〕袁文：《甕牖閒評》，上海：商務印書館1939年《叢書集成初編》本，第4頁。

〔註30〕（瑞典）高本漢著、陳舜政譯：《先秦文獻假借字例》，臺北：中華叢書編審委員會1974年版，第526頁。

36・闔，《說文》：「闔門也，从門為聲。」引《國語》「闔門與之言」。
（卷一一，葉二七，第 224 頁）

【按】本條出〈魯語下〉，今傳《國語》各本「門」後有「而」字，辨詳見〈《廣韻》引《國語》斠證〉第 3、4 條。

37・苦，惡也。《周禮》「辨其良苦」注謂：「分別縑帛布紵之麤細。」《國語》曰：「辨其功苦。」韋昭曰：「堅曰功，脆曰苦。」
（卷一二，葉一二，第 233 頁）

【按】本條出〈齊語〉，《禮部韻略・姥韻》引同，今傳《國語》各本正文同，韋注「脆」作「脃」，異體。

38・稇，《博雅》：「束也。」《國語》「稇載而歸。」或作麇，《左傳》：「羅無勇，麇之。」亦作「麕」。（卷一三，葉一○，第 249 頁）

【按】本條出〈齊語〉。今傳《國語》各本字並同，韋注云：「言重而歸也。稇，絭也。」辨詳見〈《說文解字繫傳》引《國語》斠證〉第 25 條。

39・銑，《說文》金之澤者。从金先聲。徐按：《國語》：「玦之以金銑者，寒甚矣。」注：「銑猶洒也，洒洒寒貌言無温潤也。」一曰小鑿。一曰鍾下兩角其間謂之銑。（卷一四，葉二，第 259 頁）

【按】本條出〈晉語一〉，辨詳見〈《說文解字繫傳》引《國語》斠證〉第 60 條。

40・先，《國語》曰：「句踐親為夫差先馬。」或作「洗」。（卷一四，葉二，第 259 頁）

【按】本條出〈越語上〉，《禮部韻略・銑韻》引同。此處節略引用，今傳《國語》原文云：「句踐說於國人曰……其身親爲夫差前馬。」韋注云：「前馬，前驅在馬前也。」字作「前」不作「先」，汪遠孫《考異》云：「《漢書・百官公卿表》如淳注引《國語》作『先馬』，云：『「先」或作「洗」也。』《太平御覽・人事部》一百二十三作『洗馬』。《韓非子・喻老篇》『執戈爲吳王洗馬』字亦作『洗』。」〔註31〕「前馬」、「先馬」、「洗馬」其義一也，桂馥引王

〔註31〕〔清〕汪遠孫：《國語明道本考異》，北京：商務印書館 1959 年版《國語》後附，第 339 頁。

珉云：「洗馬，出則在馬前清道，故曰洗馬。」〔註32〕亦爲職官專名。

41・靦，《國語》范蠡曰：「雖靦然人面，實禽獸也。」（卷一四，葉七，
　　第 262 頁）

【按】本條出〈越語下〉，今傳《國語》各本作「余雖靦然而人面哉，吾
猶禽獸也」，《六書故》卷一〇、《繹史》卷九六下、《景定建康志》卷四八、《至
大金陵新志》卷一三上之下、《經濟類編》卷一四、《文章辨體彙選》卷四九
五、《古文淵鑑》卷六引與今本同，《左傳紀事本末》卷五一引無「而」字，
當是《韻會》節略引用，《俗書刊誤》卷一一、《通雅》卷四九引與《韻會》
同。《資治通鑑外紀》卷一〇引作「吾雖靦然人面，猶禽獸也」。韋注云：「靦，
面目之貌。」今《漢語大詞典》依韋注釋「靦然」爲「面目具備之貌」。另見
〈《說文解字繫傳》引《國語》斠證〉第 37 條。

42・善，本作𦎍。从誩从羊。此義與美同意。……毛氏曰：「凡善惡之
　　善則上聲，彼善而善之則去聲，《孟子》『王如善之』是也。」
　　又《國語》郭公善善而不能用。（卷一四，葉九，第 263 頁）

【按】此處當節略引用，《國語》「不能用」結構共 4 見，「善善」結構唯
〈楚語上〉1 見，無「郭公」結構。黃刊明道本〈楚語上〉云：「莊王使士亹
傅太子箴，辭曰：『臣不才，無能益焉。』曰：『賴子之善善之也。』對曰：『夫
善在太子，太子欲善，善人將至；若不欲善，善則不用。故堯有丹朱，舜有
商均，啓有五觀，湯有太甲，文王有管、蔡。是五王者，皆有元德也，而有
姦子。夫豈不欲其善，不能故也。若民煩，可教訓。蠻、夷、戎、狄，其不
賓也久矣，中國所不能用也。』王卒使傅之。」

43・魍，《說文》本作蛧，蛧蜽也。《國語》：「木石之怪夔蛧蜽。」《前・
　　叙傳》：「恐罔蛧之責景。」今俗書作「魍」，或作「𩴬」，亦
　　作「䰣」。（卷一五，葉一九，第 281 頁）

【按】本條出〈魯語下〉，辨詳見〈《慧琳音義》引《國語》斠證〉第 8
條、〈《說文解字繫傳》引《國語》斠證〉第 56 條。

〔註32〕〔清〕桂馥：《說文解字義證》卷三五，上海古籍出版社 1987 年影道光連筠
　　　　簃本，第 984 頁上。

44・警，《說文》：「言之戒也，从言敬敬亦聲。」《廣韻》：「寤也，聞言戒也。」通作「儆」，《書》：「儆戒無虞。」《國語》：「衞武公年九十有五，猶箴儆於國。」（卷一五，葉二〇，第 281 頁）

【按】本條出〈楚語上〉，四庫本《增修校正押韻釋疑》引與《韻會》同，唯「衞」作「衛」、「於」作「于」。今傳《國語》各本作「昔衞武公年數九十有五矣，猶箴儆於國」，《湖廣通志》卷五一、《春秋臣傳》卷二三、《百官箴》卷二、《經義考》卷一一八、《格物通》卷一〇、《經濟類編》卷二七引與今本同，《儀禮經傳通解》卷三三、《禮書綱目》卷六一、《繹史》卷七六、《左傳紀事本末》卷四七、《尚史》卷五七、《西山讀書記》卷一八、《冊府元龜》卷九〇一、《記纂淵海》卷七一、《玉海》卷五五、《天中記》卷三九、《山堂肆考》卷一三二、《文章正宗》卷五、《妙絕古今》卷一、《文編》卷四五、《文章辨體彙選》卷五七、《古文淵鑒》卷六引「衞」皆作「衛」，《韻會》節略引之，《資治通鑑外紀》卷四引與《韻會》同，《詩緝》卷二六引作「衛武公年九十有五矣，猶箴儆於國」，脫「數」字。韋注云：「箴，刺也。儆，戒也。」「年數」，實今云「歲數」。先秦至漢傳世文獻中年數有數見，如《左傳・僖二十三年》：「今臣之子，名在重耳，有年數矣。」《禮記・表記》：「忘身之老也不知年數之不足也。」《漢書・律曆志下》：「推日月元統，置太極上元以來，外所求年，盈元法除之，餘不盈統者，則天統甲子以來年數也。盈統，除之，餘則地統甲辰以來年數也。又盈統，除之，餘則人統甲申以來年數也。」「《春秋》、《殷曆》皆以殷，魯自周昭王以下亡年數，故據周公、伯禽以下為紀。」〔註33〕《漢語大詞典》引《史記》「自唐叔至靖侯五世，無其年數」釋「年數」為「年的數目」，《國語》此例實當釋為「年齡數目」。

45・獀，春獵名，《國語》「獀于農隙」，或作「蒐」。（卷一六，葉一三，第 291 頁）

【按】本條出〈周語上〉，辨詳見〈《慧琳音義》引《國語》斠證〉第 44 條、〈《類篇》引《國語》斠證〉第 18 條。

46・品，《說文》眾庶也。从三口。徐按《國語》「天子千品萬官」。（卷一六，葉一六，第 292 頁）

〔註33〕 〔漢〕班固：《漢書》，北京：中華書局 1962 點校本，第 1000～1001 頁。

【按】本條出〈楚語下〉，辨詳見〈《說文解字繫傳》引《國語》斠證〉第 61 條。

47・䍑，《國語》「䍑弧箕服」。（卷一六，葉二六，第 297 頁）

【按】本條出〈鄭語〉，辨見〈《說文解字繫傳》引《國語》斠證〉第 19 條。

48・眾，音與中同。《說文》眾多也。从乑从目，目亦眾意。徐按：《國語》「三人為眾」，數成於三也。《集韻》古作乑。（卷一七，葉五，第 301 頁）

【按】本條出〈周語上〉，今傳《國語》各本文作「人三為眾」，《韻會舉要》「乑」字條引徐按《國語》亦作「人三為眾」，徐鍇《繫傳》、《慧琳音義》引《國語》並作「人三」，是《韻會》此處誤倒。

49・驥，《說文》：「千里馬也孫陽所相者，从馬冀聲。」徐曰：「孫陽即伯樂也亦曰王良。」《國語》謂之郵無恤。或作「驥」，《論語》：「驥不稱其力。」（卷一七，葉九，第 303 頁）

【按】今傳《國語》本文無「郵無恤」，〈晉語九〉有「郵無正」，共出現 2 次，其一云：「簡子如晉陽，見壘，怒曰：『必殺鐸也而後入。』大夫辭之，不可，曰：『是昭余讎也。』郵無正進。」韋注云：「無正，晉大夫郵良伯樂也。」其二云：「郵無正御，曰：『吾兩鞁將絕，吾能止之。今日之事，我上之次也。』」韋注云：「無正，王良。」辨詳見〈《說文解字繫傳》引《國語》斠證〉第 41 條。

50・鞁，《說文》車駕具也。从革皮聲。徐曰：猶今人言鞁馬也。通作犕，《說文》引《易》「犕牛乘馬」，又《國語》兩鞁將絕轡也，能止馬者。（卷一七，葉二六，第 311 頁）

【按】本條出〈晉語九〉，《禮部韻略・寘韻》引《國語》「吾兩鞁將絕」，與今傳《國語》各本同，《韻會》則約略其義言之。

51・誶，《說文》：「讓也，从言卒聲。」徐按《國語》「吳還自伐齊，誶申胥」。（卷一七，葉二七，第 312 頁）

【按】本條出〈吳語〉，辨詳見〈《說文解字繫傳》引《國語》斠證〉第

15 條。

52・顇，《說文》顦顇也。从頁卒聲。……通作「悴」，《國語》「日以
　　憔悴」。（卷一七，葉二八，第 312 頁）

　　【按】本條出〈吳語〉，辨見本篇第 22 條。

53・署，又宮舍曰署，《國語》：「位，政之建也；署，位之表也。」謂
　　表識也。（卷一八，葉八，第 318 頁）

　　【按】本條出〈魯語下〉，與今傳《國語》各本同，見〈《玄應音義》引
《國語》斠證〉第 2 條。

54・医，壹計切，音與意同。盛矢器，从匸矢，矢亦聲，引《春秋國語》
　　「兵不解医」，會意。（卷一九，葉八，第 329 頁）

　　【按】本條出〈齊語〉，見〈《說文解字繫傳》引《國語》斠證〉第 48 條。

55・慇，亦作懃，徐按：《國語》曰「以我為懃怨乎？」注：「銜怨也。」
　　（卷二〇，葉七，第 341 頁）

　　【按】本條出〈周語上〉，見〈《說文解字繫傳》引《國語》斠證〉第 42
條。

56・載，又《國語》：「太史司載糾虔天刑。」又韋昭注：「載，謂天之
　　刑罰。」（卷二〇，葉一四，第 344 頁）

　　【按】本條出〈魯語下〉，《禮部韻略・代韻》、《洪武正韻・再韻》引同。
今傳《國語》各本作「與大史、司載糾虔天刑」，字作「大」不作「太」，實
際「大」為「太」之古字。《文選注》卷三五、《儀禮經傳通解續》卷二二、《繹
史》卷九一、《古文淵鑒》卷五引與今本同，《五禮通考》卷五七引字亦作「糾」。
「糾」即「糾」之異體，如同「叫」之於「呌」，《禮書綱目》卷三五、《五禮
通考》卷三三、《格物通》卷一〇、《經濟類編》卷八二、《文章正宗》卷六引
作「糾」。《皇王大紀》卷六七、《尚史》卷三四、《古列女傳》卷一、卷二、《文
獻通考》卷七九、《中論》卷下、《戒子通錄》卷八、《玉海》卷九九、卷一二
五、《經濟類編》卷八二、《文章正宗》卷六、《妙絕古今》卷一、《文編》卷
四五、《文章辨體彙選》卷六〇引「大」作「太」。韋注謂：「糾，恭也。虔，

敬也。刑，法也。載，天文也。司天文謂馮相、保章氏，與大史相儷偶也。因夕月而恭敬觀天法、考行度以知妖祥也。」

57·運，《說文》：「迻徙也，从辵軍聲。」《廣韻》：「動也，轉輸也。」《增韻》：「入行也，用也。」一曰地南北謂之運，《國語》：「廣運五里。」東西為廣，南北為運。（卷二一，葉一，第351頁）

【按】本條出〈越語上〉，今傳《國語》各本俱作「百里」，《浙江通志》卷二七九、《會稽志》卷一、《大事記解題》卷一、《左傳紀事本末》卷五一、《尚史》卷一七、《繹史》卷九六下、《資治通鑑外紀》卷九、《經濟類編》卷九三、《文章辨體彙選》卷四一、卷四九五引俱作「百里」。「五里」之地而為一國也不合情理，明是《韻會》引誤。辨另見〈《原本玉篇殘卷》引《國語》斠證〉第70條。

58·嫐，《說文》：「三女為姦，姦，美也。」本作奻，从女少聲。徐按《國語》「人三為眾，女三為奻，奻，美物也。」今文通作「粲」，《詩》：「見此粲者。」（卷二一，葉一一，第356頁）

【按】本條出〈周語上〉，所引《說文》、《繫傳》、《國語》皆不同。今平津館《說文》云：「姦，三女為姦。姦，美也，从女奻省聲。」〔註34〕《詁林》引《說文校錄》云：「《繫傳》、《韻會》作『从女少聲』。据《繫傳》，『奻』本从少聲。」〔註35〕而《繫傳》字亦作「姦」，非《韻會》所云之「姦」與「奻」，不知何據。今傳《國語》各本作「粲」，《毛詩李黃集解》卷一三、《經稗》卷五、《六書故》卷二二、《史記·周本紀》、《資治通鑑外紀》卷三、《繹史》卷二六、《通志》卷三下、《尚史》卷九七、《古列女傳》卷三、《太平寰宇記》卷三二、《史纂通要》卷三、《太平御覽》卷六二、《喻林》卷六五、《經濟類編》卷一八、《天中記》卷二一引與今本同，《太平御覽》卷三八○引作「燦」。《六書故》卷二二並云：「別作嫐。」張以仁《集證》引《周本紀正義》引曹大家云：「孽、眾、粲，皆多之名也。」又引高本漢《詩經注釋》云：「《國語注》誠然說『粲，美貌』，可是從上下文看『粲』是指『美女之孽』……這個字有時候也有個特別的用法，指『美好的一套』，如三個

〔註34〕〔漢〕許慎：《說文解字》，北京：中華書局1963年影陳昌治覆刻平津館本，第262頁下。

〔註35〕丁福保編纂：《說文解字詁林》，北京：中華書局1988年版，第12188頁。

同類的美的事物，特別是三個美女。」故張以爲「粲」當訓「眾」、「盛」之義。〔註36〕然失卻「美」義亦似未妥。有關「粲」字之本字與義釋，可見拙稿〈試說「三女爲粲」之「粲」本字爲「姦」〉〔註37〕。

59·觀，所觀也，示也，大慣，在上謂大、而在上爲人所仰望，又中正
以觀天下。《國語》「觀兵」。（卷二一，葉一三，第 357 頁）

　　【按】本條出〈周語上〉，《禮部韻略·換韻》引同。今傳《國語》各本文作：「先王耀德不觀兵。」韋注云：「觀，示也。」

60·醼，《廣韻》：「古無醼，通用燕字，通作讌，亦通作宴。」……《國
語》「親戚宴饗」賈逵曰：「不脫屨升堂曰宴。」（卷二二，葉四，
第 363 頁）

　　【按】本條出〈周語中〉。賈逵注他本未引，唯《玄應音義》中有之。《韻會》引及，可想見《玄應音義》海內流傳之況。見〈《玄應音義》引《國語》斠證〉第 3 條。

61·躁，《國語》「驕躁浮暴」賈逵曰：「躁，擾也。」（卷二二，葉二
六，第 374 頁）

　　【按】本條出〈齊語〉，今傳《國語》各本作「驕躁淫暴」，「淫」、「浮」形近，《韻會》引誤。賈逵注見《慧琳音義》與《希麟音義》所引。

62·挫，又《國語》賈逵注：「折其餘曰挫。」（卷二三，葉三，第 377 頁）

　　【按】「挫」字《國語》僅 1 見，爲〈吳語〉「而未嘗有所挫也」。《韻會》引賈逵注「餘」字誤，當作「鋒」，《慧琳音義》卷八「抑挫」條與「挫辱」條、卷二八「挫身」條、卷八一「挫外道」條引賈注作「折鋒曰挫」，卷三九「挫颺」條引作「挫，折鋒也」，卷六〇「挫折」條引作「折其鋒銳曰挫」。未見有「餘」字。韋注云：「挫，毀折也。」

63·霸，又《國語》注：「霸，把也，把持諸侯之權。」……或作「伯」，
《國語》：「若入，必伯諸侯。」（卷二三，葉四，第 377 頁）

〔註36〕張以仁：〈國語集證〉卷一上，《歷史語言所集刊》第 44 本第 1 分，第 128 頁。
〔註37〕拙文〈試說「三女爲粲」之「粲」本字爲「姦」〉，見刊於《東南文化》2006
　　　年第 2 期，並作爲附錄載於拙著《《國語》動詞管窺》，第 339～345 頁。

－341－

【按】《廣韻》引「霸，把也」爲《國語》,《韻會》已知其非,乃改爲「《國語》注」,至當。

「若入,必伯諸侯」條出〈晉語三〉,今傳《國語》各本並同。

64‧候,《說文》:「伺望也,本作候,从人矦聲,今文書作候。」徐曰:「候,守疆吏也。」《周禮》「郊有候館。」《國語》:「候不在疆。」(卷二四,葉一一,第 395 頁)

【按】本條出〈周語中〉。今傳《國語》各本「候」皆作「候」,《儀禮經傳通解》卷二二、《禮書綱目》卷一五、卷六三、《五禮通考》卷二二七、《春秋通訓》卷一、《繹史》卷五六、《文章正宗》卷四、《文章辨體彙選》卷三四四、《江湖長翁集》卷二二《繼雅亭記》引並與今本同。《文編》卷二一引「候」作「侯」。汪遠孫《攷異》云《周禮‧侯人》注引《國語》「疆」作「竟」。張以仁云:「〈候人〉疏則引作『境』。竟、境古今字。韋解云:『疆,境也。』則韋本作『疆』無疑。《白帖》十亦引作『疆』。」〔註 38〕又《攷異》因《周禮‧司關》疏引「在」作「出」亦以「在」爲「出」,張以仁謂:「『候不在疆』謂候人疏於職守。……若作『出疆』,則本非其職守所宜有也,奈何責之哉。」〔註 39〕張說是。宋庠《補音》作「在疆」,並云:「疆境字通用。」〔註 40〕

65‧嬻,《說文》:「媟嬻也,从女賣聲。」《廣韻》:「媟慢也。」《國語》「陳侯棄其伉儷妃嬻,而淫於夏氏,不亦嬻姓矣乎?」(卷二五,葉三,第 405 頁)

【按】本條出〈周語中〉,《禮部韻略》、《洪武正韻》、《正字通》引同。黃刊明道本文作「今陳侯不念胤續之常,棄其伉儷妃嬻,而帥其卿佐以淫於夏氏,不亦嬻姓矣乎」,是《韻會》節略其義引之。《國語補音》、金李本、閔《裁注》本、《國語評苑》、《百家類纂》本、《四庫薈要》本、《國語正義》「嬻」作「瀆」,《儀禮經傳通解》卷二二、《五禮通考》卷二二七、《繹史》卷五六、《左傳紀事本末》卷二六、《通志》卷八九、《冊府元龜》卷二五四、

〔註 38〕 張以仁:《國語斠證》,臺北:臺灣商務印書館 1969 年版,第 79 頁。
〔註 39〕 同上注,第 80 頁。
〔註 40〕 〔宋〕宋庠:《國語補音》卷一,北京:國家圖書館出版社 2006《中華再造善本工程》影宋刻宋元遞修本,本卷第 17 頁。

《經濟類編》卷七四、《文章辨體彙選》卷五八、《古文淵鑒》卷五引亦俱作「瀆」，《文編》卷二一引作「瀆」。宋庠《補音》云：「『瀆』本或作『嬻』，又作『嬻』。今古字多假借，皆通。」〔註41〕故《慧琳音義》卷八八「塵嬻」條、卷九六「穢嬻」條引賈逵注作「嬻，媟也」。

66・箙，《說文》：「弩矢箙也，从竹服聲。」……通作「服」，《說文》徐曰：《國語》「檿弧箕服」。（卷二五，葉八，第 407 頁）

【按】本條出〈鄭語〉，辨詳見《說文解字繫傳》引《國語》斠證〉第 21 條。

67・裻，徐按《左傳》及《國語》曰：「衣之偏裻。」（卷二五，葉一九，第 413 頁）

【按】本條出〈晉語一〉，今傳《國語》各本同。辨詳見《說文解字繫傳》引《國語》斠證〉第 31 條。

68・墣，《說文》塊也。从土業聲。徐曰：按《國語》楚靈王出亡，野人枕之以墣。（卷二五，葉三〇，第 418 頁）

【按】本條出〈吳語〉，辨詳見《說文解字繫傳》引《國語》斠證〉第 58 條。

69・鸑，《說文》：「鸑鷟，鳳屬，神鳥也，从鳥族聲。」引《國語》「周之興也，鸑鷟鳴於岐山。」（卷二五，葉三三，第 420 頁）

【按】本條出〈周語下〉，辨詳見《說文解字繫傳》引《國語》斠證〉第 17 條。

70・鎰，《國語》「二十四兩為鎰」，趙岐、孟康皆曰二十兩，鄭玄曰三十兩。通作「溢」。《漢志》：黃金以溢為名。《荀子》千溢之寶，《韓非子》「鑠金千鎰」，《禮記》「朝一溢米」，《喪大記》注：「二十兩曰溢。」方氏曰：「與鎰同。數登於十則滿，又益，倍之為溢。」（卷二六，葉八，第 424 頁）

【按】此非《國語》正文，實為賈逵注，辨詳見《切韻》殘卷、《唐韻》

〔註41〕〔宋〕宋庠：《國語補音》卷一，同上，本卷第 19 頁。

殘卷引《國語》斠證〉第 3 條、〈《廣韻》引《國語》斠證〉第 25 條。

71·菲，《說文》：「道多草不可行，从艸弗聲。」徐曰：按《國語》陳
　　「道菲不可行也」。（卷二六，葉一四，第 427 頁）

　　【按】本條同卷二五「嬻」字條，俱出〈周語中〉。辨詳見〈《說文解字
繫傳》引《國語》斠證〉第 5 條。

72·墢，發土也，《國語》：「王耕一墢。」（卷二七，葉五，第 437 頁）

　　【按】本條出〈周語上〉，辨詳見〈《類篇》引《國語》斠證〉第 30、31
條。

73·媟，亦作褻，《國語》：「居處有媟御之箴。」通作「褻」。（卷二七，
　　葉一七，第 443 頁）

　　【按】本條出〈楚語上〉。「居處」，遞修本作「居寑」、「媟」作「褻」，
金李本、張一鯤本、閔《裁注》本、《國語評苑》、《四庫薈要》本、《國語正
義》、綠蔭堂本並與遞修本同，秦鼎本字作「寢」、作「褻」。黃刊明道本字
作「寢」、作「褻」，博古齋本、蜚英館本、崇文本、會文堂本、錦章書局本、
四部備要本、叢書集成初編本、《國語韋解補正》、徐元誥《國語集解》並從
之。沈鎔《國語詳注》字作「寢」作「褻」。是《韻會》所引與公序本同。《說
文·宀部》：「寑，臥也，从宀𠬶 聲。」段注云：「今人皆作寢，寢乃寢部 𡩟
字之省，與寑異義。」《寢部》：「𡩟 ，病臥也，从寢省，壹省聲。」〔註42〕
日本學者白川靜《說文新義》云：「若以爲『寑』與『寢』爲不同之字，則
可以說『寑』表示廟中裸禮，『寢』爲臥寢之義，二字不可以相混，然而二
字是由古字『帚』而來的，經籍中皆用『寢』字，而不用『寑』。」〔註43〕
《異體字字典》備收「寢」字各種字形〔註44〕，義則無別。《禮部韻略·薛
韻》、《洪武正韻·屑韻》引亦作「居寑」，《毛詩李黃集解》卷二四、《儀禮

〔註42〕〔漢〕許慎：《說文解字》，北京：中華書局 1963 年影陳昌治覆刻平津館本，
　　　　第 151 頁上、第 153 頁下。〔清〕段玉裁：《說文解字注》，上海：上海古籍出
　　　　版社 1981 年影經韻樓本，第 340 頁下。
〔註43〕轉引自白冰《青銅器銘文研究——白川靜金文學著作的成就與疏失》，上海：
　　　　學林出版社 2007 年版，第 260 頁。
〔註44〕臺灣國語推行委員會編纂：《異體字字典》網絡版 2004 年版，http://dict.variants.
　　　　moe.edu.tw/yitia/fra/fra01048.htm。

經傳通解》卷三三、《禮書綱目》卷六一、《資治通鑑外紀》卷四、《繹史》
卷七六、《左傳紀事本末》卷四七、《春秋戰國異辭》卷一二、《尚史》卷一
三、卷五七、《格物通》卷一○、《冊府元龜》卷五二三、卷五二四、卷九○
一、《古今事文類聚》卷七、《玉海》卷五五、《經濟類編》卷二七、《圖書編》
卷七九、《文章正宗》卷五、《妙絕古今》卷一、《文編》卷四五、《文章辨體
彙選》卷五七、《古文淵鑒》卷六引亦作「居寢」。《皇王大紀》卷三二、《古
史》卷一四引作「居處有褻御之箴」，《古今事文類聚》卷七、《文章正宗》
卷五亦引作「褻」。「居處」同義複合並列結構，「居寢」為動賓結構。而該
句上下文「在輿」、「位寧」、「倚几」、「臨事」等皆偏正結構，則此句亦然。
《韻會》或因《國語》有「居處」2處，乃誤以此句「居寢」為「居處」。
公序系本與《韻會》同作「褻」，明道系本作「褻」。黃丕烈云：「《舊音》
作『褻』。丕烈案：《毛詩》作『褻』，字當從『埶』。」汪遠孫云：「公序本
『褻』作『褻』，注同，《舊音》作『褻』，誤，蓋字從『埶』不從『執』也。」
〔註45〕鄭良樹云：「《玉海》五五引『褻』亦作『褻』，與《舊音》本合。」
〔註46〕《說文·日部》云：「褻，日狎習相嫚也。」段注云：「褻與褻音同
義異，今則褻行而褻廢矣。」〔註47〕《冊府元龜》卷五二四、《玉海》卷五
九引作「贄」，與「褻」、「褻」皆當為「褻」字之誤。

74・蒩，《說文》朝會束茅表位曰蒩。从艸租聲。引《春秋國語》「致 茅蒩表坐」。（卷二七，葉二六，第447頁）

【按】本條出〈晉語八〉，公序本作「置茅蒩、設望表」，黃刊明道本作
「置蒩茆、設望表」，皆非《說文》所記，《韻會》沿襲而誤，辨詳見《《說文
解字繫傳》引《國語》斠證》第6條。

75・涸，《國語》：「水涸成梁。」（卷二八，葉一五，第457頁）

【按】本條出〈周語中〉，《禮部韻略》、《洪武正韻》引同。今傳《國語》
各本「涸」、「成」之間有「而」字，《爾雅》郭注引與今傳《國語》同，《《原

〔註45〕並見於北京商務印書館1959年版《國學基本叢書》本《國語》後附，第261頁、第330頁。
〔註46〕鄭良樹：〈國語校證〉（下），《幼獅學誌》第8卷第2期，第10頁。
〔註47〕〔清〕段玉裁：《說文解字注》，上海：上海古籍出版社1981年影經韻樓本，第308頁上。

—345—

本玉篇殘卷》引《國語》斠證〉第 71 條引亦有「而」字,《儀禮經傳通解》卷二二、卷二六、《通志》卷八九、《太平御覽》卷七三、《冊府元龜》卷二五四、《玉海》卷一二、《喻林》卷三四、《天中記》卷一六、《文章正宗》卷四引亦俱有「而」字,是《韻會》引脫。

76.澤,《釋名》:「下有水曰澤。」《國語》:「山,土之聚;澤,水之鍾。」(卷二八,葉二六,第 462 頁)

【按】本條出〈周語下〉,今傳《國語》各本該句語境為「夫山,土之聚也;藪,物之歸也;川,氣之導也;澤,水之鍾也」,《韻會》節略引用。

77.耤,《說文》:「帝耤千畝也,从耒昔聲。」徐曰:「謂天子躬耕耤田以供祭祀。《國語》:『宣王不耤于千畝。』」(卷二八,葉三○,第 464 頁)

【按】本條出〈周語上〉,辨詳見〈《說文解字繫傳》引《國語》斠證〉第 19 條。

78.夕,又朝見曰朝,暮見曰夕。《詩》:「莫肯朝夕。」《國語》:「大采朝日,少采夕月。」(卷二八,葉三一,第 465 頁)

【按】本條出〈魯語下〉,《韻會》節略引用,《禮部韻略·昔韻》引與《韻會》同。韋注釋「大采朝日」云:「虞說曰:『大采,袞織也。祖,習也。識,知也。地德所以廣生。』昭謂:《禮·玉藻》,天子玄冕以朝日。冕服之下則大采,非袞織也。《周禮》:『王者搢大圭,執鎮圭,藻五采五就以朝日。』則大采謂此也。言天子與公卿因朝日以修陽政而習地德,因夕月以理陰教而紏天刑。日照晝,月照夜,各因其照以修其事。」董蓮池、王彩雲謂「大采」、「少采」「當為一日時辰之名,非天子之禮服。」〔註 48〕王海棻《古漢語時間範疇詞典》即收錄「大采」引《甲骨文合集》20960「今日其雨,大采雨」為例。〔註 49〕其實「少采」同「大采」一樣也是時間詞,之所以為「大」、為「少」者,韋注云:「朝日以五采,則夕月其三采也。」王《詞典》未錄。

〔註48〕董蓮池、王彩雲:〈《國語》韋昭注匡謬一則〉,《古籍整理研究學刊》1995 年第 6 期。

〔註49〕王海棻:《古漢語時間範疇詞典》,合肥:安徽教育出版社 2004 年版,第 55頁。

梅晶認為「少采」即是甲骨文中的「小采」，「小采位於太陽落山之前，指的是下午一餐後至太陽落山之間的一段時間。」〔註50〕可備一說。

79・糴，《說文》：「市穀也，从入糴。」亦姓，《國語》晉大夫糴茂，或作「籴」。（卷二九，葉四、五第 469、470 頁）

　　【按】此當是《韻會》引《廣韻》之文，《國語》無之，辨詳見〈《廣韻》引《國語》斠證〉第 26 條。

結　語

　　《國語》的研究歷來比較薄弱，自漢至清總纔 10 餘家，近代以來研究者較多，但是系統研究者仍然很少，我們以吳曾祺發表《國語韋解補正》的 1909年作爲起始，每十年一個時間段計算，至 2009 年，這一百年間裏，前 70 年國內外《國語》研究論文一共 64 篇，後 30 年一共發表論文 482 篇，前 40 年沒有一篇碩博學位論文，二十世紀 50 年代一直到 90 年代一共 11 篇，而且從50 年代到 70 年代每十年只有 1 篇，而二十一世紀的第一個 10 年一共發表碩博論文 65 篇。一百年來的《國語》方面的專著就更少，臺灣一共有 5 部，大陸目前一共有 2 部。這些論著主要集中在文學、歷史、語言尤其是文法訓詁等幾個方面，文獻方面的研究開掘基本還處於空白。宋庠校訂《國語》時所據公私藏本十五六種，宋庠之後《國語》版本系統只有公序本系列和明道本。又許多傳世文獻有石刻、敦煌卷子、出土簡帛可以相互參證，並且有比較好的校注本傳世，《國語》則只有敦煌殘卷，且僅存 802 字，另外還有慈利竹簡〈吳語〉部分，而慈利竹簡迄今亦未公佈。到目前爲止《國語》尙無普遍認可的精校精注本行世。因爲材料的缺乏，我們對宋庠以前《國語》的流傳脈絡和《國語》傳本的情況還知道得很少。而好的校注本必須在充分吸收前人既有信息資料和既有研究成果的基礎上進行，從宋庠以前和宋庠同時期甚至稍後一段時間的群書引用《國語》例中仍能夠尋繹到公序本和明道本之外的《國語》傳本的一些情況，也就是說，宋代以及宋代以前的傳世文獻中所引用的《國語》句段無疑會給我們提供一些現傳《國語》版本之外的信息，即便是和現傳《國語》完全相同的信息，也會在現傳《國語》版本源流方面提供給我們一定的參照。因此，考查宋以及宋代以前群書引《國語》用例對《國

語》研究具有重要的意義。

　　《國語》的異文整理及其研究，清代有黃丕烈、汪遠孫、李慈銘三家，現代則有鄭良樹、張以仁等。黃丕烈、汪遠孫、李慈銘主要就公序本與明道本之異同進行比較，汪遠孫雖然已經參考到類書、小學書以及其他資料對《國語》本身進行勘校，但其目的仍然是比較明道本與公序本之異同。鄭良樹的《國語校證》在參照舊有成果的基礎上運用類書、史書材料和《國語》相比較，無論是在《國語》舊注輯佚還是在異文搜集方面都有一定創獲，仍有所闕略。張以仁的《國語斠證》只是以黃、汪考求為基礎而廣之，他的研究並不是尋繹公序本、明道本之外的《國語》傳本脈絡。即便他們參照了一些類書，但是他們所據類書的版本也不是宋本或者較早的本子，在一定程度上影響了群書引《國語》資料的準確性；另外，他們沒有搜集到《國語》的較好版本，如張以仁動輒稱明道本，實際上其所參據的明道本是湖北崇文書局重刻本，而非黃丕烈重刊明道本。汪遠孫、鄭良樹、張以仁等人在當時的條件下不可能對群書引《國語》例進行全然性輯錄並與今傳《國語》各本進行一一比較。如根據我們的統計，《太平御覽》引《國語》252 次，汪遠孫祇涉及 56 處，其所缺略的《御覽》引例很多和今傳《國語》仍有較大的差別。這一點，在張以仁的《國語斠證》和鄭良樹的《國語校證》中也同樣存在。另外，即便是汪、鄭、張已經指出的歧異之處，或不出結論，或所出結論僅僅停留在校的層面上，而未進一步考鏡源流，且有些結論亦未能與《國語》相契合。

　　本於此，本書通過搜求群書最早或較早版本以及相關版本參照，對群書所引《國語》用例進行全然性輯錄並一一辨正，現在完成的就是小學書引《國語》的研究。一共考查了十一種小學書，包括《原本玉篇殘卷》、《切韻》殘卷與《唐韻》殘卷、《一切經音義》三種、《說文解字繫傳》、《廣韻》、《宋本玉篇》、《集韻》、《類篇》、《韻補》、《六書故》、《古今韻會舉要》。可以分作這樣幾類：一、標識為國語，引用確為《國語》各語者；二、標識為國語，引用為《國語》注者；三、標識為國語或就其引用位置應為國語而實即引用它書者。第一種是我們主要考查的對象，後二者也在相關條目進行了比較仔細地辨正。每一部小學書引用《國語》各語的情況可以通過下表比較清楚地體現：

	原本	音義	切殘	繫傳	廣韻	玉篇	集韻	類篇	韻補	六書	韻會
周上	15	12		6	2	2	5	4		9	9
周中	7	6		3			1			2	6
周下	18	7		1		2			1	7	3
魯上	8	8	1	3	1	2	2	2		7	1
魯下	5	6		6	2		3	3		7	11
齊語	6	8		10	1	6	5	3		6	8
晉一	4	5		2					2	4	3
晉二	8		2		2		1		1	2	1
晉三	3			2	1				2	2	1
晉四	7	8		4	1	2	2	2		5	3
晉五	2	1									
晉六	1	1									
晉七	1	2								1	
晉八	5			3			2	2		2	2
晉九	2	2			1		1	1			4
鄭語				5	2		1	1		6	6
楚上	7	3	1	2	1					2	
楚下	2	2		6		3	2	2		4	3
吳語	8	9	1	5	1	2	3	4		8	5
越上	4	1			1					1	2
越下	4	2		4	1	1	1	1	4	2	1
合計	116	83	5	62	18	20	29	25	10	78	73

　　從上表可以看出，各個小學書對《國語》各語的選取是不一樣的。從引例上看，《類篇》、《集韻》、《古今韻會舉要》和前代小學書引例重複較多，而《廣韻》、《宋本玉篇》、《韻補》則重複較少，尤其《韻補》的時代已經是南宋，這裏面反映了一定的小學書對於引例擇取的繼承性和獨特性。引例的多少和小學書的釋義、撰作目的有很大關係，《原本玉篇殘卷》、《一切經音義》、《說文解字繫傳》釋義宏富，尤其前二種每一注文廣引群書證之，顧野王更明確表示「總會眾篇，校讎羣籍，以成一家之製」（《玉篇序》），進獻之處即經刪削，可見其徵引之宏富，而《宋本玉篇》意在普及，祇是列舉義釋，而少引群書，《切韻》與《唐韻》殘卷、《廣韻》、《類篇》、《集韻》莫不如此，

故而引例較少。汰去重複，《六書故》之外的其他十種小學書引用《國語》正文字數共 2350 字，按照前此統計的《國語》總字數 70399 字計算，十種小學書引用《國語》字數占到《國語》總字數的 3.34%，數量還是相當可觀的，同時也爲引例和《國語》本文的有效比對提供了便利。

除了和今傳《國語》各本語句完全相同者之外，大多數引例和今傳《國語》各本具有文字差異，這個文字異同又可以分爲文字有增減和文字形體有異同兩類，文字有增減包括：（一）引例爲約略《國語》本文而言之，也就是不直接引用《國語》原文，而是復述《國語》原文之義；（二）引例爲了語義表達的明確性，有增字或脫字現象，比如爲了明確性起見加上人名或者國名，在原文沒有語氣詞的地方添加語氣詞加強一下語氣，有的本來在《國語》原文中屬於上下兩個語段或者句子，此處爲了引用上的便利脫去中間語句或者段落等等。文字形體有異同主要就是引例和今傳《國語》文字形體存在的差異，包括：（一）二字之關係爲古今字；（二）二字之關係爲異體字；（三）二字之關係爲假借字；（四）一本字誤。凡此皆在相關條目中有所體現，茲不例舉。

總括而言，本書包括四個方面的內容：

（一）引小學書各本進行辨正，確定各本引例之是非。比如在《原本玉篇殘卷》有羅振玉影印本、黎庶昌摹寫本和日本東方文化書院藏寫本，《繫傳》有《四部叢刊》影宋配補本和祁刻本，《廣韻》、《集韻》、《韻會》、《韻補》、《類篇》等都有一個以上的版本，像《玉篇》這樣的著作有胡吉宣的《玉篇校釋》巨著以爲參佐，《類篇》則有蔣禮鴻的《類篇考索》和孔仲溫的《〈類篇〉研究》、《〈類篇〉字義析論》等相關研究著作作爲參照。《一切經音義》版本也有很多，而且徐時儀還出了合校本，這些本子在引用同一條《國語》用例的時候文字會有差別，孰是孰非，我們通過比照可以得出一個比較穩妥的結論。在進行研究的過程中，往往把每種小學書的代表版本都搜集到，並且進行仔細的比對，參照歷代的研究成果，再按下己意以定是非。凡此皆在具體斠證中有所體現，茲不贅述。此外，還因此發現有的小學書的某些未被注意的地方，如對於《說文》「犓」字條註釋的探究，既梳理了《說文》各本在本條釋文上的不一致性，又把從「芻」得聲的字繫聯在一起，爲釋義的進一步明確性提供了依據。

（二）以《國語》各本和類書、羣書引《國語》資料和引例進行比較，

確定小學書引《國語》與今傳《國語》各本之是非。《國語》的版本系統簡單明瞭，就是公序本和明道本兩個系統，這兩個版本系統相較，明道本系統內部就更爲單純，因爲從 1800 年黃丕烈刊刻明道本行世到今天也纔有 200 多年的時間，而古籍版本的問題在照相影印技術應用於圖書印刷之後就基本不會產生了，而照相影印技術應用於圖書出版印刷是十九世紀末二十世紀初的事情，也就是說黃刊明道本系統內部的刻本的產生只有 100 年的時間，更何況由於乾嘉著名學者錢大昕、段玉裁對明道本的推崇，覆刻黃刊明道本的幾種本子也在很大程度上忠實於黃刻。公序本系統則相對複雜一些，如我們在引言中所提及到的公序本內部的各種版本有的差別還是比較大的。十一種小學書引《國語》用例大體上也都在這兩個系統之內，同時期或前後的類書以及其他典籍引用同樣的《國語》例句和明道相近還是和公序本相近，也應該作爲一個考查對象，因爲通過這些線索我們可以考查公序本和明道本的流傳脈絡以及流布廣度等等。當然在具體的小學引例問題上我們的對待方式也不盡一樣，比如在《原本玉篇殘卷》和《一切經音義》的引例上，我們的關注角度更側重於其引例和今本的差距而不是其引例和明道本或者公序本的哪個版本接近，而《廣韻》、《玉篇》之後也就是在宋庠校訂《國語》前後時期的小學書引例，我們更側重於其引例和明道本或公序本的接近程度問題；在具體的考察過程中，因爲對現傳《國語》各本的比對還發現了明道本系統內部和公序本系統內部的子系統的一些問題，比如在公序本系統內部，由於張一鯤本把《國語補音》打散散入《國語》正文之下，從而衍生出了以張一鯤本爲底本的諸多版本，如穆文熙《國語評苑》，文盛堂、綠蔭堂、書業堂等刊刻的《國語國策合注》，綠蔭堂本《國語》，秦鼎本《國語》，都是張一鯤本的子版本。

（三）對相關引例中的有可討論之處的文字、詞語進行文字字形上的辨正和語義疏通與訓詁，這應該是本專題的一個著力點所在；從字形上，主要是繫聯甲骨金文以及俗字等進行文字形體結構上的分析。語義疏通主要表現在：1. 小學書的釋文的前後繼承關係，比如漢代經注對後代小學書釋文的影響，我們往往通過引證小學書編纂之前的經傳故訓以明小學書的釋文的淵源。另外，小學書釋文本身也有前後的繼承關係，比如《說文》、《爾雅》、《釋名》、《方言》的釋文往往爲《玉篇》、《一切經音義》、《廣韻》、《類篇》、《集韻》等小學書所轉用，後世小學書在釋文上往往有累加的趨勢，比如一個字，

《說文》祇釋一義，到了《玉篇》可能就會有二義或者三義，到了《廣韻》就會更多。訓繹並確證這些釋文的出處，實際上也是一件有意義的事情。當然，本書並非每一個條目都在做這個工作。2. 對於小學書的釋義進行探討，有的小學書釋義有未盡妥當之處，通過文字字形的、聲義繫聯的方式進行辨正，如對「俒」這個字的辨正，即在於通過古今書證以及從「光」得聲的一系列字的探討從而得出《說文》等一些小學書釋為「小兒」是不確的，實應釋為「大兒」。3.小學書釋文的輯佚，這方面的東西不多，本書所涉及到的也只有一條，就是《廣雅》「墾，理也」，這一條是慧琳《一切經音義》卷四一「耕墾」注引用《廣雅》的釋文，不見於今傳《廣雅》，李增傑所著《廣雅逸文補輯並注》（廣州：暨南大學出版社 1993 年版）一書輯錄正文 502 條、備考 149 條，未見收錄《一切經音義》所引此條。

（四）凡涉及《國語》舊注之處對《國語》前後注釋的異同原由進行探討。這個可以分兩個方面問題：1. 以韋注作為座標，韋昭以前的《國語》舊注和韋昭注的關係。韋昭自己在《國語解敘》裏面講：「因賈君之精實，採虞、唐之信善，亦以所覺增潤補綴，參之以《五經》，檢之以《內傳》，以《世本》考其流，以《爾雅》齊其訓，去非要，存事實，凡所發正三百七事。」韋昭在《國語解》中引用了相當數量的前人舊注，汪遠孫《國語三君注輯存》從韋解中輯錄 134 條，使我們得見賈、唐等《國語》注解之一斑。而在韋解之中還必定有一些直接化用前注而未注明之處，小學書所引賈逵等人的《國語》舊注在這一方面給我們提供了便利，使得我們可以通過這些保留下來的《國語》舊注和韋注一一比對，從而為梳理《國語》註釋的歷時比較做一些準備性的工作。當然，韋昭之後的《國語》研究工作也可以照此進行。在比對過程中，也會有是非的討論，其方法一如上面所說進行文字字形、音義繫聯等等，以求得出確解。2.《國語》舊注輯佚的歷時脈絡以及前後繼承關係。在本書的引言中，通過列表的形式把《國語》舊注輯佚的各家大體上按照時代作了一下統計，但是這個統計數據不是層層累加的。通過考察發現，劉師培所謂的《一切經音義》收錄賈逵注 600 多條是重複計算的，汰去重複的話，《一切經音義》所引賈逵注大約也就是 300 條左右，張以仁雖然是《國語》舊注輯佚方面的集大成者，他的《〈國語〉舊注輯校》收錄了清人的所有輯佚成果，並且自己還有新的補充。但是《原本玉篇殘卷》所錄《國語》舊注也即王仁俊所輯錄的 106 條張以仁是沒有見到的，還有就是日本學者新美寬編、鈴本

隆一補的《本邦殘存典籍による輯佚資料集成》所輯錄的條目有很多也是張
以仁所失收的。另外一個材料，就是敦煌寫本〈周語下〉殘卷中的注，是誰
的還不好斷定，但是完全可以斷定既非賈逵也非韋昭的，這也是張以仁所沒
有注意到的。因此，雖然看起來張以仁的輯錄條目最多，但實際上還是不完
整的，從本書引言所列的表中可以知道，張以仁《輯校》王肅注 1 條，而比
他早的卻輯了 8 條，比如《原本玉篇殘卷》所引《國語》舊注，王仁俊輯出
103 條，而陳鴻森卻祇得 90 條。總之，《國語》舊注的輯佚由於輯佚各家受到
材料以及其他方面的限制，很難談到完整，我們今天來考察《國語》逸注，
恐怕還要進行一番全面的整理工作纔行，當然前提是：（1）要定好標準，就
是什麼樣的纔能算作是《國語》的逸注。張以仁定輯了很多賈逵《國語》注
的疑似條目，這就不好判定是非，並且給數據統計帶來了麻煩，古書徵引舊
注，無論是標識「賈逵《國語》」、「《國語》賈逵注」，都可以算作賈逵《國語
解詁》條目，假如沒有這個名目，前邊徵引一句《國語》的原文，後邊緊跟
著「賈逵曰」，那也可以算作。就怕沒有上面說的這些標識，祇有一個「賈逵
曰」、「賈逵注曰」，這就不好判定爲賈逵《國語解詁》的注文，因爲賈逵也注
過《左傳》，有可能是《左傳》的，即便我們能夠證明這個字的這個用法或者
意義祇在《國語》中出現過，其他典籍當中都沒有出現，這時候我們也祇能
算它作疑似，還是無法確定就是《國語》的佚注。因此《國語》逸注輯佚的
標準要明確規定，張以仁基本上就是這樣做的，但是有些條目亦如清人的輯
佚一樣未能貫徹始終。（2）二十世紀九十年代以前的輯佚工作是靠手工翻閱
檢索，難免會有疏漏，所以纔會有汪遠孫雖然參照了《一切經音義》，可是有
遺漏，張以仁作《輯校》，爲之補充，《文選》注裏面的《國語》舊注輯佚前
人也做過了，可是有遺漏，勞格補輯出了兩條。今天我們再做這種輯佚，靠
電子檢索，這樣不容易遺漏，可以收到所參據的資料中輯佚條目完全的效果；
（3）前人受到資料的限制，像馬國翰那樣編輯群書的工作做起來是很不容易
的。今天我們有各種各樣的古籍電子檢索資源，像一些大型的電子古籍數據
庫基本上收入了主要的古籍。而且在獲取較好版本典籍方面，比之前人，我
們也有了很多便利的條件，可能也還會受到一些限制，但總比前輩學者所能
獲取材料的途徑要廣泛得多。這樣就會輯錄得更爲全面一些，對於韋昭前後
一段時期的《國語》研究會得到更爲清晰的認識。

　　《國語》的研究向來薄弱，近幾年來有些起色，主要原因恐怕還是我在

拙著《〈國語〉動詞管窺》自序中所說的:「固有的學術文本被挖掘得差不多了,所以就要往周邊蔓延。」這樣,《國語》這部被冷落了很長時間的文獻慢慢被重視起來,其重視程度已從文首所列數據得見一斑。為了更直觀化一點,不妨列一表格如下:

表年	1909～1919	1920～1929	1930～1939	1940～1949	1950～1959	1960～1969	1970～1979	1980～1989	1990～1999	2000～2009
論文	2	7	7	3	2	18	25	99	90	293
專著	2		1			2		4		4
碩博					1	1	1	5	3	65
會議										19
出版	8	11	13	1	7	11	21	22	23	38

在這個表格當中,「論文」指在公開出版發行的學術刊物上發表的論文,「專著」是指正式出版的《國語》研究專著,「碩博」是指碩博學位論文,以畢業年為計算標準。「會議」是指在學術會議上提交的論文。「出版」是指《國語》研究專著之外的各類出版物,包括舊注新刊、新譯新注、選譯、點校、索引等。

誠如本書引言中所述,和先秦其他傳世文獻的研究相比,《國語》的研究仍然還是相當薄弱的,其各方面的研究都還有待於進一步深入。我在拙著《〈國語〉動詞管窺》的結語最後有一段話對《國語》研究有一個比較全面的展望:「如果由《國語》的動詞擴展到《國語》的綜合研究,則應當包括《國語》的語言研究、文獻研究、文學研究、思想與文化研究。在《國語》的語言研究中,可以展開《國語》的文字研究、辭彙研究、語法研究與修辭篇章研究,從歷時和共時角度結合社會文化學進行全面系統深入地探討。在《國語》的文學研究中,可以對《國語》的敍事、《國語》中的人物塑造、《國語》中的對話描寫等各個方面開展,並就《國語》對後世文學創作的影響進行歷時的比較研究。在《國語》的文獻研究中,可以將宋代以前典籍尤其是宋刻典籍中徵引《國語》的文句與今傳《國語》比勘,並廣泛地求取宋以後各種版本的《國語》,得出一個匯校本。在此基礎上力求得出一個最接近《國語》原來面貌的本子。並對涉及到的《國語》各本與相關方面進行版本文獻上的研究。集合舊注,去同存異,做成匯注本,並就古注涉及到的典章文物、

文字訓詁進行相關的探討。在《國語》的思想與文化研究中，首先要重新估價《國語》在先秦思想史以及中國思想史上的地位，通過對《國語》所包孕思想的研究，從而爲斷代思想史以及眞正的社會思想史的撰寫提供有力的佐證與材料。在《國語》的文化研究中，涉及到的典章制度、風土民情等都具有很高的價值。總之，要將《國語》從學術研究的邊緣地位解脫出來，恢復這一經典文獻的學術核心地位及其應有的價值。」〔註1〕而我現在所做的工作祇是上面這幾個方面的其中一個方面裏頭最末梢的一小點兒。即便是在群書《國語》引例與今傳《國語》的比對斠證方面看起來是最末梢的一小點裏面，也還有待於進一步的發掘與深入進行，《小學要籍引〈國語〉研究》也僅僅祇是一個開始。

　　徐復觀（1903～1982）說：「我們現在處在一個亙古未有的危險與困難的時代。」〔註2〕錢穆（1895～1990）說：「埋藏在我們心坎深處那一些文化積業，思想傳統，我們也該從頭再認識一番。垢刮磨光，釋回增美，是我們該下的功夫。」〔註3〕前著引述的話，再引述在這裏。

〔註1〕　拙著《〈國語〉動詞管窺》第 283 頁。
〔註2〕　徐復觀：〈古人在危難中的智慧〉，《中國知識份子精神》，上海：華東師範大學出版社 2004 年版，第 15 頁。
〔註3〕　錢穆：《中國思想通俗講話》，上海：三聯書店 2004 年版，第 91 頁。

附錄　甘肅藏敦煌寫本殘卷 《國語·周語下》校記

引　言

　　甘肅敦煌研究院藏寫本《國語·周語下》殘卷共 2 紙，現收存於段文傑（1917～2011）主編《甘肅藏敦煌文獻》第二卷《敦煌研究院藏敦煌文獻》（下）中，標識爲「敦研三六八《國語》卷三〈周語下〉（2-1）」和「敦研三六八《國語》卷三〈周語下〉（2-2）」〔註1〕，即饒宗頤〈敦煌所出北魏寫本《國語·周語》舊注殘葉跋〉後所附標識爲「北魏寫本《國語·周語》舊注殘葉」的圖版〔註2〕。該寫本正文大字，注文小字雙行。第一頁 22 行，第二頁 24 行，合共 46 行。因第一頁之 21 行與第二頁之第 1 行、第一頁之 22 行與第二頁之第 2 行重，第一頁之第 1 行祇有「民乎」二小字，實即 43 行，即《敘錄》中所記之行數〔註3〕。寫本雙行小字共計 1190 字、單行大字共計 802 字。根據每行實際存錄正文、注文字數列表如下：

〔註1〕 段文傑主編：《甘肅藏敦煌文獻》第二卷，蘭州：甘肅人民出版社 1999 年版，第 164～165 頁。

〔註2〕 饒宗頤：〈敦煌所出北魏寫本《國語·周語》舊注殘葉跋〉後附，《敦煌吐魯番研究》第一卷（1995 年），第 303～304 頁。

〔註3〕 段文傑主編：《甘肅藏敦煌文獻》第二卷，蘭州：甘肅人民出版社 1999 年版，第 314 頁。

頁	行	1	2	3	4	5	6	7	8	9	10	11	12
一頁	注文	2	14	26	11	31	11	12	54	40	41	22	4
	正文	0	18	19	24	15	26	23	7	13	13	19	27
二頁	注文	52	26	25	28	39	40	36	32	45	7	0	10
	正文	9	13	20	16	13	13	16	16	11	26	27	25
頁	行	13	14	15	16	17	18	19	20	21	22	23	24
一頁	注文	45	23	8	20	29	47	19	13	52	19		
	正文	10	20	23	19	11	13	21	21	9	0		
二頁	注文	15	32	6	26	36	18	32	12	45	39	9	9
	正文	22	19	26	20	15	24	18	27	13	14	27	28

今依照上海古籍出版社點校本對寫本正文進行斷句，注文則以意斷之。謹依寫本行數作校勘如下，第一頁之第 22 行和第二頁之第 1 行因係重複不再出校。用於對勘的《國語》本子爲遞修本、金李澤遠堂嘉靖戊子（1528）翻宋本、浙江圖書館藏明隆慶元年（1567）含山縣儒學刻本《百家類纂·國語》、張一鯤刻本、明萬曆二十年（1592）鄭以厚光裕堂刻本穆文熙《國語評苑》、閔齊伋萬曆四十七年（1619）裁注本、文淵閣四庫本、《四庫薈要》本、日本秦鼎《國語定本》、清章壽康（1850～1906）式訓堂光緒庚辰（1880）刻董增齡《國語正義》和黃丕烈讀未見書齋嘉慶五年（1800）重刊明道二年（1033）本、同治己巳（1869）湖北崇文書局重刻天聖明道本，前十種屬於公序本系列，後二種屬於明道本系列，比對主要以遞修本和黃刊明道本爲參照，涉其他版本者隨所及之。此外還參照宋庠《國語補音》、洪邁《經子法語·春秋外傳國語》、黃丕烈《校刊明道本韋氏解國語札記》、汪遠孫《國語明道本攷異》、李慈銘《越縵堂讀書簡端記》、張以仁《國語斠證》、鄭良樹《國語校證》以及其他《國語》研究論著。爲便於識別，《國語》正文以黑體字加粗出之，注文以小五號仿宋字斜寫出之。

敦研三六八《國語》卷三〈周語下〉（2-1）

1·*民乎*

【按】「民乎」二字豎排。今傳《國語》各本「乏則將厚取於民」前句爲「今王廢輕而作重，民失其資，能無匱乎？若匱，王用將有所乏」，寫本第 2

行小字即「若匱，王用將有所乏」注文，而第 1 行殘存 2 小字「民乎」當即「今王廢輕而作重，民失其資，能無匱乎」注文，遞修本本句後韋注云：「廢輕而作重，則本竭而未寡，故民失其資也。」宋本《太平御覽》卷八三五引注「本」誤作「大」，且無「也」字，他與遞修本韋注同。

2・*若民資竭匱，王之儉於財，用且有乏，＝將厚取於民也。民不給，將有遠志，是離民也。*

【按】「＝」爲重文符號，代「乏」。今《國語》各本「乏將厚取於民也」在正文中，且作「乏則將厚取於民」，則寫本「乏將厚取於民也」或即化用「乏則將厚取於民」所施之注。今傳《國語》「乏則將厚取於民」前有「若匱，王用將有所乏」句，「乏則將厚取於民」正承接上句而來者。今傳《國語》分別在「若匱，王用將有所乏」句和「乏則將厚取於民」句下施注。而從寫本行文看，寫本注文全施於「乏則將厚取於民」之下。另本行「也」後當還有「且夫備有未至而設」8 字正文，現僅存「且」字的一部分，其他因紙頁有損而闕。

遞修本「若匱，王用將有所乏」注云：「民財匱，無以供上，故王用將乏也。」宋本《太平御覽》卷八三五引本注無「也」字。以與寫本注相較，則韋注比寫本注流暢易曉。遞修本「乏將厚取於民」後注：「厚取，厚斂也。」以韋昭本注對照寫本注，則寫本注「儉於財」不辭，疑「儉」字當爲「斂」字之誤。遞修本「是離民也」後韋注：「給，共也。遠志，逋逃也。」寫本無之，宋本《太平御覽》卷八三五引「共」作「供」，「逋」作「通」，「共」、「供」古今字，「通」則「逋」字之譌。就遞修本韋注與寫本注相同部分看，寫本注 21 字，韋注 18 字，寫本注用「若」字，假設句式；韋注用「故」字，因果句式。審《國語》本文有「若匱」，是《國語》本文本爲假設語境，以辭氣論，寫本注更勝。又鄭良樹云：「《漢書》『若匱』上有『民』字，韋解云：『民財匱，無以供上。』亦有『民』字。」〔註4〕寫本注亦有「民」字，此「民」字直承《國語》本文「民失其資，能無匱乎」而來，不可以此論證「若匱」上當有「民」字。然就辭采上論，「若匱」上有「民」字更能增強語氣。

黃刊明道本注「故王用將乏」後無「也」字，崇文本同，吳曾祺《國語

〔註4〕　鄭良樹：〈國語校證〉（上），《幼獅學誌》第 7 卷第 4 期，第 24 頁。

韋解補正》、徐元誥《國語集解》並從之。

3．之，有至而後救之，是不相入也。*言凡為乏己患政之法，人未有所患，* *＝，豫設之，有乃救之，是不相入也。*可先而弗備謂之

【按】本行「之」後因紙頁有損闕二字，當即「怠可」。今傳《國語》各本「弗」俱作「不」。

遞修本「且夫備有未至而設之」注云：「備，國備也。未至而設之，謂豫備不虞，安不忘危。」「有至而後救之」後注云：「至而後救之，謂若救火療疾，量資幣、平輕重之屬。」「是不相入也」注云：「二者先後各有宜；不相入，不相為用也。」是韋注分釋三處而寫本注合為一處釋。寫本注 27 字，韋注 52 字，寫本注以「言」字起，明揭明章旨，總釋全句。韋注則釋詞、解句，且打比方以明語義，更為詳盡。鄭良樹云：「《長短經‧是非篇》引此『備』下有『預』字。」〔註5〕《漢語大詞典》「預備」條引最早書證為漢袁康《越絕書‧計倪內經》「聖人早知天地之反，為之預備」，另檢索漢籍全文檢索數據庫（第 2 版）先秦兩漢部分，《尉繚子‧十二陵第七》有「無困在於豫備」，《太平經合校》卷九〇有「不預備之，則獨飢寒而窮矣」，又卷七二有「豫備」5 見，《春秋繁露‧仁義法第二九》有「未至，豫備之」，《漢書》卷七八《蕭望之傳》有「務益致穀以豫備百姓之急」，《淮南子‧詮言篇》有「豈若憂痕疵之與痤疽之發，而豫備之哉」，5 部典籍中惟《尉繚子》可稱先秦文獻，審《十二陵》上下文語境，「豫備」當非後世造作。然就《國語》本文「且夫備有未至而設之」而言，「且夫」虛字，「備有未至而設之」音節恰合於「1＋1＋2＋1＋2」，又後文「可先而不備謂之怠」之「備」上亦無「豫（預）」字，今傳《國語》亦俱無「豫（預）」字，則此句亦當以無「豫（預）」字為佳。從寫本注與韋注注文中俱有「豫」字看，《長短經》或因注有「豫」字而誤以「預」入正文也。又今傳《國語》「怠」下有「怠緩也」三字注文，審寫本缺損位置，當無之。

黃刊明道本注「豫備」作「備預」，「謂若」前無「至而後救之」五字，「疾」作「疫」，「宜」作「宜」，「危」、「屬」後有「也」字，崇文本、博古齋本、蜚英館本、會文堂本、錦章書局本並同，叢書集成初編本、《國語韋解補正》字作「宜」，他與黃刊明道本同。汪遠孫云：「公序本作『豫備』，《治

〔註5〕 同上。

要》同。」〔註6〕金李本注「宜」作「宐」，他與遞修本同。張一鯤本、穆文熙《國語評苑》、《四庫薈要》本、綠蔭堂本、秦鼎本並與遞修本同。徐元誥《國語集解》「危」、「屬」後有「也」字，與黃刊明道本同；字作「疾」、作「豫備」，與遞修本同。明道本「備預」當爲「預備」之誤倒，上引漢代文獻中已多見「預（豫）備」結構，韋昭時亦當爲常用者。審黃刊明道本注「謂」前有「未至而設之」五字，則此處「謂若」之前亦當有「至而後救之」，文例當求一致。又審《國語》前文「古者天災〔註7〕降戾，於是乎量資幣、權輕重，以振救民」，韋注云：「災謂水旱蟲螟之類。」則所謂「天災」者自然災害也。「至而後救之」之「至」的主體即是此處所講之「天災」，「疾」則不在「天災」之列甚明，《潛夫論・思賢篇》云：「疾者，身之病。」《說文・疒部》云：「疫，民皆疾也。」〔註8〕《春秋繁露・五行變救篇》云：「寒暑失序而民疾疫。」故韋注此處作「疫」者是，作「疾」者非，汪遠孫云：「公序本『疫』作『疾』，是也。《治要》同。」〔註9〕恐非是。「宐」、「宜」、「宐」三字異體。「宐」爲《說文》「**宜**」的直接楷化形式，而「宜」則爲「**宜**」的隸化形式，如《漢語大字典》所引《老子甲四九》作「**宜**」、《孔彪碑》作「**宜**」〔註10〕，即今「宜」之字形。因「宜」有「**宜**」、「**宜**」、「**宜**」等古字形，分別楷化爲「宜」、「宐」、「冝」。

4・後而先之謂之召舊。*召舊，若害民，爲召之也。*周固贏國也，天未厭旣焉，又離民以佐曾。*贏，周*

　　【按】今傳《國語》各本「後」前有「可」字，寫本當承上一行，因紙頁損壞而闕。遞修本「舊」作「灾」，「厭」作「厭」，「旣」作「禍」，「贏」作「贏」，「又離民」前有「而」字。遞修本「召灾」下施注云：「謂民未患輕而重之，離民匱財，是謂召灾。」「佐灾」後則無注。下並同。

〔註6〕　〔清〕汪遠孫：《國語明道本考異》，北京：商務印書館1959年版《國語》後
　　　　附，第282頁。
〔註7〕　按：此處用遞修本，黃刊明道本系列「灾」字作「災」。
〔註8〕　〔漢〕許慎：《說文解字》，北京：中華書局1963年影陳昌治覆刻平津館本，
　　　　第156頁上。
〔註9〕　〔清〕汪遠孫：《國語明道本考異》，北京：商務印書館1959年版《國語》後
　　　　附，第282頁。
〔註10〕徐中舒主編：《漢語大字典》（縮印本），成都：湖北、四川辭書出版社1993
　　　　年版，第920頁。

　　金李本、張一鯤本、穆文熙《國語評苑》、《四庫薈要》本、秦鼎本、綠蔭堂本並與遞修本同，《國語正義》「灾」作「災」，閔《裁注》本字亦作「災」，他皆同，浙江圖書館藏《百家類纂》本正文與遞修本同，《經子法語》作「佐灾」。

　　黃刊明道本字作「災」，作「廞」，注「謂」作「爲」，「召災」後有「也」字，他與遞修本同。蜚英館本、博古齋本、會文堂本、錦章書局本並同，崇文本、叢書集成初編本、《國語韋解補正》、徐元誥《國語集解》字作「厭」，他與黃刊明道本同。

　　「曺」字與「曽」字形近。《中華字海》云：「曽，同『曾』，見《中原音韻》。」〔註11〕周小萍云：「今考《新加九經字樣・日部》收『曽』、『曾』二形，注云：『下從日，上從八，象氣之分散也。上《說文》下經典相承隸省。』而字書如《玉篇・八部》、《廣韻・平聲・登韻》、《集韻・平聲・登韻》皆從隸，形作『曽』，《類篇・八部》則作『曾』，近《說文》。又於《字鑑・平聲・登韻》曽，注云：『俗作曺。』《敦煌俗字譜・日部》亦見多收俗字『曺』。《正字通・日部》曾，亦云：『俗作曺。』《經典文字辨證書・八部》亦以『曾』爲正字，『曺』爲俗字。《異體字手冊・十二畫》收『曺』爲或體。然今楷體正字『曾』，上形改篆從『八』楷成『丷』形，下從篆楷化爲『曰』，而俗多從隸省變作『曺』，故『曾、曽、曾、曺』實同字異形，又依《部首偏旁變形歸納表》將從『八』、『丷』併同。」〔註12〕汪遠孫《攷異》云：「《說文》『災』、『灾』一字。」〔註13〕「災」、「灾」古音在精紐之部，「曾」、「曽」古音在精紐蒸部，音近，或誤書。又「災」、「灾」異體作「菑」或「甾」，《漢書》卷六四《嚴助傳》「比年凶菑害眾」顏師古注云：「菑，古災字。」〔註14〕又《史記・秦始皇本紀》云：「闡并天下，甾害絕息，永偃戎兵。」寫本作「曺」亦或因「曺」、「曽」、「甾」形近之故。

　　張以仁云：「厭、黶古通。」〔註15〕二字實亦古今字關係，「黶」者「厭」

〔註11〕冷玉龍主編：《中華字海》，北京：中華書局 1996 年版，第 835 頁。

〔註12〕周小萍：「曾」字研訂說明，《異體字字典》網絡版，http://dict.variants.moe.edu.tw/yitia/fra/fra01838.htm。

〔註13〕〔清〕汪遠孫：《國語明道本考異》，北京：商務印書館 1959 年版《國語》後附，第 282 頁。

〔註14〕〔漢〕班固撰、〔唐〕顏師古注：《漢書》，北京：中華書局 1962 年點校本，第 2787 頁。

〔註15〕張以仁：《國語斠證》，臺北：臺灣商務印書館 1969 年版，第 112 頁。

之後起分化字也。「厭」字則因「厂」、「广」形近而混，《異體字字典》亦見錄。

按「贏」字本當作「羸」，寫本字作「贏」屬形近而誤。

《說文》無「旤」字，有「𥚃」字。《說文・旡部》云：「𥚃，屰惡驚詞也。」《示部》云：「禍，害也，神不福也。」〔註16〕《玉篇・旡部》並收「旤」、「𥚃」二體，「𥚃」字注云：「《說文》云：『逆驚辭也。』神不福也。今作禍。」〔註19〕傳世文獻中少有書作「旤」者。

公序本注「謂」與明道本注「爲」用同，「謂」爲動詞指謂性更強，「爲」具有系詞功能，祇起連接作用。然《國語》本文既作「謂之召災」，則注文亦當以作「謂」字爲是。

寫本注9字，遞修本韋注16字。寫本注以「若」字，仍是假設語氣，「召之」之「之」即指代「災」，「爲」用如明道本韋注之「爲」。「害民」即是「可後而先之」的形式，是「召災」的前提，「召災」是「害民」的結果。韋注以「謂」字，在跳出語境對本文進行訓釋，「民未患輕而重之」是「可後而先之」的具體形式，「離民匱財」則是結果。寫本注簡潔，而韋昭注則聯繫上下文語境，更易明白。

5・*病也。言周衰病之國也，天好降*旤著*於周室未厭，而盡民財以離散之，是助*著*也。* **無乃不可乎？將民之與處而離之，將**著

【按】今傳《國語》各本注施在「無乃不可乎」下，非如寫本之施在「佐曾」下。遞修本韋注作：「言周故已爲贏病之國，天降禍災，未厭已也。」金李本、張一鯤本、穆文熙《評苑》本、《四庫薈要》本、秦鼎本、綠蔭堂本並同。《國語正義》字作「固」、作「災」。

黃刊明道本注「故」作「固」，「灾」作「災」，「厭」作「厭」，他與遞修本同。蜚英館本、博古齋本、會文堂本、錦章書局本並同，崇文本、叢書集成初編本、《國語韋解補正》、徐元誥《國語集解》字作「厭」，他與黃刊明道本同。

「故」、「固」之異，汪遠孫已揭出，古「固」、「故」字亦通，今習用「固」字，表事物的性狀本來如此。《國語》本文既用「固」字，則注文亦當用「固」

〔註16〕 〔漢〕許慎：《說文解字》，北京：中華書局1963年影陳昌治覆刻平津館本，第181頁上、第9頁上。

〔註19〕 〔宋〕陳彭年等重修：《宋本玉篇》，北京：中國書店1983年影張氏澤存堂本，第521頁。

字爲是。

　　寫本注 33 字，韋注 17 字。寫本注先釋「贏」字，後釋全句，觀其所釋，實爲「周固贏國也，天未壓氓焉，又離民以佐菑」整句，則寫本注和韋注所釋同內容者 21 字，施注位置與其所釋亦相合。而韋注祇釋「周固贏國也，天未厭禍焉」一句，不及其後。則今傳《國語》韋注當繫於「天未厭禍焉」之後而不當繫於「無乃不可乎」之後。

6・是備禦而召之，則何以經國？*經，常也，何法以為常於國也*。國無經，何以出令？＝之不從，上之患也。

　　【按】「＝」代「令」。今傳《國語》與寫本注施注位置相同。遞修本韋注云：「君以善政爲經，臣奉而成之爲緯也。」公序系本並同，惟董增齡作「君以善政而行之爲經，臣奉而行之爲緯也。」「善政」後之「而行之」三字爲誤作。黃刊明道本注文無「也」字，蜚英館本、博古齋本、會文堂本、錦章書局本並同，崇文本、叢書集成初編本、《國語韋解補正》、徐元誥《國語集解》與之同。

　　寫本注 11 字，遞修本韋注 14 字。由後文「上之患也」、「故聖王」可知，此處非以君臣相對爲義，寫本注釋更契合《國語》文義。

7・故聖王樹德於民以除之。*樹，立。除，＝之；＝，患也*。夏書有之曰：關石和均，王府則有……*也關衡也*

　　【按】寫本「王府則有」注「也關衡也」前後因紙頁缺損有闕文。今傳《國語》和寫本施注位置相同。遞修本「和」作「龢」。「除之」後韋注云：「樹，立也；除，除令不從之患。」「則有」後韋注云：「夏書，逸書也。關，門關之征也；石，今之斛也；言征賦調均，則王之府藏常有也。一曰：『關，衡也。』」金李本、張一鯤本、穆文熙《國語評苑》、文淵閣四庫本、秦鼎本、綠蔭堂本並同。《困學紀聞》卷二云：「時未見古文，故云逸書。」〔註18〕董增齡《國語正義》「均」作「鈞」。《四庫薈要》本字作「和」。

　　黃刊明道本字作「和」、作「鈞」，「王」作「人」，注「患」後有「也」字，他與遞修本同。蜚英館本、博古齋本、會文堂本、錦章書局本並同，崇

〔註18〕　〔宋〕王應麟：《困學紀聞》，臺北：臺灣商務印書館 1986 年《景印文淵閣四庫全書》第 854 冊，第 169 頁下。

文本、叢書集成初編本、《國語韋解補正》、徐元誥《國語集解》與之同。

　　《說文・龠部》云：「龢，調也。从龠、禾聲。讀與和同。」〔註19〕段注云：「此與口部和音同義別。經傳多假和爲龢。」〔註20〕

　　字作「鈞」者，以《虞夏書・五子之歌》作「鈞」字故也。孔傳云：「金鐵曰石，供民器用。通之使和平，則官民足。」〔註21〕則《五子之歌》中「鈞」字亦表狀態，江灝、錢宗武即釋「鈞」爲「均」〔註22〕，楊任之云：「和鈞，謂其輕重有制，而不違法亂紀，即征賦調均。」〔註23〕皆以《國語》本文所引爲釋。則字當作「均」。

　　張以仁以爲：「作『聖王』是。傳刻者以『聖人』熟語而誤。」〔註24〕言是。

　　韋引「一曰『關，衡也』」之說與寫本注同，《故訓匯纂・門部》引作「韋昭注」〔註25〕，非是。案《國語》韋解中引「一曰」說共 9 處，寫本殘卷相同部分注文中引「一曰」說二處，另一處爲「是去其藏而翳其人也」注，云：「一曰翳，滅也。」見寫本第 1 頁第 17 句。《管子・揆度篇》：「權也，衡也，規也，矩也，準也，此謂『正名五』。」《漢書・律曆志》云：「衡，平也。權，重也。衡所以任權而均物、平輕重也。」《後漢書・陳忠傳》「置方員於規矩，審輕重於衡石」章懷太子注：「衡，秤衡也。」〔註26〕根據下文「律度量衡於是乎生」韋注「量，斗斛也。衡，稱上衡。衡有斤兩之數」，王之府藏常有的應該是標準，即量衡的標準。此處之「關」宜作「衡」解，否則「關」作「征」解而「石」作「斛」解，不辭，然觀二注，似皆以「關」爲「征」。《文選・魏都賦》「關石之所和鈞」注引賈逵曰：「關，通也。」〔註27〕僞古文《尙書・

〔註19〕〔漢〕許慎：《說文解字》，北京：中華書局 1963 年影陳昌治覆刻平津館本，第 48 頁下。

〔註20〕〔清〕段玉裁：《說文解字注》，上海：上海古籍出版社 1981 年影經韻樓本，第 85 頁下。

〔註21〕〔清〕阮元校刻：《十三經注疏》，北京：中華書局 1980 年影世界書局本，第 157 頁上。

〔註22〕江灝、錢宗武：《今古文尚書全譯》，貴陽：貴州人民出版社 1993 年版，第 99 頁。

〔註23〕楊任之：《尚書今譯今注》，北京：北京廣播學院出版社 1993 年版，第 73 頁。

〔註24〕張以仁：《國語斠證》，臺北：臺灣商務印書館 1969 年版，第 112 頁。

〔註25〕宗福邦等主編：《故訓匯纂》，北京：商務印書館 2003 年版，第 2411 頁 d 欄。

〔註26〕〔南朝宋〕范曄撰、〔唐〕李賢等注：《後漢書》卷三六，北京：中華書局 1965 年點校本，第 1566 頁。

〔註27〕〔梁〕蕭統編、〔唐〕李善注《文選》，北京：中華書局 1977 年版，第 103 頁。

五子之歌》「關石和鈞」孔穎達疏即本賈逵注作：「關，通也。」〔註28〕董增齡云：「《魏都賦》『關石之所和均』李善注引賈逵《國語注》：『關，通也。』《儀禮》鄭注：『和，調也。』『和』既與『關』對言，則『關』非物可知。」〔註29〕實際上本句言斤兩升石，輕重均和，非必實指。

「除之」寫本注與韋注最相近，寫本注 8 字，遞修本韋注 10 字，皆本《國語》本文語境爲釋。

8‧*積而成石，言政賦升石，輕重和均，王之府臧則常有也。或曰：關，門之征也；石，升石也；和，不輕重也；均者，不阿豪彊、侵弱贏也。而此府臧常有也。*《詩》亦有之曰：「瞻彼

【按】比較本段寫本注與遞修本韋注，遞修本韋注 34 字，寫本注存 58 字。寫本注引「或曰：關，門之征也」與韋注同，則韋注「一曰關衡也」之說爲寫本注，而寫本注「或曰」之說或爲韋注，然今傳《國語》韋注無「石，升石也」後文字。賈注、寫本注、韋注釋「關」字義俱不同。寫本注「言政賦升石，輕重和均，王之府臧則常有也」與韋注之「言征賦調均，則王之府藏常有也」義同，又寫本注「政賦」之「政」當即「征」，故「政」、「征」亦通。「弱贏」之「贏」爲「贏」字之誤，已見前。「臧」、「藏」古亦通。寫本注所引「或曰」釋單字三個。釋「均」字爲關乎人事之狀貌詞，正可爲字作「均」不作「鈞」提供佐證。

9‧*旱鹿，榛楛濟＝，《詩‧大雅‧旱鹿》之首章也。旱，山名也。鹿，山足也。榛楛，皆木也。濟＝，茂盛貌也。言王德及於山陵，草木茂盛也。*豈弟君子，干禄豈

【按】今傳《國語》各本字並作「愷悌」，施注位置與寫本同。

遞修本、金李本、張一鯤本、穆文熙《國語評苑》、文淵閣四庫本作「禄」，《百家類纂》本、閔《裁注》本、《國語正義》、《四庫薈要》本、秦鼎本、綠蔭堂本字作「祿」。

黃刊明道本、博古齋本、蜚英館本、崇文本、會文堂本、錦章書局本、《國

〔註28〕〔清〕阮元校刻：《十三經注疏》，北京：中華書局 1980 年影世界書局本，第157 頁上。

〔註29〕〔清〕董增齡：《國語正義》卷三，成都：巴蜀書社 1985 年影式訓堂本，本卷第 32 頁。

語集解》字作「麓」、作「禄」，《國語韋解補正》作「禄」，他與明道本同。

宋庠《國語補音》云：「本或依《詩》作『麓』，古字通。」〔註30〕陳奐（1786～1863）《詩毛氏傳疏》云：「『麓』，《國語》作『鹿』。」〔註31〕則知陳氏所據《國語》爲公序本系列。張以仁云：「蘇瑩輝先生謂『鹿』爲『麓』之譌。按殘卷『鹿』、『麓』錯出而『鹿』字不止一見，疑寫者自有所承而非一時筆誤。」〔註32〕汪遠孫云：「鹿、麓古今字。《詩》釋文云：『麓本亦作鹿。』」〔註33〕陸德明之言，是當時亦有作「鹿」者，今《詩》各本俱作「麓」，是明道本改作之由。

黃沛榮云：「『禄』爲『祿』之異體。祿，《說文解字・示部》作『祿』，云：『福也，从示录聲。』按：此一形構見於《漢隸字源・入聲・屋韻》，楷書字形則見於《玉篇・示部》、《集韻・入聲・屋韻》，故應收爲『祿』之異體。」〔註34〕今《宋本玉篇》有「禄」無「祿」，是「禄」爲當時之正體，是今傳《國語》多本與寫本同作「禄」字之由。

今《詩》各本均作「豈弟」，《詩》釋文云：「『豈』本亦作『愷』，又作『凱』」、「『弟』亦作『悌』。」〔註35〕或今各本《國語》與寫本《國語》所據《詩》異。

遞修本韋注云：「《詩・大雅・旱麓》之首章也。旱，山名。山足曰麓。榛，似栗而小；楛，木名。濟濟，盛貌。盛者，言王者之德被及也。」黃刊明道本注「盛貌」後有「也」字，他與遞修本注同。寫本注40字，遞修本韋注38字，二注釋「旱」、「鹿」義同，唯韋注「山名」後無「也」字，然仍是「×，×也」的訓詁形式。釋「鹿」則寫本注仍用「×，×也」之形而韋注用「×曰×」的形式。韋注「榛」、「楛」分釋，且皆比寫本注爲詳，釋「榛」

〔註30〕〔宋〕宋庠：《國語補音》卷一，北京：國家圖書館出版社2006年影宋刻宋元遞修本，本卷第24頁。

〔註31〕〔清〕陳奐：《詩毛氏傳疏》卷二三，北京：中華書局1984年影漱芳齋道光三十年（1851）刊本。

〔註32〕張以仁：《國語斠證》，臺北：臺灣商務印書館1969年版，第113頁。

〔註33〕〔清〕汪遠孫：《國語明道本考異》，北京：商務印書館1959年版《國語》後附，第282頁。

〔註34〕黃沛榮：「禄」字研訂說明，《異體字字典》網絡版，http://dict.variants.moe.edu.tw/yitia/fra/fra02898.htm。

〔註35〕〔清〕阮元校刻：《十三經注疏》，北京：中華書局1980年影世界書局本，第515頁中。

用描寫類比方式，釋「栲」則指出其為樹木名稱。按鄭箋云：「旱，山名也。麓，山足也。濟濟，旱山之足林木茂盛者，得山雲雨之潤澤也，喻周邦之民獨豐樂者，被其君德教。」〔註36〕劃線部分為寫本注、韋注與鄭注相合處。又孔疏引《周語》韋昭注云：「榛以栗而大。」與今傳《國語》韋注不同，阮元已據今《國語》韋注校改。

10・弟。*豈，樂也；弟，易也。君子之德，謂人君也。干，得。非但及人民以給有也，至山川草木。則君子以得其祿，內樂易也。*夫旱麓之榛栲殖，故君子得以

【按】今傳《國語》各本施注位置與寫本同，「殖」後有注「殖，長也」三字，寫本無之。此處寫本字亦作「麓」，上文則作「鹿」，隨意走筆，未必有深意焉。遞修本字仍作「鹿」，黃刊明道本字作「麓」。

遞修本韋注云：「愷，樂也；悌，易也。干，求也。君子，謂君長也。言陰陽調、草木盛，故君子以求祿，其心樂易。」黃刊明道本韋注「君子」後無「以」字，「樂易」後有「也」字他同。遞修本韋注計32字，寫本注41字。毛傳云：「干，求也。言陰陽和、山藪殖，故君子得以干祿樂易。」〔註37〕是韋注之所本。訓「干」為「求」，強調自主性；訓「干」為「得」則是非自主性，姚際恆（1647～約1715）《詩經通論》云：「祿自我干，福自我求，故福祿攸降，非他人所預也。」〔註38〕此處宜強調自主性，則寫本注有未妥。另「人君」、「君長」義亦有別，「君長」義更寬，然以「人君」之釋為更合《國語》本文語境。寫本注之「非但及人民以給有也，至山川草木」之釋似非妥當。張以仁《斠證》「君子」誤排作「君字」。

11・樂易干祿焉。若夫山林匱竭，林麓散亡，藪澤肆既，*肆，極也；既，盡也。言不脩山林衡麓之政，其林散亡極盡也。*

【按】今傳《國語》各本作「易樂」，施注位置與寫本同。汪遠孫云：「《詩・大雅》疏引《國語》『易樂』作『樂易』。」〔註39〕張以仁云：「疑《詩》

〔註36〕同上。
〔註37〕〔清〕阮元校刻：《十三經注疏》，北京：中華書局1980年影世界書局本，第515頁中。
〔註38〕袁梅《詩經譯注》轉引，濟南：齊魯書社1985年版，第740頁。
〔註39〕〔清〕汪遠孫：《國語明道本考異》，北京：商務印書館1959年版《國語》後附，第282頁。

疏據毛《傳》、韋注乙改《國語》也。毛《傳》、韋注皆謂：『愷，樂也；悌，易也。』」〔註40〕蕭旭《國語校補》云：「易樂，《困學紀聞》卷3、《通志》卷89並同，《詩・旱麓》毛傳、《冊府元龜》卷325並作『樂易』。《詩・何人斯》毛傳：『易，說也。』說同悅。易，讀爲夷，字或作恞。《爾雅》：『夷，悅也。』《玉篇》：『恞，悅也、忻也。』《廣韻》：『恞，悅樂。』」易、樂同義連文。徐元誥《集解》本徑據《詩傳》改作『樂易』，失之。」〔註41〕然觀《國語》上文注亦並作「樂易」，且釋「愷，樂也；悌，易也」亦以「樂」、「易」爲序，此處及下文「易樂」或本當作「樂易」。

　　汪遠孫《攷異》「干祿」作「千祿」。馬瑞辰《毛詩傳箋通釋》云：「干祿與百福相對而言。干祿疑千祿形近之訛。此詩『干祿豈弟』及《假樂》詩『干祿百福』，干皆當作千百之千，傳訛已久，遂以干字釋之耳。」〔註42〕刻汪書者或據此改作，然馬此說未足憑信，毛傳既已釋「干」爲「求」，明「干祿」爲動賓結構。

　　遞修本韋注云：「肆，極也；既，盡也。散亡謂無山林衡虞之政。」韋注與寫本注義同。黃明道本注「政」後有「也」字，他同。寫本注22字，遞修本韋注16字，韋注皆釋文句中字，寫本注「言」後爲串講句義。二者所釋相同。

　　汪遠孫《攷異》曰：「《詩》疏『既』作『逸』。」〔註43〕「逸」亦逸失之義，其義不殊。

12・民力稠盡，田疇荒蕪，財用乏困，君子將險哀之不暇，而何樂易之有焉？*險，難也。有*

　　【按】遞修本、金李本、《百家類纂》本、張一鯤本、穆文熙《國語評苑》、閔齊伋裁注本、文淵閣四庫本、《四庫薈要》本、秦鼎本、綠蔭堂本「稠」作「彫」，董增齡《國語正義》字則作「凋」。「財」作「資」、「困」作「匱」，「樂易」作「易樂」。「資用乏匱」後注云：「彫，傷也；穀地爲田、麻地爲疇；荒，

〔註40〕張以仁：《國語斠證》，臺北：臺灣商務印書館1969年版，第113頁。
〔註41〕蕭旭：〈國語校補（一）〉，《東亞文獻研究》第1輯，第25頁。
〔註42〕〔清〕馬瑞辰撰、陳金生點校：《毛詩傳箋通釋》，北京：中華書局1989年版，第828、829頁。
〔註43〕〔清〕汪遠孫：《國語明道本考異》，北京：商務印書館1959年版《國語》後附，第282頁。

虛也；蕪，穢也。」黃刊明道並與遞修本同。

寫本「稠」字誤作。《說文·攴部》云：「凋，半傷也。」〈彡部〉云：「彫，琢文也。」〔註44〕以《說文》證之，則字本當作「凋」，然古書多通作，桂馥《義證》云：「凋通作彫。」〔註45〕朱駿聲云：「《荀子》以『彫』爲之。」〔註46〕慧琳《一切經音義》卷九、卷一五、卷九一並引賈注《國語》云：「凋，弊也。」〔註47〕是賈、韋釋「凋」字不同，韋注用《說文》之義。馬國翰《玉函山房輯佚書》引賈逵曰：「一井爲疇，九夫一井也。」〔註48〕慧琳《一切經音義》卷五一引賈注《國語》云：「蕪，薉也。」卷八○引賈注《國語》云：「蕪穢謂荒穢。」〔註49〕韋注「蕪」本賈。

「財」、「資」之別，在於版本之異。就今傳《國語》上下文而言，前句有「今王廢輕而作重，民失其資，能無匱乎」，或其作「資」之由。然審今傳《國語》「資用」則唯此1見，而「財用」17見，17見中如〈周語上〉「財用不乏」、「民乏財用」，〈周語下〉「是以民生有財用」、「若夫匱財用，罷民力」，〈魯語上〉「財用不匱」，〈晉語四〉「財用不匱」，〈楚語上〉「國民罷焉，財用盡焉」、「縮於財用則匱」、「其所不奪穡地，其爲不匱財用」，〈楚語下〉「聚馬不害民之財用」，這些「財用」結構所出現的語境均與本句相一致，則本句亦當以寫本作「財」爲是。

由今傳《國語》「財用」例可見，一般用「匱」字不用「困」。「匱」上古音在羣紐物部，《廣韻》在羣紐至韻，「困」上古音在溪紐文部，《廣韻》在溪紐慁韻。「羣」、「溪」聲近。又《禮記·中庸》「事前定則不困」孔疏云：「困，乏也。」〔註50〕《玉篇·囗部》云：「困，匱也。」〔註51〕則「困」、「匱」義

〔註44〕〔漢〕許慎：《說文解字》，北京：中華書局1963年影陳昌治覆刻平津館本，第185頁上、第240頁下。

〔註45〕〔清〕桂馥：《說文解字義證》，上海：上海古籍出版社1987年影道光連筠簃本，第998頁下。

〔註46〕〔清〕朱駿聲：《說文通訓定聲》，武漢：武漢古籍書店1983年影臨嘯閣本，第254頁上。

〔註47〕〔唐〕慧琳：《一切經音義》，上海：上海古籍出版社1983年《正續一切經音義》，第213頁、第590頁、第3468頁。

〔註48〕〔清〕馬國翰：《玉函山房輯佚書》，濟南：齊魯書社1985年版，第2924頁。

〔註49〕〔唐〕慧琳：《一切經音義》，上海：上海古籍出版社1983年《正續一切經音義》，第2022頁、第3127頁。

〔註50〕〔清〕阮元校刻：《十三經注疏》，北京：中華書局1980年影世界書局本，第1630頁中。

同。

　　寫本「險」注云：「險，難也。」韋昭注云：「險，危也。」施注位置相同。慧琳《一切經音義》八處引賈注《國語》云：「險，危也。」〔註52〕是韋注與賈同。王引之《經義述聞》「險而不懟」云：「險謂中心憂危之也。」〔註53〕並舉《荀子・榮辱篇》「安利者常樂易，危害者常憂險」證「險哀」之「險」也是「中心憂危」之義，表心理狀態。蕭旭以爲王說的是。寫本注正以「愁哀不皇」釋「險哀之不暇」。秦鼎云：「『愷悌』以『易樂』直解，『易樂』以『險哀』反對。」〔註54〕董增齡、吳曾祺、沈鎔、張以仁並今各譯本俱依韋昭注作「危」，而於「君子將險哀之不暇」作三種解釋，一種在「險」後斷開，意爲「君子將陷入危險境地」，如秦同培等《國語精華》、黃永堂《國語譯注》、趙望秦等《白話國語》、蕭漾《國語故事》等〔註55〕；另一種則是以「險哀」爲倒置的動賓結構，「哀」是謂語動詞，「險」作「哀」的賓語，如傅庚生（1910～1984）《國語選注》、鄔國義等《國語譯注》、薛安勤等《國語譯注》、來可泓《國語直解》等〔註56〕；第三種則將「險哀」看作並列結構，如李維琦《白話國語》：「君子將自危自哀都來不及。」董立章《國語譯注辨析》：「君子尚且無暇顧及危殆和哀痛。」〔註57〕則《國語》今譯中的第三種比較符合原意，寫本注同。

〔註51〕〔宋〕陳彭年等重修：《宋本玉篇》，北京：中國書店 1983 年影張氏澤存堂本，第 516 頁。
〔註52〕分別見〔唐〕慧琳：《一切經音義》，上海：上海古籍出版社 1983 年《正續一切經音義》，第 100 頁、第 236 頁、第 924 頁、第 1272 頁、第 1419 頁、第 1627 頁、第 3706 頁、第 3725 頁。
〔註53〕〔清〕王引之：《經義述聞》，南京：江蘇古籍出版社 2000 年版，第 478 頁上欄。
〔註54〕〔日〕秦鼎：《春秋外傳國語定本》卷三，明治十七年（1884）岡本仙助翻刻本，本卷第 17 頁。
〔註55〕分別見秦同培等《國語精華》，上海：世界書局 1943 年版，第 31 頁；黃永堂《國語譯注》，貴陽：貴州人民出版社 1995 年版，第 130 頁；趙望秦等《白話國語》，西安：三秦出版社 1998 年版，第 97 頁；蕭漾《國語故事》，北京：華夏出版社 2004 年版，第 65 頁。
〔註56〕分別見傅庚生《國語選注》，香港：中華書局香港分局 1972 年版，第 31 頁；鄔國義等《國語譯注》，上海：上海古籍出版社 1991 年版，第 92 頁；薛安勤等《國語譯註》，長春：吉林文史出版社 1991 年版，第 127 頁；來可泓《國語直解》，上海：復旦大學出版社 2000 年版，第 160 頁。
〔註57〕李維琦《白話國語》，長沙：嶽麓書社 1994 年版，第 71 頁；董立章《國語譯註辨析》，廣州：暨南大學出版社 1993 年版，第 123 頁。

13・*患難。言政不備，賦斂無常，民府室空。君子將愁哀不皇，而何得樂易之有也。* 且絕民用以實王府，*用，財也。多賦於民，為大錢以充實王府也。*猷塞

【按】寫本注「險難也」後注文，韋注無之。遞修本「猷」作「猶」，「實王府」後施注云：「絕民用，謂廢小錢，斂而鑄大也。」文淵閣四庫本、《四庫薈要》本、董增齡《國語正義》與遞修本同。金李本「斂」作「歛」、「廢」作「費」，他與遞修本同。張一鯤本、穆文熙《國語評苑》、綠蔭堂本與金李本同。

黃刊明道本「民」作「民」，「猶」作「猶」，注無「斂」字，「大」後有「錢」字。崇文本、會文堂本、錦章書局本、《國語韋解補正》、《國語集解》、叢書集成初編本字作「民」，他與黃刊明道本同。秦鼎本則字作「廢」，與黃刊明道本同，云：「此注舊作『謂費小錢，歛而鑄大也』，非也。今從明本。」〔註58〕

「猶」、「猶」異體，其異如前條周小萍「曾」字所言「八」、「丷」之別。「猷」、「猶」之別在於構字部件位置不同，凡「犬」置於右則如本字，置於左則變作「犭」。《說文・犬部》云：「猶，玃屬。从犬、酋聲。一曰：隴西謂犬子爲猷。」〔註59〕不列「猷」字字頭。今虛字習用犬在左者。

「斂」字從「攵」不從「欠」，然二部形似，故金李本等譌作「歛」。蔡信發云：「『歛』字始見《玉篇零卷・欠部》，曰：『呼濫、呼甘（按：一作『女』）二反。《蒼頡篇》：「歛，𠬝也。」《廣雅》：「歛，子也；歛，欲也。」』（按：『子』當是『予』之誤。）與『斂』爲二字，然《類篇・欠部》『歛』字注曰：『呼含切，欲也。……又力冉切，《說文》：「收也。」』則以爲與『斂』同。按：『斂』、『歛』二字形近音同，傳抄極易混而不別，此《類篇》所以爲同者，然《字鑑・上聲・琰韻》『斂』字下注曰：『俗從「欠」作「歛」，誤。』《六書正譌》亦以爲非，而《字彙・欠部》『歛』字下則曰：『俗誤爲聚斂字。』《正字通・欠部》並同。依此知『斂』、『歛』本爲二字，釐然不亂，其混而爲一者，乃『俗』也。」〔註60〕則「歛」字譌久成俗，遂爲「斂」

〔註58〕〔日〕秦鼎：《春秋外傳國語定本》卷三，明治十七年（1884）岡本仙助翻刻本，本卷第17頁。

〔註59〕〔漢〕許慎：《説文解字》，北京：中華書局1963年影陳昌治覆刻平津館本，第205頁下。

〔註60〕蔡信發：「歛」字研訂説明，《異體字字典》網絡版，http://dict.variants.moe.edu.tw/yitia/fra/fra01741.htm。

之異體。

　　秦鼎本從明本作「廢」，今檢遞修本可知金李本以前之《國語》本作「廢」字，審《故訓匯纂》所收故訓，「廢」字有通作「費」者，「費」字無通作「廢」者，是金李本誤作，後世版本沿襲其誤而已。汪遠孫云：「『而』上，公序本有『斂』字，無『錢』字，《治要》同。」〔註61〕公序本和明道本注釋的差別在於明道本注祇在解讀鑄大錢這樣一種行為，而公序本注還在於明對小錢的處理方式，即不僅僅廢除掉，而且要收斂起來。傅貽清認為單穆公「主張在小錢之外另鑄大錢，讓大小兩種錢並用，以期互相補充和調劑。即以大錢補充小錢的不足，以小錢拉平大錢的過量，使輕重大小相互調劑。」〔註62〕因此廢小錢是單穆公所反對的。董立章更因韋注而明確認為「單旗認為景王鑄行大錢是企圖無償收繳民間小錢，是禍國殃民之舉。」〔註63〕既廢且斂謂之「絕」，此或公序本韋注有「斂」字之由。

　　黃刊明道本多作「民」字，蔡信發云：「『民』字見《漢隸字源‧平聲‧真韻》引〈帝堯碑〉，而《敦煌俗字譜‧氏部》亦多作如此。按：『民』與『民』形近而實同，其增筆者乃筆勢使然也，此猶『土』之作『圡』（〈白石神君碑〉），『氏』之作『氐』（〈曹全碑〉）者也。」〔註64〕是「民」為「民」字之異體。

　　寫本注16字，遞修本韋注12字，二注著力點不同，韋注在釋「絕民用」之義，而寫本注則著力在釋「用」之義與全句之義。且對於「絕民用」之具體內容解釋不同，韋注認為是廢小錢鑄大錢，寫本注認為「多賦於民」。

14‧川原而為潢汙也。*大曰潢，小曰汙也。獸塞川潢* 🔲 *原，絕其本根而以為汙池也。*其竭也無日矣，若民離財匱，🔲至

　　【按】寫本注「🔲」字不可識，且「🔲」字下有一長橫，或即是「汙」字別體。遞修本「汙」作「污」，「離」後有「而」字。寫本注在遞修本則施於

〔註61〕〔清〕汪遠孫：《國語明道本考異》，北京：商務印書館1959年版《國語》後附，第282頁。

〔註62〕傅貽清：〈關於周景王鑄大錢〉，《陝西師範大學學報》1984年第4期，第116頁。

〔註63〕董立章：《國語譯注辨析》，廣州：暨南大學出版社1993年版，第127頁。

〔註64〕蔡信發：「民」字研訂說明，《異體字字典》網絡版，http://dict.variants.moe.edu.tw/yitia/fra/fra02109.htm。

「無日矣」之後。韋注云:「大曰潢、小曰汙;竭,盡也;無日,無日數也。」因韋注釋「無日」,故其施於「無日」之後,寫本注不釋「無日」,故施注如此,皆當。

黃丕烈《札記》云:「惠云:《漢書》『洿』。」〔註65〕秦同培《國語精華》正文作「汙」而注文又作「汙」。〔註66〕張以仁謂:「殘卷無『而』字,蓋寫脫。」〔註67〕辨詳見《原本玉篇殘卷》引《國語》斠證〉部分。

寫本注 23 字,遞修本韋注 14 字,韋注比寫本注所釋內容多,而寫本注比韋注所釋詳。慧琳《一切經音義》引《國語》「塞泉源而爲潢洿」賈逵註云:「大曰潢,小者曰洿。」是賈注、韋注、寫本注並同。寫本注不僅僅釋「潢」、「汙」,還申講全句之義。其申講部分中「絕其本根」即「塞川原」之義,「而以爲汙池」即「而爲潢汙」之義,則「猷塞川潢𢀖原」不辭,恐是「猷塞川原潢汙」之誤倒。

又秦鼎云:「原、源同。淇云:『川源譬民也。』」〔註68〕所引淇云與寫本注所釋「根本」近似。

15・而備亡,*備亡,無救*著*之備也*。王其若之何?吾周官之於著備也,其所怠棄者也多

【按】今傳《國語》各本「者」後無「也」字,韋注施於「若之何」下。遞修本韋注云:「備亡,無救災之備也。」與寫本注同,當如寫本施於「備亡」下。

金李本、張一鯤本、穆文熙《國語評苑》、秦鼎本與遞修本同。黃刊明道本系列「灾」作「災」,他亦與遞修本同。

16・矣。*周官,謂當時王官之法令也*。又而奪之資以益其著,*奪民之財以自益*圖*也*。是去其臧而劓其人也。

【按】寫本「又而」當屬「而又」之倒,「又」字右下有一「乛」符,或即標明倒乙之符號,今傳《國語》各本俱作「而又」。今傳《國語》各本施注

〔註65〕〔清〕黃丕烈:《校刊明道本韋氏解國語札記》,北京:商務印書館 1959 年版《國語》後附,第 246 頁。

〔註66〕秦同培等:《國語精華》,上海:世界書局 1943 年版,第 29 頁、第 31 頁。

〔註67〕張以仁:《國語斠證》,臺北:臺灣商務印書館 1969 年版,第 114 頁。

〔註68〕〔日〕秦鼎:《春秋外傳國語定本》卷三,明治十七年(1884)岡本仙助翻刻本,本卷第 17 頁。

位置與寫本注不同，遞修本注云：「周官，周六官。灾備，備灾之法令。」施於「多矣」之後，「益其灾」後無注。金李本、《百家類纂》本、張一鯤本、穆文熙《國語評苑》、閔齊伋裁注本、文淵閣四庫本、《四庫薈要》本、秦鼎本、綠蔭堂本同。黃刊明道本注「法令」後有「也」字，「灾」作「災」，他與遞修本同。

　　第 1 條寫本注 11 字，韋注 12 字，與寫本注同內容者 5 字。對於周官之釋，寫本注更符合原意，韋注則嫌嫌迂遠。「周」即「周」字。

17·*藏，府實也；翳，猷屏也；人，民；言重幣之離民，所以去其府藏、自遠屏其民人也*。王其圖之。王弗聴，卒鑄大錢。

　　【按】遞修本施注於「圖之」下，注云：「善政藏於民；翳猶屏也；人，民也；奪其資，民離叛，是遠屏其民也。一曰：『翳，滅也。』」則當如寫本之施注於「其人也」之後。金李本、張一鯤本、穆文熙《國語評苑》、文淵閣四庫本、《四庫薈要》本、秦鼎本、綠蔭堂本同。黃明道本「民」作「民」，他與遞修本同。

　　寫本注與韋注皆 29 字，二注的不同在於：1. 對「藏」的訓釋不同，上「王府則有」釋爲「王之府藏常有」，此處之「藏」實亦府藏，故寫本注釋「藏」爲「府實」，契合《國語》之原意。而韋注「善政藏於民」則嫌迂遠。2. 對於「翳其人」的訓釋不盡同。寫本注強調「重幣之離民」，這恰恰是單穆公進諫的一個重要原因所在，寫本注此處點出，至當。

　　蕭旭〈國語校補〉云：「翳訓屏，是『屏蔽』、『保護』之義。《說文》：『屏，蔽也。』下文『所以藩屏民則也』韋注亦云：『屏，蔽也。』《玉篇》：『翳，屏蔓也。』言去其藏，則無所遮罩其民矣。董增齡曰：『翳有屏去之義。』《漢語大字典》釋爲『摒棄、除掉』，韋注爲『遠屏』，皆誤以『屏』爲『摒』。俞樾曰：『當從「一曰翳滅也」之訓。翳通作瘞。』汪遠孫說同，二君說誤，已爲高本漢所駁；而高氏釋爲『埋葬』，亦失之。」〔註69〕蕭即訓「屏」爲「保護」，又言「言去其藏，則無所遮罩其民」，審《國語》原文，「去其藏而翳其人」中的「而」字表示兩種狀態沒有疑問，如蕭之說，則「翳」的意思當是「無所遮罩」，這又和「翳訓屏，是『屏蔽』、『保護』之義」相衝突，亦未稱允當。「翳」既可訓「隱」、「蔽」，又可訓作「郭」，《廣韻·霽

〔註69〕蕭旭：〈國語校補（一）〉，《東亞文獻研究》第 1 輯，第 25、26 頁。

韻》云：「翳，羽葆也。又隱也，奄也，鄣也。」〔註70〕「保護」也好，「隱」也好，「鄣」也好，都是把標的物隱沒起來，而不是彰顯出來，隱沒起來也就是「屏蔽」。既然不使彰顯，實際上就是董增齡所云之「屏去」，「屏去」則就是不在當前，即遠，亦即《釋名·釋喪制》所謂「隱翳」〔註71〕。慧琳《一切經音義》卷三二、卷三六並引賈注《國語》云：「翳猶屏也。」〔註72〕是賈注、韋注與寫本注並同。

這裏還存在一個如何看待「去其藏」和「翳其人」這兩個動賓結構的關係的問題。蕭旭的釋義實際上是把這兩個動賓結構看作條件關係，即「去其藏」是「翳其人」的前提，「翳其人」是「去其藏」的結果；而韋昭、寫本注並王引之、董增齡、汪遠孫、俞樾都看作並列關係。韋注云「善政藏於民」，而今是「奪之資以益其菩」，則藏去而民遠，這裏當看作並列關係，釋爲「遠屏」未誤。「其」作爲代詞實際上是自指。

18 · 廿三年，王將鑄無射而為之大林。*廿三年，周景廿三年、魯昭廿年也。無射，鍾名，律以覆之也，其中無射也。大林，無射之覆也。作無射而為大林，律不中林鍾也。*

【按】今傳《國語》各本「廿」作「二十」、「爲」作「為」，注同。遞修本韋注云：「景王二十三年，魯昭二十年。賈侍中云：『無射，鍾名。律中無射也。大林，無射之覆也。作無射而爲大林以覆之，其律中林鍾也。』或說云：『鑄無射而以林鍾之數益之。』昭謂下言『細抑大陵』，又曰『聽聲愈遠』，如此則賈言無射有覆近之矣。唐尚書從賈。」金李本、張一鯤本、黃刊明道本韋注「魯昭二十年」、「唐尚書從賈」後並有「也」字，他與遞修本同。

寫本注 67 字，遞修本韋注 92 字。韋注徵引較多。是韋注與寫本注大體皆同，唯在「律中林鍾」和「律不中林鍾」有異，或寫本注誤衍「不」字。以韋注引賈逵注看，則唐固注、韋昭注、寫本注俱本賈逵注。

〔註70〕〔宋〕陳彭年等：《鉅宋廣韻》，上海古籍出版社 1983 年影乾道五年閩中建寧府黃三八郎書鋪本，第 271 頁。

〔註71〕汪遠孫《國語發正》卷三引《釋名·釋喪制》：「殣，翳也，猶隱翳也。」見廣西師範大學圖書館藏道光丙午振綺堂刻本，本卷第 12 頁。任繼昉《釋名匯校》「猶」作「就」，審《釋名》各本俱作「就」，或汪遠孫此句當斷作「《釋名·釋喪制》：『殣，翳也。』猶隱翳也」。

〔註72〕〔唐〕慧琳：《一切經音義》，上海：上海古籍出版社 1983 年《正續一切經音義》，第 1300 頁、第 1457 頁。

　　關於本句之具體意義，說法不一，譯亦不同，可分作三種：（1）以無射、大林為兩種鍾，如李維琦譯作「將鑄無射鍾，造大林鍾覆蓋其上」，鄔國義等譯作「周景王為了鑄造無射樂鐘而打算先造個大的林鐘樂鐘」，黃永堂譯作「準備鑄造無射大鍾，就先鑄造大林鍾來為它審音」，趙望秦等譯作「鑄造無射鍾，就先鑄造大林鍾」，汪濟民等譯作「準備鑄造無射鍾，而以大林與無射相配」，來可泓譯作「準備製造無射鍾，就先替它鑄造一座大林鍾和音」；（2）以無射為鍾，大林為罩兒，如薛安勤譯作「要鑄造大鍾，而且給它做個罩兒」；（3）以無射、大林為宮調，如董立章則譯作「準備鑄造編鍾，一組為無射宮調，一組為大林宮調」。〔註73〕曹建國、張玖青注說之《國語》無譯，但就注文來看，與董義同。古樂學上對於此一認識亦不相同，李浩概括為三種意見：1.「景王將鑄無射律的單音鍾」（吉聯抗）；2.「景王將鑄鼓音為無射、隧音為大林的一件雙音鍾」（牛龍菲）；3.「景王將鑄以無射為宮的一組編鍾」（清人汪烜，今人馬承源、李純一）。李氏自己則以「無射」為鍾名代稱，譯「大林」為「低音鍾」，全句譯作「王將鑄名為無射的鍾，但要鑄成低音鍾」。〔註74〕1979年陝西出土的西周晚期南宮乎鐘（甬鐘）有銘文「茲鐘名曰無昊鐘」，方建軍以「昊」即「敫」，「敫」、「射」可通，以「無昊」即「無射」，並云：「它是否就是此鐘發音的律名標記，則還值得考慮……無射還可能是作器者給鐘起的一個代號或名稱。」〔註75〕倒是可以和李說相呼應。

19・單穆公曰：「不可。作重幣以絕民資，又鑄大鍾以鮮其繼，*重幣，錢也。繼，餘。言王作大錢、又鑄大鍾，以費其餘*

　　【按】張一鯤本、穆文熙《國語評苑》、閔《裁注》本、《百家類纂》本、文淵閣四庫本、綠蔭堂本「鍾」俱作「鐘」，與寫本及他本異。汪遠孫《國語發正》引《左傳》昭二十一年疏亦作「鐘」。此一情形在《國語補音》遞

〔註73〕分別見李維琦《白話國語》第73頁，鄔國義等《國語譯注》第95頁，趙望秦等《白話國語》第103頁，汪濟民等《國語譯注》第70頁，黃永堂《國語全譯》第136頁，來可泓《國語直解》第166頁，薛安勤等《國語譯注》第133頁，董立章《國語譯注辨析》第130、131頁。

〔註74〕李浩：〈關於「王將鑄無射，而為之大林」釋義的探討〉，《中國音樂學》1999年第2期，第106～117頁。

〔註75〕方建軍：《樂器：中國古代音樂文化的物質構成》，臺北：學藝出版社1996年版，第224、225頁。

修本、遺書本和四庫本中也存在，拙稿〈《國語補音》三種版本校異〉（周語部分）〔註76〕曾約略辨之。《五經文字》卷下「鐘鍾」條云：「上樂器，下量名，又聚也，今經典或通用『鍾』爲樂器。」〔註77〕宋郭忠恕（？～977）《佩觿》卷中「鍾鐘」條云：「上酒器，下鐘磬。」〔註78〕明焦竑《俗書刊誤》卷一云：「酒器作『鍾』，樂器作『鐘』。」〔註79〕明葉秉敬（1562～1627）《字孿》卷一云：「『鍾金』、『龍鍾』，从金从重，『鐘鼓』、『鐘律』从金从童。」〔註80〕則是從「重」者酒器，從「童」者樂器，閔本、《百家類纂》本爲正字。然遞修本、金李本、黃刊明道本及其系列版本、《四庫薈要》本、董增齡《國語正義》字俱作「鍾」，秦鼎本正文中作「鐘」、注文中則作「鍾」，混用，在文淵閣《四庫全書》檢索版中分別輸入「鍾」和「鐘」，前者得73034個匹配，後者得98317個匹配。則文獻中很多時候混用不別。徐元誥亦云：「鍾、鐘古字通用。」〔註81〕

遞修本韋注云：「鮮，寡也；寡其繼者，用物過度，妨於財也。」黃刊明道本同。寫本注25字，韋注15字。秦鼎云：「已絕民資，則僅有所繼，今又有鑄，則重鮮之也。」又引《略說》云：「王既廢輕，民匱，王用從乏，於是厚取民所繼蓄之財增。繼，繼其絕也。言作重幣以絕民之資用，則妄生殖金鐵，以繼其絕也，而又鑄大鐘，乃是寡其繼也。」〔註82〕《略說》中「從乏」之「從」疑本作「以」，「增」字疑衍，汪中釋「民失其資」云：「民所素蓄積，皆歸無用，是以失其資而匱。」〔註83〕皆一本韋注。蕭旭《國語校補》云：「鮮、

〔註76〕拙稿：〈《國語補音》三種版本校異〉（周語部分），見刊於《東亞文獻研究》第5輯，第105～126頁。

〔註77〕〔唐〕張參：《五經文字》，臺北：新文豐出版公司1985年《叢書集成新編》第35冊，第641頁。

〔註78〕〔宋〕郭忠恕：《佩觿》，臺北：新文豐出版公司1985《叢書集成新編》第35冊，第659頁。

〔註79〕〔明〕焦竑：《俗書刊誤》，臺北：臺灣商務印書館1986年《景印文淵閣四庫全書》第228冊，第541頁。

〔註80〕〔明〕葉秉敬：《字孿》，臺北：臺灣商務印書館1986年《景印文淵閣四庫全書》第228冊，第602頁。

〔註81〕徐元誥：《國語集解》（修訂本），北京：中華書局2006年王樹民、沈長雲點校本，第108頁。

〔註82〕〔日〕秦鼎：《春秋外傳國語定本》卷三，明治十七年（1884）岡本仙助翻刻本，本卷第17頁。

〔註83〕〔清〕汪中：《國語校譌》，見載於氏著《經義知新記》，上海：商務印書館1937年《叢書集成初編》本，第27頁。

絕對舉，鮮當訓盡。下文『無益於樂，而鮮民財』義同。《易・繫辭下・釋文》：『鮮，盡也。』」〔註84〕言是。則寫本注釋「竭」字更合《國語》原意，且明白易曉。

20・*錢，民財以竭也。若積聚既喪，又鮮其繼，生何以能殖？生，財也；殖，繁多也。且夫鍾不過動聲，*

【按】《百家類纂》本「既」作「其」，當是因「又鮮其繼」之「其」將「積聚既喪」之「既」誤作「其」字。今傳《國語》各本「何以」後俱無「能」字，「不過」後有「以」字。遞修本韋注云：「積聚既喪，謂廢小錢；生，財也；殖，長也。」黃刊明道本注「小錢」後有「也」字，他與遞修本同。

寫本注 7 字，遞修本韋注 14 字，二注對於「殖」的訓釋不同，寫本注以之為性狀，而韋注以之為動詞。〈楚語下〉「生乃不殖」韋注云：「生，生物也。殖，長也。生物不長，神不降以福也。」今本《國語》「殖」字 17 見，韋注有 10 見釋為「長也」。又〈晉語四〉「惡不殖也」韋注：「殖，蕃。」亦以為動詞。寫本「生何以能殖」，「殖」前既加助動詞「能」，更明此處「殖」字當為動詞〔註85〕，當以動作義訓之，《集韻・職韻》云：「興生財利曰殖。」〔註86〕實際上「興生財利」的結果亦即寫本注所釋之「繁多」，「長」的結果即是「繁多」，故慧琳《一切經音義》卷二九「殖諸」注引《考聲》云：「殖，多也。」〔註87〕

21・*鍾之為言鍾，＝聚八音也；聲，五聲也；合樂以金奏，故鍾小大不過足以動五聲、成八音也。若無射有林，耳弗及也。若作無射，覆之以林鍾，音聲之巨者，故不可聽。*

【按】遞修本、金李本、《百家類纂》本、張一鯤本、閔《裁注》本、穆文熙《國語評苑》、文淵閣四庫本、《四庫薈要》本、董增齡《國語正義》、秦鼎本、綠蔭堂本等公序系本「弗」作「不」。黃明道本則作「弗」，與寫本同。

〔註84〕蕭旭：〈國語校補（一）〉，《東亞文獻研究》第 2 輯，第 26 頁。
〔註85〕根據劉利在其著《先秦漢語助動詞研究》中所統計分析，則「能」字後所跟成分皆為動詞，見北京師範大學出版社 2000 年版，第 109～122 頁。
〔註86〕〔宋〕丁度等：《集韻》，上海：上海古籍出版社 1985 年影述古堂本，第 755 頁。
〔註87〕〔唐〕慧琳：《一切經音義》，上海：上海古籍出版社 1983 年《正續一切經音義》，第 1144 頁。

汪遠孫云：「公序本『弗』作『不』。」〔註88〕

遞修本上注云：「動聲，謂合樂以金奏而八音從之。」黃刊明道本「從之」後有「也」字。寫本注34字，遞修本韋注13字，寫本注釋「鍾」之得名，「聲」之義，此皆此處韋注所未及。按明道本〈周語下〉下文「二閒夾鍾」韋注云：「鍾，聚也。」慣常說法爲五聲、八音，五聲者宮、商、角、徵、羽，八音者金、石、土、革、絲、木、匏、竹。「五聲」也作「五音」，如陸德明《經典釋文》卷二五云：「五音，宮、商、角、徵、羽也。」〔註89〕韋注之「八音從之」當即寫本注「成八音」之義。

遞修本下注云：「若無射復有大林以覆之。無射，陽聲之細者；林鍾，陰聲之大者。細抑大陵，故耳不能聽及也。」黃刊明道本注「者」字後有「也」字。寫本注64字，遞修本韋注35字，比照韋注，則寫本注「音聲之巨者」之「音」當爲「陰」字之誤。又寫本注「故不可聽」是單就大林而言，後文「細巨相踰，故耳不能聽及」就無射、大林合言，且備言無射、林鍾尺寸。

牛龍菲認爲：「『耳所不及』，有以下兩層意思。第一層意思是：人耳對於泛音迭加之復合音的感知，是以樂器實發並爲人耳感知之骨幹基礎音爲主，其餘泛音或基音，是人耳『聽而無聞』的。第二層意思是：人耳對於聲音的感知，有一個頻域的限制。『超聲』或『次聲』，並不在人耳可及的範圍之內。」〔註90〕李浩則直譯作「如果名爲無射的鍾作爲低音鍾，耳朵就聽不到了（即超越耳力所限）」〔註91〕，更通俗易曉。

22 · *細巨相踰，故耳不能聽及。無射，陽聲之細也；林鍾*

敦研三六八《國語》卷三〈周語下〉（2-2）

1 · *鍾之為言鍾，鍾聚八音也；聲，五聲也；合樂以金奏，故鍾小大不過足以動五聲、成八音也。若無射有林，耳弗及也。若作無射，覆之以林鍾，音聲之*

〔註88〕〔清〕汪遠孫：《國語明道本考異》，北京：商務印書館1959年版《國語》後附，第282頁。

〔註89〕〔唐〕陸德明：《經典釋文》，北京：中華書局1983年影通志堂經解本，第356頁下左。

〔註90〕牛龍菲：〈「王將鑄無射，而爲之大林」之補釋——再論有關先秦青銅器雙音鍾之樂典資料〉，《中國音樂學》1991年第4期，第108～114頁。

〔註91〕李浩：〈關於「王將鑄無射，而爲之大林」釋義的探討〉，《中國音樂學》1999年第2期，第106～117頁。

巨者，故不可聽

2.　*細巨相踰，故耳不能聽及。無射，陽聲之細也，林鍾也。無射四寸萬九千六百八十三分之萬九千五百七十二。林鍾八寸。*夫鍾聲以為耳也，耳所不及，非鍾

【按】寫本注中「陽聲之細也」中之「也」字當爲「者」字之誤。根據韋注「無射，陽聲之細者；林鍾，陰聲之大者」知。「林鍾也」後必有說明文字，或即上文「音聲之巨者」而誤植，當下移置於「林鍾也」之後。又下文韋注：「九月，無射，乾上九也。管長四寸九分，律長四寸六千五百六十一分寸之六千五百二十四。」「六月，林鍾，坤初六也。管長六寸，律長六寸。」《史記·律書》：「無射管長四寸四分三分二，準各計律倍半之法推之，無射鍾當長一尺一寸七分弱。林鍾管長五寸七分四。」又董增齡云：「鍾起於律，文六年《傳》孔疏引服虔注：『鳧氏爲鍾，各自計律，倍而半之。黃鍾之管長九寸，黃鍾之鍾長二尺二寸半，餘鍾亦各自計律，倍而半之。』依服君之義，則無射管長四寸四分，三分其二其爲鍾，當長一尺七寸七分弱。《周官·鳧氏》鄭注：『鼓六鉦六舞四，此鍾口十者，其長十六也。鍾之大數以律爲度，廣長與圓徑假設之耳。』依鄭君之義，則無射長一尺一寸七分弱者，其口之徑圓當得七寸二分半強也，鍾聲應無射，故以律名之。」〔註92〕皆與寫本注異，且又各不盡同，未知孰是。

3.　*聲也，猷目所不見之不可以為目也。言耳所不能聽及者，乃非以鍾為樂。如朙所不能見，不可視目也。*夫目之察度也，

【按】今傳《國語》「非鍾聲也」後韋注云：「非法鍾之聲也。」寫本該處未出注。本句今傳《國語》「不見」後無「之」字，遞修本韋注云：「若目之精明所不能見，亦不可以施目也。耳目所不能及而強之，則有眩惑之失，以生疾也。」黃刊明道本注中「不可以施目」作「不可施以目」，他同。

寫本注 25 字，遞修本韋注 35 字，寫本注中「朙」即「明」字之異體。寫本注「言耳所不能聽及者，乃非以鍾爲樂」揭明本義，韋注則因下文「聽樂而震觀美而眩患莫大焉」釋爲「耳目所不能及而強之，則有眩惑之失，以生疾也」，實此處由耳及目，遞進而論之也。又檢《國語》下文有「夫樂不過

〔註92〕〔清〕董增齡：《國語正義》卷三，成都：巴蜀書社 1985 年影式訓堂本，本卷第 35 頁。

以聽耳而美不過以觀目」、「故必聽龢而視正，聽龢則聰，視正則明，聰則言聽，明則得昭」等句，就此句之義言，是耳所聽及者爲聰，目所視及者爲明，聽不龢則耳不及，猶目不昭而目不及，耳不及則不能以耳聽，目不及則不能以目視，即耳目無所施，「施」者即「夫鍾聲以爲耳也」與「不可以爲目」中「爲」字之義，則韋注「施目」與寫本注「視目」義亦相類，寫本注「視」是就「目」言，而韋注作「施」則兼該「視」、「聽」而言之，「施」者動作主體在人，「視」者動作主體在目，是黃刊明道本作「施以目」之所由，語序之差，在於後者更能強調凸顯「目」字，義則實無不同。也就是說遞修本韋注「施目」與寫本注「視目」是「V＋○」的顯性結構，表達的是「V＋以＋○」的語義內涵。但是就本句注而言，以寫本注「視」字更爲符合語境。

4・不過步武尺寸之閒。*察，審長短。半步爲武。言目審長短也，度之數，遠不過步武、近不過尺寸也。其察色也，不過墨丈*

　　【按】遞修本、金李本、《百家類纂》本、張一鯤本、穆文熙《國語評苑》、閔裁注本、黃刊明道本、崇文本、會文堂本、錦章書局本、叢書集成初編本、秦鼎本、綠蔭堂本、汪遠孫《國語發正》、徐元誥《國語集解》、今上古本字亦俱作「閒」，下「尋常之間」、「清濁之間」等句中「間」並同；文淵閣四庫本、《四庫薈要》本、董增齡《國語正義》、吳曾祺《國語韋解補正》、沈鎔《國語詳注》字則作「間」。「閒」、「間」皆可通。韋注云：「六尺爲步。賈君以半步爲武。」寫本注「半步爲武」與賈注同。寫本注 28 字，遞修本韋注 11 字，寫本注並釋「察」義及本句之句義，比之韋注詳盡。

　　蕭旭〈國語校補〉按：「《華嚴經音義中》注引何承天《纂要》：『三尺曰武。』與賈君以半步爲武相合。《儀禮・鄉射禮》疏：『《漢禮》云：五武成步。』則武爲一尺二寸，與賈君以三尺爲武者不同。徐元誥據《司馬法》『凡人一舉足曰跬，跬三尺也。兩舉足曰步，步六尺也』謂：『跬與武同，聲轉耳。』徐說不合古音，跬與武祇是同義，絕非通借。沈鎔曰：『五尺爲步。』無據。」〔註93〕董立章注爲：「周代八尺爲步，六尺爲武。」〔註94〕用《禮記・王制》「古者以周八尺爲步」之說，而其「六尺爲武」又與韋注「半步爲武」不合。董增齡謂韋注「六尺爲步」爲「據漢文帝以後制也」〔註95〕，

〔註93〕蕭旭：〈國語校補（一）〉，《東亞文獻研究》第 1 輯，第 26 頁。
〔註94〕董立章：《國語譯註辨析》，廣州：暨南大學出版社 1993 年版，第 130 頁。
〔註95〕〔清〕董增齡：《國語正義》卷三，成都：巴蜀書社 1985 年影式訓堂本，本

觀邱光明等所著《中國科技史》（度量衡卷）引《論語》馬融注引《司馬法》、《漢書・食貨志》、《說文》、《孫子算經》、夏侯陽《算經》引《北齊令》俱作「六尺爲步」，而所引《舊唐書・食貨志》、《金史・食貨志》、《續通典》則皆作「五尺爲步」〔註96〕，歷代度量不一。若按照董增齡六尺爲步爲漢制的說法，則韋昭、何承天、《司馬法》等說法皆漢代尺度，非周制也。若周八尺爲步，則武當爲四尺。寫本注不注「步」字尺寸，含糊言之，反爲允當。

5・**尋常之閒。**_色，五色也。五尺爲墨，八尺爲尋，倍尋曰常。言目察五色之章爲墨，倍曰丈；遠不過常、丈，近不過尋、墨也。_**耳之察和也，在清濁之**

【按】遞修本韋注云：「五尺爲墨，倍墨爲丈；八尺爲尋，倍尋爲常。」黃刊明道本同。寫本注 39 字，韋注 16 字，韋注祇釋墨丈尋常之制。寫本注「_言目察五色之章_」當以置於「遠不過」之前爲當，置於此處則不辭。「爲墨倍曰丈」當置於「五尺爲墨」之後，「爲」字涉上句「五尺爲墨」而衍，且「倍墨」亦誤倒爲「墨倍」。寫本注此處之「章」同「彰」。

6・**閒。**_清濁，十二鍾爲宮則濁、大呂爲宮則清。言耳之審清濁之變也。黃和聲，不過在律呂清濁之間也。_**其察清濁也，不過一人之所稱。**_稱也。_

【按】遞修本韋注云：「清濁，律呂之變也。黃鍾爲宮則濁，大呂爲角則清。」黃明道本注「律呂」作「律中」，「清」後有「也」字，汪遠孫《攷異》云：「『中』作『呂』。」〔註97〕寫本注 37 字，遞修本韋注 19 字，寫本注「十二」或爲「黃」字之誤，後「黃和聲」之「黃」字當置於此處，「黃鍾」、「大呂」相對言也，疑寫本注正常語序當作：「清濁，黃鍾爲宮則濁、大呂爲宮則清。言耳之審清濁之變也。十二律呂和聲，不過在清濁之間也。」又寫本注「大呂爲宮則清」與韋注言「大呂爲角則清」不同，或寫本注「大呂爲宮」之「宮」亦涉上「黃鍾爲宮」之「宮」而誤作，當爲「角」字。《管子・地員篇》：「凡聽宮，如牛鳴窌中；凡聽角，如雉登木。」董增齡引《玉海》載徐景安《樂書》引劉歆云：「宮者，中也，君也。爲四音之綱，其聲如君之德而

　　　卷第 36 頁。
〔註96〕邱光明、邱隆、楊平：《中國科學技術史》（度量衡卷），北京：科學出版社 2001 年版，第 23、24 頁。
〔註97〕〔清〕汪遠孫：《國語明道本考異》，北京：商務印書館 1959 年版《國語》後附，第 282 頁。

爲重。角者，觸也，民也，其聲圓長，經貫清濁如民之象而爲經。」〔註98〕

　　今傳《國語》各本「稱」作「勝」，《百家類纂》本「一人」之「人」誤作「又」。今傳《國語》各本注云：「勝，舉也。」今《國語》各譯註本俱從韋注釋「勝」爲「舉」，而譯文又有差異：（1）以韋注所釋之「舉」爲動作動詞，釋爲：「能分辨出清音、濁音的鍾，也不過是一個人所能舉起的力量。」如汪濟民、董立章、黃永堂、來可泓等〔註99〕；（2）聯繫《國語》具體語境，如薛安勤：「而辨別那聲音的清濁，也不過是看一個人的耳朵是否能勝任。」趙望秦：「它分辨清音和濁音，不會超過一個人的聽力範圍。」蕭漾譯文與趙望秦同。〔註100〕（3）翻譯含糊，如秦同培《國語精華》：「這都不過是一個人所能做的。」秦峰：「其所能分辨的清、濁之音，不超過個人的能力所及。」李維琦：「它體察清濁，局限在個人的能力所及。」鄔國義：「其所能分辨的清、濁之音，不超過個人的能力所及。」〔註101〕第一種譯文拘泥於韋注之「舉」，第三種則比較含糊，唯第二種明確爲「聽力範圍」，以趙、蕭所譯最符合文義。因爲前邊強調的是在一定視力範圍內才可以「察色」、「察度」，此處「察龢」亦不能超出人的聽力範圍，以爲下文「大不出均，重不過石」做好鋪墊。「察色」、「察度」、「察龢」，應無舉起的具體動作在內。寫本正文之「稱」與今傳《國語》各本之「勝」皆通。《國語·晉四》「中不勝貌」韋注云：「勝，當爲稱。」朱駿聲《說文通訓定聲》云：「勝，叚借又爲稱。」〔註102〕《周禮·考工記》「角不勝幹」孫詒讓正義云：「勝、稱古字通。」〔註103〕「稱」，上古音在昌紐蒸部；「勝」，上古音在書紐蒸部，音近。

〔註98〕〔清〕董增齡：《國語正義》卷三，成都：巴蜀書社1985年影式訓堂本，本卷第36頁。

〔註99〕分別見汪濟民等《國語譯注》，南昌：百花洲文藝出版社1992年版，第70頁；董立章《國語譯註辨析》第131頁；黃永堂《國語譯注》第137頁；來可泓《國語直解》第167頁。

〔註100〕分別見薛安勤等《國語譯註》第133頁，趙望秦等《白話國語》第103頁，蕭漾《國語故事》第66頁。

〔註101〕分別見秦同培《國語精華》第36頁，秦峰《譯注國語》，南昌：江西高校出版社1998年版，第121頁；李維琦《白話國語》第73頁，鄔國義等《國語譯注》第96頁。

〔註102〕〔清〕朱駿聲：《說文通訓定聲》，武漢古籍書店1983年影臨嘯閣本，第68頁。

〔註103〕孫詒讓撰，王文錦等點校：《周禮正義》，北京：中華書局1987年版，第3557頁。

秦鼎引淇云：「一人之所勝，謂其出聲之所勝也。」引或云：「一人猶常人，謂不須識微也。」又引《略說》云：「一人所察清濁，不足以爲正，故先王立之法度也。」〔註104〕皆未稱允當。牛龍菲從聲學理論認爲：「所謂『清濁也，不過一人之所勝』之『一人之所勝』，乃是專指人耳接受頻域限制的特殊性。此『一人之所勝』正是與『眾人之所勝』對應的特稱命題。近代聲學已經瞭解，不同的人特別是不同年齡的人所接受之頻域，便有很大的差異。」〔註105〕可謂確當。

7‧是故先王之制鍾也，大不出均，重不過石，*均，所以均音之法也；以木長七尺有繫其均法也，其輕之以為均法。四均為石。言鍾聲細大不*

【按】今傳《國語》各本「均」俱作「鈞」，遞修本韋注云：「鈞，所以鈞音之法也；以木長七尺、有弦繫之以爲鈞法。百二十斤爲石。」黃刊明道本注中「有」作「者」，汪遠孫以爲公序本是，秦鼎本則該從明道本。寫本注44字，遞修本韋注27字，以韋注作比照，則寫本注「其均法也其輕」5字當屬衍文。「言」字後爲串講本句。言「大」者當是指體積或者強度，言「重」者其重量。《國語》此句「大」當言鍾之尺寸，「重」言重量，寫本注與韋注釋「鈞」爲「所以鈞音之法」未妥，董增齡云：「此《傳》單穆公言鑄鍾之尺寸，非言鍾音之清濁。」又引《史記‧鄒魯列傳》索隱引張晏曰：「鈞，範也。作器，下所轉者名鈞，以尺寸爲鍾之範。」〔註106〕此處即言鍾的尺寸不能超過鈞。寫本注以「四均爲石」，實際上混淆了作爲校正樂器音律工具的「鈞」和作爲重量單位的「鈞」之間的區別而混同言之，與後面「言鍾聲細大不出均」注文亦矛盾，誤。又鄭良樹云：「《紀纂淵海》三引『制』作『鑄』。」〔註107〕《國語》此處之「制」實即「鑄」義。

8‧出均，重不過一石也。律度量衡於是乎生，小大器用於是乎出，*律，五聲音陽之法也；衡，一斤兩也。小謂臣，大謂君也。度，丈尺也。*

〔註104〕〔日〕秦鼎：《春秋外傳國語定本》卷三，明治十七年（1884）岡本仙助翻刻本，本卷第18頁。

〔註105〕牛龍菲：〈三論「王將鑄無射，而爲之大林」〉，《中國音樂學》1994年第1期，第131～136頁。

〔註106〕〔清〕董增齡：《國語正義》卷三，成都：巴蜀書社1985年影式訓堂本，本卷第37頁。

〔註107〕鄭良樹：〈國語校證〉（上），《幼獅學誌》第7卷第4期，第24頁。

【按】今傳《國語》各本在「於是乎生」、「於是乎出」後各有注。遞修本「於是乎生」後韋注云：「律，五聲陰陽之法也。度，丈尺也。量，斗斛也。衡，稱上衡。衡有斤兩之數，生於黃鍾。黃鍾之管容秬黍千二百粒。粒百爲銖，是爲一龠。龠二爲合，合重一兩。故曰『律、度、量、衡於是乎生』。」黃刊明道本注中無「衡，稱上衡」注文，「於是乎生」、「丈尺」後有「也」。宋庠云稱「通作秤」〔註108〕。今傳《國語》各本「噐」作「器」，遞修本「於是出」後韋注云：「出於鍾也。《易》曰：『制其器者尙其象。』小謂錙銖分寸，大謂斤兩丈尺。」

寫本注「五聲音陽」之「音」誤，當作「陰」。寫本注本句注共 69 字，遞修本韋注 67 字，寫本注釋「衡」字較韋注爲易曉。韋注釋「小」、「大」更符合語境。「律度量衡於是乎生」與「小大噐用於是乎出」對文，語法結構相同。「律度量衡」爲並列結構，則「小大噐用」亦當爲並列關係，不當作定中結構看待，釋作「君」、「臣」則尤爲不當。韋注釋「量」爲「斗斛」，寫本注釋爲「升石」，皆可。唯寫本注次序較亂，非按照文本順序次序而釋。董增齡云：「此推律度量衡之所從出，以見鍾律爲萬事根本也。」〔註109〕言是。

9‧**量，升石也**。出多少、合大小之所由興。設法：*度量衡，鍾記於均法，厚薄之振動、輕重之所由、君臣之噐用，皆取法於鍾也*。**故聖人慎之。今王作鍾，聽之**

【按】今傳《國語》各本「鍾」後俱有「也」字，「聼」作「聽」，「聼」、「聽」異體。

10‧**弗及，比之弗度，鍾聲不可以知和，制度不可以出𥄧**。＝，*法量衡度𥄧也*。**無益於樂而鮮**

【按】今傳《國語》各本「弗度」之「弗」作「不」，「𥄧」作「節」，「弗及」、「不度」、「不可以知龢」後俱有注文。「弗及」後韋注云：「耳不及知其清濁也。」「不度」後注云：「不度，不中鈞石之數。」黃刊明道本注「數」後有「也」字，他同。遞修本「不可以知龢」後注云：「耳不能聽，故不能知

〔註108〕〔宋〕宋庠：《國語補音》卷一，北京：國家圖書館出版社 2006 年影宋刻宋元遞修本，本卷第 25 頁。

〔註109〕〔清〕董增齡：《國語正義》卷三，成都：巴蜀書社 1985 年影式訓堂本，本卷第 37 頁。

和。」黃刊明道本及其系列版本、四庫薈要本正文亦作「和」字，與寫本同，注文「和」後有「也」字。金李本、張一鯤本、穆文熙《國語評苑》、文淵閣四庫本、秦鼎本、綠蔭堂本注同，董增齡《國語正義》則作「龢」。若依遞修本例，則公序本注、正文皆當作「龢」字。

遞修本「節」後注云：「節，謂法度量衡之節。」黃刊明道本注「節」後有「也」字。寫本注 7 字，遞修本韋注 8 字，一用「×，×也」訓詁形式，一用「×謂×」訓詁形式，釋義則同，以韋注審寫本注，則寫本注「節」前或脫「之」字。又《文選‧張平子‧東京賦》「不能節之以禮」薛綜注引賈逵曰：「節，制也。」〔註110〕則賈注不同於二者。

11‧民財，將焉用之？夫樂不過以□耳，而美不過以觀目。若聽樂而振，觀美

【按】「□」處字跡模糊，當即爲「聽」字，而下文又作「聽」，寫法不固定。今傳《國語》各本「振」作「震」。觀寫本下注「震，動」，則此處之「振」當爲「震」，音同誤作。

12‧而眩，美，采色也；震，動；眩，惑目也。患莫甚焉。夫耳目，心之機樞也。故必聽和而視正。聽和則聰，

【按】今傳《國語》各本「眩」後無注，「機樞」作「樞機」，「聰」作「聦」。「樞機」後有注云：「樞機，發動也。心有所欲，耳目爲之發動。」寫本則無。「聰」、「聦」異體。《廣雅‧釋天》云：「北斗七星，一爲樞，二爲旋，三爲機，四爲權。」《故訓匯纂》收「樞機」故訓 4 條，無「機樞」故訓。又在漢籍全文檢索系統（第 2 版）先秦魏晉文獻中輸入「樞機」，得 125 篇 163 次；輸入「機樞」，祇得 3 篇 3 次，分別爲《釋名‧釋容姿》「企，啓，開也。目延竦之時，諸機樞皆開張也」、《三國志‧吳書‧薛瑩傳》「遷入京輦，遂升機樞」、《淮南子‧泰族》「毛蒸理泄，則機樞調利，百脈九竅莫不順比」，且《釋名‧釋容姿》「機樞」結構在《釋名》版本中有作「樞機」者〔註111〕。是以「樞機」結構爲常見，又秦鼎引《易》云：「言行，君子之樞機。」〔註112〕

〔註110〕〔梁〕蕭統編、〔唐〕李善注《文選》，北京：中華書局 1977 年影胡克家本，第 51 頁。
〔註111〕見任繼昉《釋名匯校》，第 127 頁。
〔註112〕〔日〕秦鼎：《春秋外傳國語定本》卷三，明治十七年（1884）岡本仙助翻刻

《文選・張平子・南都賦》「眩將墜而復舉」注引賈逵曰：「眩，惑也。」〔註113〕慧琳《一切經音義》卷四三亦見引用。寫本注與賈注近似，「惑」亦即宋庠所謂「目無常主」〔註114〕之義。

13・**視正則明，聰則言聽，明則德昭，**聽聽，則發言可聽用也；視明，則德昭也。**德言昭聽，則能思慮純固。**

【按】今傳《國語》各本「德言昭聽」作「聽言昭德」，寫本或因二字形似而誤倒，按「今王作鐘也，聽之弗及」鄭良樹云：「《北堂書鈔》一〇八引『聽之弗及』作『德之弗及』，疑非。」〔註115〕寫本本處有似於《北堂書鈔》。今傳《國語》各本「正則明」後有韋注云：「習於和正，則不眩惑也。」「德昭」、「純固」後並皆無注。

14・*言君言德明，壹其聽則能思慮專義不貳以言德於民，民愔而德之愔猷猷也，以言德於民，民欸而思德之也。*則歸心焉。上得民心以

【按】今傳《國語》各本「愔」作「猷」，且施注位置與寫本不同，在「歸心焉」後。遞修本韋注云：「猷，猶猷猷喜服也。言德，以言發德教。」則今本韋注亦當與寫本注施注位置同。黃刊明道本注作：「猷，猶嘉服也。言德，以言發德教也。」《說文》不收「愔」字，《玉篇・心部》云：「愔，安和兒，悅兒。」〔註116〕《說文・欠部》云：「猷，神食气也。」〔註117〕馬瑞辰云：「猷之言忻。」〔註118〕清王聘珍云：「猷猶欣也。」〔註119〕義並相合。寫本注16字，遞修本韋注14字，釋義相同。寫本注「欸」即「服」

本，本卷第18頁。

〔註113〕〔梁〕蕭統編，〔唐〕李善注：《文選》，北京：中華書局1977年影胡克家本，第72頁。

〔註114〕〔宋〕宋庠：《國語補音》卷一，北京：國家圖書館出版社2006年影宋刻宋元遞修本，本卷第25頁。

〔註115〕鄭良樹：〈國語校證〉（上），《幼獅學誌》第7卷第4期，第25頁。

〔註116〕〔宋〕陳彭年等重修：《宋本玉篇》，北京：中國書店1983年影澤存堂本，第152頁。

〔註117〕〔漢〕許慎：《說文解字》，北京：中華書局1963年影陳昌治覆刻平津館本，第180頁下。

〔註118〕〔清〕馬瑞辰撰，陳金生點校：《毛詩傳箋通釋》，北京：中華書局1989年版，第873頁。

〔註119〕〔清〕王聘珍撰，王文錦點校：《大戴禮記解詁》，北京：中華書局1983年版，第146頁。

之俗體字，今《漢語大字典》「肷」字條收「xù」、「qiǎn」二音，未言「肷」
是「服」之俗字。〔註120〕《原本玉篇殘卷・欠部》云：「肷偹𦚤字也。𦚤，
衣服也，重服也。《說文》爲𦚤字，在𦚤部。」〔註121〕沈文倬云：「卜辭
有𠬝字，當從舊定爲𠬝；彝銘有作𠬝，亦有加舟旁作服，即今之服字。」
〔註122〕至《宋本玉篇》則收「肷」字在「肉」部，訓爲「牛肉」，與《原
本》所釋不同，《說文・舟部》云：「𦨕，用也。一曰：車右騑，所以舟旋。
从舟、𠬝聲。𦨶，古文服，从人。」〔註123〕「肷」或即「服」之古文「𦨶」
之楷化形式，本從「舟」，今皆從「月」。臺灣《異體字字典》云《偏類碑別
字・月部・服字》引〈魏比丘僧智等造像記〉字作「肷」〔註124〕，黃征《敦
煌俗字典》收「肷」字，並引敦研 007〈大慈如來十月廿四日告疏〉與敦研
099（2-2）《妙法蓮花經》爲例〔註125〕。則「肷」在魏晉六朝時期是「服」
字的俗體寫法之一。

　　慧琳《一切經音義》云：「《國語》『民肷而得之』賈逵曰：『肷，貪也。』」
〔註126〕而《原本玉篇殘卷》云：「《國語》又曰：『民肷而德之。』賈逵曰：
『肷猶服也。』又曰：『楚灾肷戎。』賈逵曰：『肷，貪也。』」〔註 127〕賈
注「服」字當。是寫本注與韋注之所本。《國語》正文字作「得」不作「德」。
「德之」者，「以之爲德」，「之」代「言德於民」者；「得之」者，動賓結構，
「之」即指「民」。從《國語》上下文看，當以「德」字爲是，《一切經音義》
引《國語》作「得」者，當是因下句「上得民心」而誤改。張以仁云：「慧
琳、玄應引『德』皆作『得』。按賈訓『肷』爲『貪』，故下作『得』，韋訓
『肷』爲『嘉服』，故下作『德』，兩兩相應。賈、韋自是不同，非後世傳鈔

〔註120〕徐中舒主編：《漢語大字典》，成都：四川、湖北辭書出版社 1993 年版，第
　　　　860 頁。
〔註121〕〔梁〕顧野王：《原本玉篇殘卷》，北京：中華書局 1985 年版，第 78 頁。
〔註122〕沈文倬：《宗周禮樂文明考論》，杭州：浙江大學出版社 1999 年版，第 552 頁。
〔註123〕〔漢〕許慎：《說文解字》，北京：中華書局 1963 年影陳昌治覆刻平津館本，
　　　　第 176 頁上。
〔註124〕臺灣國語推行委員會編：《異體字字典》網絡版，http://dict.variants.moe.edu.
　　　　tw/yitia/fra/fra01843.htm。
〔註125〕黃征：《敦煌俗字典》，上海：上海教育出版社 2005 年版，第 116 頁。
〔註126〕〔唐〕惠琳：《一切經音義》，上海：上海古籍出版社 1983 年《正續一切經音
　　　　義》，1276 頁。
〔註127〕〔梁〕顧野王：《原本玉篇殘卷》，北京：中華書局 1985 年版，第 74 頁、第
　　　　276 頁。

刊刻者之誤。」〔註128〕是張氏未見《原本玉篇殘卷》所引賈注也。《音義》誤繫〈楚語上〉賈注於此處。

15・殖義方，*殖，長也；方，道也。*是以作無不濟，求無不獲。然則能樂夫？耳入和聲而口出美

【按】今傳《國語》各本「入」作「內」。《國語補音》「耳內」云：「經典多借爲納字，下『口內』同。」〔註129〕遞修本韋注云：「殖，立也；方，道也。」黃刊明道本注作：「殖，立於道也。」寫本注與韋注釋「殖」字異，韋注爲更符合語境。黃刊明道本所訓非是，「殖」作「立」解，不當連後文「方」字並釋之。

16・言，以爲憲令而布諸民，*憲，法也；言耳入聲口出善言，君耳聽和而布之於言而法令萬民也。*正之以度量，民以心力從之

【按】今傳《國語》注分別施於「美言」與「憲令」之後，遞修本「美言」後有注云：「耳聞和聲則口有美言，此感於物也。」「憲令」後注云：「憲，法也。」董增齡《國語正義》引注「和」作「龢」。他本同。寫本注則合一處且又釋「布諸民」三字。遞修本韋注 17 字，寫本注 26 字，釋「憲」字與韋同。正文「從」，汪遠孫《攷異》云：「《治要》『從』作『行』。」〔註130〕當從《國語》本文作「從」。

17・不倦，*度量皆出於鍾。鍾平，民悅樂以心。聲和，則度鍾量力從之不鮮也。*成事不貳，樂之至也。*貳，變也。樂成，政不可變易也。*口入納味而

【按】今傳《國語》各本「不倦」後無注，「樂之至也」後注云：「貳，變也。」與寫本注釋同。正文「口入納味」作「口內味」，又「口內味」與「耳入聲」並列結構，音節亦當同，寫本「入」字當因下文「耳入聲」而誤衍，今傳《國語》是。「內」、「納」古今字，上引《補音》已言之。

〔註128〕張以仁：〈《國語》舊注輯校〉，見載於氏著《張以仁先秦史論集》，上海古籍出版社 2010 年版，第 212 頁。

〔註129〕〔宋〕宋庠：《國語補音》卷一，北京：國家圖書館出版社 2006 年影宋刻宋元遞修本，本卷第 25 頁。

〔註130〕〔清〕汪遠孫：《國語明道本考異》，北京：商務印書館 1959 年版《國語》後附，第 282 頁。

18‧耳入聲，聲味生氣，＝在口為言，在目為明，言以信名，*名，號令*
*也。言從，則號令信也。*明以時動，*動，作也。*視明則作，

【按】遞修本「聲味生氣」後注云：「口內五味，則耳樂五聲；耳樂五聲，
則志氣生也。」「言以信名」注云：「信，審也。名，號令也。」「明以時動」
注作：「視明則動，得其時也。」明道本「言以信名」注作：「信，審也。名，
號也。」無「令」字。寫本注 23 字，遞修本韋注 15 字，寫本注與韋注釋義
同，更串講整句之義。

19‧*事得其時也。*名以成政，*號令政教，成則成也。*動以殖生，*作事所得時以*
*長生也，傳曰：時以作事，事以厚生。*政成生殖，*樂之至也。*若聽

【按】寫本注引「《傳》曰」為《左傳》文公六年文。遞修本「名以成政」
注云：「號令所以成政。」「動以殖生」注云：「殖，長也。動得其時，所以財
長生也。」明道本注「成政」後有「也」字，他與遞修本本同。寫本注 27 字，
遞修本韋注 19 字。疑寫本注「號令政教，成則成也」當爲「號令成，則政教
成也」，「成則成也」不辭。

俞志慧云：「殖生，猶生生（物），下一句『生殖』，猶生物之得以生。
『成政』、『殖生』皆動賓短語，『政成』、『生殖』（〈楚語下‧觀射父論祀牲〉
『滯久不振，生乃不殖』之『生』、『殖』亦同樣用法）皆主謂短語，生生思
想乃先秦思想的一個大端，『生生』一詞則爲先秦文獻中的高頻詞。」〔註131〕
亦可備一說。

20‧視不和而又震眩，則味入不精；不精則氣失，*不精，不精專也。氣失，*
*氣散失也。*於是乎有狂悖之言，有惑

【按】今傳《國語》各本「聽視」作「視聽」、「又」作「有」、「失」作
「佚」，「不精則氣佚」後有「氣佚則不龢」一句，寫本脫。「震眩」爲「不和」
的進一步狀態而非共時狀態，今本作「有」字是。鄭良樹云：「《白孔六帖》
三○引『而』作『則』。」〔註132〕此處之「而」即用同「則」，更可說明字當
作「有」。遞修本「氣佚則不龢」後注云：「不和無射大林也。若聽樂而震，
視色而眩，則味入不精美。味入不精美，則氣放佚，不行於身體也。」黃刊

〔註131〕俞志慧：《〈國語〉韋昭注辨正》，北京：中華書局 2009 年版，第 47 頁。
〔註132〕鄭良樹：〈國語校證〉（上），《幼獅學誌》第 7 卷第 4 期，第 25 頁。

明道本「和」字同於寫本，他與遞修本同。寫本注祇釋「不精則氣失」，韋注所釋較詳，寫本注 12 字，韋注 37 字，與寫本注所釋同內容者 15 字，韋注釋「精」爲「精美」而寫本注釋爲「精專」，此「味入不精」類似於「食不甘味」，當以韋注「精美」爲是。又吳曾祺云：「不和是泛言身體不順適，非泥指無射、大林也。」〔註133〕沈鎔亦從之釋「不和」爲「身體不順適」〔註134〕，審《國語》之義，視聽生氣，氣生言、明，言、明生生名、動，名、動以成政、殖生，又前云「若聽樂而震，觀美而眩，患莫甚焉」，則此處「視聽不和」當如韋注指「無射大林」。「身體不順適」恰恰爲「視聽不和」之結果，韋注不誤。

21・眩之明，有轉易之名，有過慝之度，*名，令也。氣以實志，志以定言，言以出令。令志不實，則言有狂悖惑眩之侯，則令有轉易、行有過惡也。狂不定，故王子晁*

【按】今傳《國語》各本「惑眩」作「眩惑」，施注位置則與寫本同。遞修本「有過慝之度」後注云：「慝，惡也。此四者，氣佚之所生也。狂悖眩惑，說子朝、寵賓孟也。轉易過惡，嬖子配適，將殺大臣也。」黃刊明道本注「氣佚」作「氣失」。汪遠孫《攷異》「解：氣失」云：「『失』，《補音》作『佚』。」〔註135〕「失」、「佚」義同可通，以辭氣論，作「佚」字爲佳，上寫本注亦當作「佚」，徐元誥《國語集解》引韋注改作「佚」字。傳世文獻中以「眩惑」爲常見，然寫本注與正文俱作「惑眩」，當非誤倒，如上「視聽」寫本作「聽視」，或當時語序之習慣如此也。寫本注 66 字，遞修本韋注 36 字，寫本注「敘」字當爲「殺」字之譌。汪中（1745～1794）云：「此汎言不和之害耳，不當舉後事以實之。《禮》曰：『毋測未至。』」〔註136〕王念孫云：「此『慝』字當讀爲『忒』。忒，差也。『狂』與『悖』、『眩』與『惑』、『轉』與『易』、『過』與『慝』，義並相近。『過特』即過差也，事差其度，故曰過忒之度。若以『慝』爲『惡』，則別爲一訓，且與『之度』二字義不相屬矣。」〔註137〕二說可從，

〔註133〕〔清〕吳曾祺：《國語韋解補正》，上海：商務印書館 1915 年版，本卷第 8 頁。

〔註134〕沈鎔：《國語詳注》，上海：文明書局 1926 年版，本卷第 10 頁。

〔註135〕〔清〕汪遠孫：《國語明道本考異》，北京：商務印書館 1959 年版《國語》後附，第 282 頁。

〔註136〕〔清〕汪中：《國語校譌》，見載於氏著《經義知新記》，上海：商務印書館 1937 年《叢書集成初編》本，第 27 頁。

〔註137〕〔清〕王引之：《經義述聞》卷二〇，南京：江蘇古籍出版社 2000 年版《高

徐元誥《集解》亦引之。

22·*敵賓孟也。轉易、過悖、惑眩、說惡，嬖子配適，將敘大臣也。出令不信，狂悖眩惑也。邢政放紛，紛，亂也。謂轉易之名，過慝之度也。動不順時，民無*

【按】今傳《國語》各本「邢」作「刑」，「出令不信」後注云：「有轉易也。」「刑政放紛」後無注。寫本「邢」字誤。寫本注以上述四者之二配「不信」，其二配「放紛」，而韋注祇以「有轉易」釋「出令不信」，是以「有轉易」爲「出令不信」之緣由，若由寫本注上文「有轉易之名」注「名，令也」看，則當以韋注所釋爲更允當。

23·*據依，不知所力，言民不知所爲盡力也。各有離心。上失其民，作則不濟、求則不獲，其何以能樂？*

【按】今傳《國語》各本「不知所力」後無注，「各有離心」後注云：「不知所爲盡力也。」寫本注 9 字，韋注 7 字，義則相同。

24·*三年之中而有離民之器二焉。國其危哉！王弗聽，問之聆州鳩。聆，司樂官也。州鳩，名也。對曰：臣之*

【按】今傳《國語》各本「聆」作「伶」。「二焉」後注云：「二，謂作大錢、鑄大鍾也。」「州鳩」後注云：「伶，司樂官；州鳩，名也。」寫本注 9 字，韋注 8 字，所釋同。慧琳《一切經音義》卷三三引賈注《國語》云：「伶，司樂之官也。」〔註138〕則寫本注、韋注俱與賈注同。《左傳正義》、《史記·周本紀》索隱、《漢書》應劭注、《文選》李善注、《六臣注文選》、《白氏六帖事類集》卷一八、《群書治要》卷二六等引《國語》俱作「伶」。《左傳》成九年「問其族，對曰伶人也」杜注云：「伶人，樂官。」〔註139〕陸德明《經典釋文》卷一六云：「泠，依字作伶。」〔註140〕《六書故》卷八云：「伶，樂官也，亦

郵王氏遺書》，第 487 頁上。

〔註138〕〔唐〕慧琳：《一切經音義》，上海：上海古籍出版社 1983 年《正續一切經音義》，第 1236 頁。

〔註139〕〔晉〕杜預注：《春秋經傳集解》，上海古籍出版社 1988 年版點校本，第 703 頁。

〔註140〕〔唐〕陸德明：《經典釋文》，北京：中華書局 1985 年影通志堂經解本，第 251 頁下。

通作泠，周有泠州鳩。」〔註141〕在中國基本古籍庫中輸入「伶州鳩」，得631
條記錄，輸入「泠州鳩」，得207條記錄，《補音》云：「《內傳》作『泠』，一
也。」〔註142〕《說文·水部》：「泠，水。出丹陽宛陵，西北入江。」《說文·
人部》：「伶，弄也。」〔註143〕段注云：「古伶人字本作泠。泠人，樂官也。」
〔註144〕審「泠」、「伶」之用，皆在《左傳》、《國語》，乃以古伶人字本作「泠」，
似嫌證據未足。若由《說文》所釋，則字本作「伶」，寫本作「聆」字誤，古
書中無作「聆州鳩」者。

〔註141〕〔宋〕戴侗：《六書故》，臺北：臺灣商務印書館1986年《景印文淵閣四庫全
書》第226冊，第149頁下。
〔註142〕〔宋〕宋庠：《國語補音》，北京：中國國家圖書館出版社2006年《中華再造
善本工程》影宋刻宋元遞修本，本卷第25頁。
〔註143〕〔漢〕許慎：《說文解字》，北京：中華書局1963年影陳昌治覆刻平津館本，
第165頁下、第226頁上。
〔註144〕〔清〕段玉裁：《說文解字注》，上海古籍出版社1981年影經韻樓本，第532
頁下。

小　結

　　由於寫本殘缺造成的文字不全除外，寫本殘卷《國語》正文和今本相較，異文共有34個，可以分爲幾種情況：（1）與今傳《國語》各本用字意義相同而形體稍異者，有「猷」、「爲」、「鐘」、「間」、「嚚」、「明」、「聰」、「聽」等共8個；（2）和今本《國語》用字相較，屬於音近通假者，有「舊」、「麓」、「邢」、「振」、「有」、「臧」等6個；（3）和今本《國語》用字爲古今字關係者，有「曆」、「納」等2個；（4）和今本《國語》用字相較，聲符或形符不同而讀音意義全相同者，有「和」、「毄」、「菂」、「汙」、「憎」等5個；（5）屬於同義詞替代者，有「財」、「困」、「弗」、「稱」、「均」、「失」、「入」、「廿」等8個；（6）因字形相近而訛誤者2個，爲「羸」、「稠」；（7）和今本相較，爲聯綿字的初始字形，2個字符，爲「豈弟」；（8）同音而誤者1個，爲「聆」。當然這34個並不是所有今本皆與寫本異，如明道本即用「和」、「汙」、「麓」等，與寫本一致。衍文一處，即爲「口入納味」之「入」。詞序不同者3處：（1）「樂易」，今本作「易樂」；（2）「惑眩」，今本作「眩惑」；（3）「德言昭聽」，今本作「聽言昭德」。此外，寫本注脫一「而」字，比今金李本多出「而」、「之」、「能」、「也」等4字，尚有誤倒多處。

　　寫本殘卷《國語》注共47處，今傳《國語》相同部分韋注共60處，汪遠孫《國語三君注輯存》相同部分輯錄得賈逵注6條、唐固注1條，張以仁《國語舊注輯校》相同部分則輯錄賈注11條，日本學者新美寬編、鈴本隆一補的《本邦殘存典籍による輯佚資料集成》相同部分輯錄賈注12條，王仁俊相同部分輯錄賈注1條，〔註1〕汰去重複，共得賈注14條，寫本相同部分有

〔註1〕　此分別見〔清〕汪遠孫《國語三君注輯存》卷一，芝加哥大學圖書館藏清道

注者 12 條，其中與賈注同者 7 條，近似者 1 條，不同者 4 條。僅輯錄的 1 條唐固注則與寫本注、賈注、韋注並同。

　　關於這個殘卷寫本的研究，目前共有三篇文章：蘇瑩輝的〈敦煌寫本國語解殘卷〉（1967）、饒宗頤〈敦煌所出北魏寫本《國語‧周語》舊注殘葉跋〉（1995）、王利器（1911～1998）〈跋敦煌寫本《國語賈逵注》殘卷〉（1997）〔註 2〕。其中蘇、饒二氏皆以今羣書中所存賈逵注條目與寫本注對勘，得出「必非賈逵之注」（饒宗頤語）的結論，而王利器則從賈逵家世師承以及韋注「增字解經」等方面入手，認定此寫本殘卷注當即賈逵之注，因此王的文章題目即以「國語賈逵注」立題，實際並無直接證據，陳鴻森從王說而以寫本注爲賈逵之注，亦誤。饒宗頤更進一步推斷「此殘葉可能即唐固之《國語》注」，然而這種推斷也同樣沒有任何的事實依據，祇是一種臆測。根據我們對寫本注及正文的考察發現，寫本注確實不是賈逵的，但是也不好就說是唐固的。〔註 3〕寫本注確實有很多地方比韋注清通、明白易曉，有些注文比韋注更爲符合《國語》原文之意。

　　【附記】本文初稿草成 11800 字，先投《敦煌研究》，四個月後無下文，便增訂成 17000 字投寄《漢語史學報》，承蒙《漢語史學報》編輯及匿名審稿專家不棄，允以刊登在《漢語史學報》第九輯，並且在審稿意見當中對「曾」字形以及其他方面提出了一些很好的建議，避免了一些錯誤；後來《敦煌研究》編輯部戴春陽先生發短信允准這篇稿子可以刊載，就又在戴先生的嚴格

　　　　光振綺堂本，本卷第 16～17 頁。張以仁：〈《國語》舊注輯校〉，見載於氏著
　　　　《張以仁先秦史論集》，上海古籍出版社 2010 年版，第 210～213 頁。〔日〕
　　　　新美寬編、鈴本隆一補《本邦殘存典籍による輯佚資料集成》網絡版，
　　　　http://www.zinbun.kyoto-u.ac.jp/~takeda/edo_min/edo_bunka/syuitu.html。〔清〕
　　　　王仁俊：《玉函山房輯佚書三種》之《續編》，上海古籍出版社 1989 年版，第
　　　　59 頁下。
〔註 2〕　蘇瑩輝：〈敦煌寫本國語解殘卷〉，見刊於《中央研究院歷史語言研究所集刊》
　　　　外編第 4 種，又見載於《中國敦煌學百年文庫》（文獻卷），蘭州：甘肅文化
　　　　出版社 1999 年版，第 214～215 頁；饒宗頤：〈敦煌所出北魏寫本《國語‧周
　　　　語》舊注殘葉跋〉，《敦煌吐魯番研究》第一卷（1995 年），第 297～300 頁。
　　　　王利器：〈跋敦煌寫本《國語賈逵注》殘卷〉，見載於氏著《曉傳書齋集》，上
　　　　海：華東師範大學出版社 1997 年版，第 336～338 頁。
〔註 3〕　改訂此稿之後，得見張以仁〈淺談國語的傳本〉（《孔孟月刊》第 1 卷第 3 期，
　　　　1982 年 12 月）一文，張以仁云：「敦煌北魏寫本，可惜祇剩殘卷。就其注解
　　　　看來，與今傳韋解不同，又不類賈逵之注，不知傳自何人。」拙稿經過詳細
　　　　比勘之結論，正與張說相合。

審稿之下對全文做了兩三次數據上的核對和引文的校對，最終刊載在《敦煌研究》2009 年第 3 期。當然這裏有功利目的，那就是《敦煌研究》是 CSSCI、中文核心，將來評職稱用得著，而《漢語史學報》僅爲 CSSCI 集刊，評職稱時候並不以之爲主要依據，這也是要說明的。後來感覺對於寫本注較少關注，且有一些問題沒有發現。到南京讀書之後，又看到了一些材料並且仔細比對原寫本，現經修訂，添加了對寫本注的考查，尤其寫本注與韋注的比較，也改正了一些錯誤，增訂成 32000 餘字。在此，謹對《漢語史學報》匿名審稿專家表示感謝並表歉意，對戴先生的嚴謹表示感謝！同時也對在論文寫作中給我幫助的蘭州大學歷史學院牛龍菲教授、江蘇靖江蕭旭先生、廣西大學文學院教授蕭瑜博士表示感謝！

主要參考文獻

B

白雲翔：〈「美金」、「惡金」的考古學闡釋〉，《文史哲》2004 年第 1 期。

白雲翔：《先秦兩漢鐵器的考古學研究》，北京：科學出版社 2005 年版。

白冰：《青銅器銘文研究——白川靜金文學著作的成就與疏失》，上海：學林出版社 2007 年版。

〔漢〕班固撰，〔唐〕顏師古注：《漢書》，北京：中華書局 1962 年點校本。

〔漢〕班固撰，〔清〕陳立疏證、吳則虞點校：《白虎通疏證》，北京：中華書局 1994 年版。

〔漢〕班固：《白虎通德論》，上海古籍出版社 1990 年影元刊本。

C

蔡夢麒：《廣韻校釋》，長沙：嶽麓書社 2007 年版。

曹述敬主編：《音韻學詞典》，長沙：湖南出版社 1991 年版。

〔宋〕陳彭年等重修：《宋本玉篇》，北京：中國書店 1983 年影張氏澤存堂本。

〔宋〕陳彭年等：《宋本廣韻》，北京：中國書店 1982 年影張氏澤存堂本。

〔明〕陳耀文：《經典稽疑》，臺北：臺灣商務印書館 1986 年《景印文淵閣四庫全書》第 184 冊。

〔清〕陳偉：《愚慮錄》，上海古籍出版社 2002 年輯印《續修四庫全書》第 1165 冊影光緒二十二年耐安類稿本。

陳振中：《先秦手工業史》，福州：福建人民出版社 2008 年版。

〔清〕陳瑑：《國語翼解》，廣雅書局刊本。

〔明〕陳士元著、武樂泉今譯：《萬姓總譜》，天津：天津人民出版社 1993 年版。

陳戍國：《中國禮制史》（先秦卷），長沙：湖南教育出版社 2002 年版。

陳淑梅：《東漢碑隸構形系統研究》，上海：上海教育出版社 2004 年版。

〔明〕陳耀文：《天中記》，臺北：臺灣商務印書館 1986 年《景印文淵閣四庫全書》第 967 冊。

〔清〕陳元龍：《格致鏡原》，臺北：臺灣商務印書館 1986 年《景印文淵閣四庫全書》第 1032 冊。

陳明遠、汪宗虎：《中國姓氏大全》，北京：北京出版社 1987 年版。

〔清〕陳奐：《詩毛氏傳疏》，北京：中華書店 1984 影漱芳齋道光三十年（1851）刊本。

D

〔日〕大野峻：〈国語公序本の再評価〉，《東海大學紀要文學部》第 22 輯（1974 年）。

〔宋〕戴侗：《六書故》，臺北：臺灣商務印書館 1986 年《景印文淵閣四庫全書》第 226 冊。

〔宋〕戴侗：《六書故》，上海：上海社會科學院出版社 2006 年版。

董立章：《國語譯注辨析》，廣州：暨南大學出版社 1993 年版。

董楚平：〈《國語》「防風氏」箋證〉，《歷史研究》1993 年第 5 期。

董志翹：《訓詁類稿》，成都：四川大學出版社 1999 年版。

董希謙等、王興業、魏清源、王星麟編：《〈說文解字〉研究論著索引》，見載於王寧主編《許慎與〈說文解字〉》，開封：河南人民出版社 1991 年版。

〔清〕董增齡：《國語正義》，成都：巴蜀書社 1985 影清式訓堂本。

董蓮池：《說文解字考正》，北京：作家出版社 2005 年版。

董蓮池、王彩雲：〈《國語》韋昭注匡謬一則〉，《古籍整理研究學刊》1995 年第 6 期。

〔清〕鄧廷楨：《雙研齋筆記》，光緒丙申刻本。

〔宋〕鄧名世：《古今姓氏書辯證》，臺北：臺灣商務印書館 1986 年《景印文淵閣四庫全書》第 922 冊。

丁福保編：《佛學大辭典》，北京：文物出版社 1984 年版。

〔宋〕丁度等：《集韻》，上海：上海古籍出版社 1985 影述古堂本。

杜建春：《中華萬姓溯源》，濟南：山東人民出版社 1995 年版。

〔日〕度部溫：《康熙字典考證》，臺北：世界書局 1962 年版楊家駱主編《康熙字典》後附。

〔清〕段玉裁：《說文解字注》，上海：上海古籍出版社 1981 影經韻樓本。

〔清〕段玉裁：《詩經小學》，《皇清經解》本。

段清波：《中國古代兵器》，成都：四川教育出版社 1998 年版。

段文傑主編：《甘肅藏敦煌文獻》第二卷，蘭州：甘肅人民出版社 1999 年版。

F

〔南朝宋〕范曄撰、〔唐〕李賢等注：《後漢書》，北京：中華書局 1965 年點校本。

〔清〕方成珪：《集韻考正》，上海：上海古籍出版社 2002《續修四庫全書》第 253 冊。

方建軍：《樂器：中國古代音樂文化的物質構成》，臺北：學藝出版社 1996 年版。

〔明〕方日升《古今韻會小補》，濟南：齊魯書社 1997 年輯印《四庫存目叢書》第 212、213 冊。

本師方向東先生：《賈誼〈新書〉集解》，南京：河海大學出版社 1994 年版。

本師方向東先生：《賈誼集匯校集解》，南京：河海大學出版社 2000 年版。

〔明〕方以智：《通雅》，北京：中國書店 1990 年影浮山此藏軒刻本。

符定一：《聯綿字典》，北京：中華書局 1983 年版。

〔清〕福格撰，汪北平點校：《聽雨叢談》，北京：中華書局 1997 年版。

傅庚生：《國語選注》，香港：中華書局香港分局 1972 年版。

傅貽清：《關於周景王鑄大錢》，《陝西師範大學學報》1984 年第 4 期。

G

〔瑞典〕高本漢著，陳舜政譯：《先秦文獻假借字例》，臺北：中華叢書編審委員會 1974 年版。

高明、林尹等主編：《中文大辭典》（普及本），臺北：中華文化大學中國文化研究所 1990 年第八版。

宮哲兵：《晚周辯證法史研究》，上海：上海古籍出版社 1988 年版。

〔南朝梁〕顧野王：《原本玉篇殘卷》，北京：中華書局 1985 年。

〔南朝梁〕顧野王：《原本玉篇殘卷》，上海：上海古籍出版社 2002 年輯印《續修四庫全書》第 228 冊。

〔明〕顧大韶：《炳燭齋隨筆》，上海：上海古籍出版社 2002 年輯印《續修四庫全書》第 1133 冊。

郭沫若：《郭沫若全集·歷史編 5》，北京：人民出版社 1984 年版。

郭沫若《郭沫若全集·歷史編 3》，北京：人民出版社 1984 年版。

〔晉〕郭璞注、〔清〕郝懿行箋疏：《山海經箋疏》，成都：巴蜀書社 1985 年影《郝氏遺書》本。

郭錫良《漢字古音手冊》（增補本），北京：商務印書館 2010 年版。

〔清〕桂馥：《札樸》，北京：商務印書館 1958 年版。

〔清〕桂馥：《説文解字義證》，上海：上海古籍出版社 1987 年影道光連筠簃本。

H

〔清〕杭世駿：《續方言》，上海：商務印書館 1939 年《叢書集成初編》本。

〔清〕郝玉麟等監修、魯曾煜等編纂：《廣東通志》，臺北：臺灣商務印書館 1986 年《景印文淵閣四庫全書》第 564 冊。

〔清〕郝懿行：《爾雅義疏》，上海：上海古籍出版社 1983 年影郝氏家刻本。

何光岳：〈夏族尚黑的流傳和影響〉，《安徽史學》1994 年第 1 期。

何瑞：《宋本〈玉篇〉歷史漢字傳承與定形》，華東師範大學漢語言文字學 2006 屆博士學位論文。

何樂士：《〈左傳〉虛詞研究》（修訂本），北京：商務印書館 2004 年版。

〔宋〕洪邁：《經子法語》，濟南：齊魯書社 1997 年輯印《四庫存目叢書》子部第 119 冊。

〔清〕洪亮吉撰，李解民點校：《春秋左傳詁》，北京：中華書局 1987 年版。

〔宋〕洪興祖撰，白化文等點校：《楚辭補注》，北京：中華書局 2006 年版。

胡吉宣：《玉篇校釋》，上海：上海古籍出版社 1989 年版。

胡吉宣：〈《玉篇》引書攷異〉，見刊於《中華文史論叢·語言文字專刊》，上海：上海古籍出版社 1982 年版。

〔清〕胡紹煐撰、蔣立甫校點：《文選箋證》，合肥：黃山書社 2007 年版。

〔清〕胡玉縉：《別雅》，臺北：臺灣商務印書館 1986 年《景印文淵閣四庫全書》第 222 冊。

〔元〕黃公紹編、熊忠舉要：《古今韻會舉要》，臺北：臺灣商務印書館 1986 年《景印文淵閣四庫全書》第 238 冊。

黃懷信：《小爾雅彙校集釋》，西安：三秦出版社 2003 年版。

黃侃箋識、黃焯編次：《廣韻校錄》，上海：上海古籍出版社 1985 年版。

黃侃：《説文箋識》，北京：中華書局 2006 年版。

黃侃：《黃侃手批爾雅義疏》，北京：中華書局 2006 年版。

〔清〕黃模：《國語補韋》，北京：中華書局 1960《史籍叢刊》本。

黃金貴、彭文芳：〈「惡金」辨正〉，《中山大學學報》2007 年第 5 期。

〔清〕黃丕烈：《校刊明道本韋氏解國語札記》，北京：商務印書館 1959《國語》後附。

黃易青：〈吳棫《韻補》與《詩補音》古音系之比較〉，《語言研究》2007 年第 4 期。

黃永堂：《國語全譯》，貴陽：貴州人民出版社 1995 年版。

黃孝德：〈《玉篇》的成就及其版本系統〉，《辭書研究》1983 年第 2 期。

黃展嶽：《考古紀原——萬物的來歷》，成都：四川教育出版社 1998 年版。

黃征：《敦煌俗字典》，上海：上海教育出版社 2005 年版。

〔唐〕慧琳：《一切經音義》，上海：上海古籍出版社 1983 年版《正續一切經音義》。

J

紀國泰：〈《鉅宋廣韻》版本及價值考論〉，《西華大學學報》2009 年第 1 期。

賈昌朝：《羣經音辨》，臺北：臺灣商務印書館 1986 年《景印文淵閣四庫全書》第 222 冊。

江灝、錢宗武：《今古文尚書全譯》，貴陽：貴州人民出版社 1993 年版。

姜廣輝主編：《中國經學思想史》第一卷，北京：中國社會科學出版社 2003 年版。

姜亮夫：《楚辭通詁‧四》，《姜亮夫全集》第四冊，昆明：雲南人民出版社 2002 年版。

姜聿華：《中國傳統語言學要籍述論》，北京：書目文獻出版社 1992 年版。

蔣禮鴻：《〈類篇〉考索》，濟南：山東教育出版社 1994 年版。

K

孔仲溫：《〈類篇〉研究》，臺北：學生書局 1987 年版。

孔仲溫：《〈玉篇〉俗字研究》，臺北：臺灣學生書局 2000 年版。

孔仲溫：《〈類篇〉字義析論》，臺北：臺灣學生書局 1994 年版。

〔漢〕孔鮒：《孔叢子》，上海：商務印書館 1936 年《叢書集成初編》本。

L

來可泓：《國語直解》，上海：復旦大學出版社 2000 年版。

冷玉龍編：《中華字海》，北京：中華書局 1996 年版。

黎翔鳳：《管子校注》，北京：中華書局 2004 年版。

李帆：《劉師培與中西學術——以其中西交融之學和學術史研究爲核心》，北京：北京師範大學出版社 2003 年版。

〔唐〕李賀著，〔清〕王琦等評注：《李賀詩歌集注》，上海：上海人民出版社 1977 年版。

〔宋〕李昉等編纂：《太平御覽》，《四部叢刊》影宋本。

李鼎超：《隴右方言》，蘭州：蘭州大學出版社 1988 年版。

李亞農：《欣然齋史論集》，北京：中華書局 1962 年版。

李少一、劉旭：《干戈春秋——中國古代兵器史話》，北京：中國展望出版社 1985 年版。

李維琦：《白話國語》，長沙：嶽麓書社 1994 年版。

〔明〕李元吉：《讀書囈語》，上海：上海古籍出版社 2002 年輯印《續修四庫全書》第 1143 冊影科圖藏明崇禎十六年刻本。

李圃主編：《古文字詁林》，上海教育出版社 2004 年版。

〔清〕李慈銘撰、王利器輯纂：《越縵堂讀書簡端記》，天津人民出版社 1980 年版。

〔元〕李文仲：《字鑑》，臺北：臺灣商務印書館 1986 年《景印文淵閣四庫全書》第 228 冊。

〔清〕李貽德：《春秋左傳賈服注輯述》，上海：上海古籍出版社 2002 年輯印《續修四庫全書》第 125 冊。

李正光等編：《楚漢簡帛書典》，長沙：湖南美術出版社 1998 年版。

李平心：《李平心史論集》，北京：人民出版社 1983 年版。

李思敬：〈論吳棫在古音學史上的光輝成就〉，《天津師範大學學報》（自然科學版）1983 年第 2 期。

〔清〕梁國治等撰：《音韻述微》，臺北：臺灣商務印書館 1986 年《景印文淵閣四庫全書》第 240 冊。

林義光《文源》，北京：中國大學，1920 年手寫石印本。

林銀生等編著：《上古烹食字典》，北京：中國商業出版社 1993 年版。

〔明〕凌迪知撰：《萬姓統譜》，成都：巴蜀書社 1995 年影《文淵閣四庫全書》本第 2 冊。

劉復、李家瑞編：《宋元以來俗字譜》，國立中央研究院歷史語言研究所單刊之三，1930 年北京。

〔明〕劉績：《管子補注》，沔陽盧氏慎始基齋本。

劉師培：《劉申叔遺書》，南京：江蘇古籍出版社 1997 年影民國廿五年本。

劉賾：〈楚語拾遺〉，《武漢大學文史哲季刊》第 1 卷第 1 號。

〔漢〕劉安撰，〔漢〕高誘注：《淮南子》，上海：上海古籍出版社 1989 年影莊逵吉校本。

劉台拱：《國語補校》，見載於王先謙編《清經解續編》卷 208，上海：上海書店 1988 年版。

〔漢〕劉熙：《釋名》，上海：商務印書館《四部叢刊》影明嘉靖翻宋本。

〔唐〕劉知幾撰，〔清〕浦起龍釋：《史通通釋》，臺北：臺灣商務印書館 1986 年《景印文淵閣四庫全書》第 685 冊。

魯國堯：《魯國堯語言學論文集》，南京：江蘇教育出版社 2003 年版。

〔唐〕陸德明：《經典釋文》，北京：中華書局 1983 影通志堂經解本。

陸明君：《魏晉南北朝碑別字研究》，北京：文化藝術出版社 2009 年版。

羅竹風主編：《漢語大詞典》(縮印本)，上海：漢語大詞典出版社 1997 年版。

呂文鬱，《春秋戰國文化史》，上海：東方出版中心 2006 年版。

呂衛平：〈中國尚黑美學探微〉，《裝飾》2004 年第 15 期。

〔戰國〕呂不韋撰，〔漢〕高誘注：《呂氏春秋》，上海：上海書店 1986 年影世界書局《諸子集成》本。

M

〔清〕馬瑞辰撰，陳金生點校：《毛詩傳箋通釋》，北京：中華書局 1989 年版。

〔清〕馬國翰：《玉函山房輯佚書》，濟南：齊魯書社 1985 年版。

馬文熙、張歸璧等：《古漢語知識詳解辭典》，北京：中華書局 1996 年版。

〔宋〕毛晃增注，毛居正重訂：《增修互注禮部韻略》，臺北：臺灣商務印書館 1986 年《景印文淵閣四庫全書》第 237 冊。

〔明〕梅膺祚：《字彙》，上海：上海古籍出版社 2002 年輯印《續修四庫全書》第 233 冊。

梅晶：〈先秦「傍晚」語義場研究〉，《唐山師範學院學報》2007 年第 4 期。

〔日〕木村正辭：《玉篇攷》，日本早稻田大學圖書館藏木村原稿本。

繆啟愉：《齊民要術校釋》，北京：中國農業出版社 1998 年版。

繆啟愉、繆桂龍：《齊民要術譯注》，上海：上海古籍出版社 2006 年版。

閔宗殿：《中國農史繫年要錄》，北京：農業出版社 1989 年版。

N

〔日〕內藤湖南著，夏應元選編並監譯：《中國史通論》(上)，北京：社會科學文獻出版社 2003 年版。

聶鴻音、孫伯君：《黑水城出土音韻學文獻研究》，北京：文物出版社 2006 年版。

聶立申：〈會稽山新考〉，《泰山學院學報》2004 年第 2 期。

牛龍菲：〈「王將鑄無射，而爲之大林」新釋〉，《民族民間音樂》1986 年第 2 期。

牛龍菲：〈「王將鑄無射，而爲之大林」之補釋——再論有關先秦青銅雙音鍾

之樂典資料〉，《中國音樂學》1991 年第 4 期。

牛龍菲：〈三論「王將鑄無射，而爲之大林」〉，《中國音樂學》1994 年第 1 期。

O

〔宋〕歐陽修：《詩本義》，上海：商務印書館《四部叢刊三編》本。

P

潘光旦：《中國民族史資料彙編》（《史記》、《左傳》、《國語》、《戰國策》、《汲冢周書》、《竹書紀年》、《資治通鑒》之部），天津：天津古籍出版社 2005 年版。

潘英：《中國上古國名地名詞彙及索引》，臺北：明文書局 1986 年版。

〔唐〕房玄齡等：《晉書》，北京：中華書局 1974 年點校本。

〔明〕彭大翼：《山堂肆考》，臺北：臺灣商務印書館 1986 年《景印文淵閣四庫全書》第 978 冊。

朴貞玉、朴現圭：《廣韻版本考》，臺北：學海出版社 1986 年版。

濮之珍主編《歷代語言學家評傳》，上海：復旦大學出版社 1991 年版。

Q

錢穆：《師友雜憶》，北京：三聯書店 2004 年版。

〔清〕錢泰吉撰，實水勇點校：《曝書雜記》，瀋陽：遼寧教育出版社 1998 年版。

〔清〕錢坫：《說文解字斠詮》，上海：上海古籍出版社 2002 年輯印《續修四庫全書》第 211 冊影清嘉慶 12 年錢氏吉金樂石齋刻本。

〔日〕秦鼎：《春秋外傳國語定本》，明治十七年（1884）岡本仙助翻刻本。

秦同培等：《國語精華》，上海：世界書局 1943 年版。

瞿蛻園：《劉禹錫集箋證》，上海：上海古籍出版社 1989 年版。

〔清〕仇兆鰲：《杜詩詳註》卷四，北京：中華書局 1979 年版。

R

饒宗頤：〈敦煌所出北魏寫本《國語‧周語》舊注殘葉跋〉，《敦煌吐魯番研究》第一卷（1995 年）。

任繼昉：《釋名匯校》，濟南：齊魯書社 2006 年版。

〔清〕阮元校刻：《十三經注疏》，北京：中華書局 1980 年版。

戎輝兵：《國語集解》訂補，南京師範大學 2007 屆博士學位論文。

S

〔宋〕宋庠：《國語補音》，盧氏愼始基齋刻《湖北先正遺書》本。

〔宋〕宋庠:《國語補音》,北京:國家圖書館出版社 2006 年影宋刻宋元遞修本。

〔明〕宋濂撰、〔明〕屠龍訂正:《篇海類編》,上海:上海古籍出版社 2002 年輯印《續修四庫全書》第 230 冊。

〔明〕宋濂撰,楊時偉補綴:《洪武正韻》,濟南:齊魯書社 1997 年輯印《四庫存目叢書》第 207 冊影崇禎四年刻本。

〔宋〕司馬光撰、〔元〕胡三省注:《資治通鑒注》,北京:中華書局 1956 年點校本。

〔宋〕司馬光:《類篇》,上海:上海古籍出版社 1988 年影汲古閣影抄本。

〔漢〕司馬遷:《史記》,北京:中華書局 1959 年點校本。

蘇芃:〈試論《原本玉篇殘卷》引書材料的文獻學價值——以引《左氏傳》爲例〉,《圖書館雜誌》2006 年第 12 期。

蘇瑩輝:〈敦煌寫本國語解殘卷〉,《中央研究院歷史語言研究所集刊》外編第 4 種。

孫啓治、陳建華編:《古佚書輯本目錄》,北京:中華書局 1997 年版。

孫詒讓撰,孫啓治點校:《墨子閒詁》,北京:中華書局 1986 年版。

孫詒讓:《周禮正義》,北京:中華書局 1987 年版。

孫以楷、陸建華、劉慕方:《道家與中國哲學》(先秦卷),北京:人民出版社 2004 年版。

〔清〕邵鍈:《說文解字羣經正字》,上海:上海古籍出版社 2002 年輯印《續修四庫全書》第 211 冊影民國六年邵啓賢影清嘉慶二十一年桂隱書屋刻本。

邵敏:《〈說文解字繫傳〉研究》,山東大學中國古典文獻學碩士學位論文,2006 年。

沈兼士:《沈兼士學術論文集》,北京:中華書局 2004 年版。

〔清〕沈濤:《說文古本考》,上海:上海古籍出版社 2002 年輯印《續修四庫全書》第 222 冊影印華東師大藏清光緒 13 年潘氏滂喜齋刻本。

〔清〕沈廷芳:《十三經注疏正字》,臺北:臺灣商務印書館 1986 年《景印文淵閣四庫全書》第 192 冊。

沈鎔:《國語詳注》,上海:文明書局 1926 年版。

沈文倬:《宗周禮樂文明考論》,杭州:浙江大學出版社 1999 年版。

〔南朝梁〕沈約:《宋書》,北京:中華書局 1956 年點校本。

〔漢〕史游撰,〔唐〕顏師古注:《急就篇》,上海:商務印書館 1936 年《叢書集成初編》本。

史存直:《漢語史綱要》,北京:中華書局 2008 年版。

T

〔元〕脫脫等:《宋史》,北京:中華書局 1977 年點校本。

湯可敬:《說文解字今釋》,長沙:嶽麓書社 1997 年版。

W

汪濟民等《國語譯注》,南昌:百花洲文藝出版社 1992 年版。

〔清〕汪繼培箋、彭鐸校正:《潛夫論箋》,北京:中華書局 1979 年版。

汪榮寶撰、陳仲夫點校:《法言義疏》,北京:中華書局 1987 年版。

〔清〕汪憲:《說文繫傳攷異》,臺北:臺灣商務印書館 1986 年《景印文淵閣四庫全書》第 223 冊。

汪銀峰:〈《慧琳音義》研究綜述〉,《煙臺師範學院學報》2004 年第 1 期。

〔清〕汪遠孫:《國語三君注輯存》,芝加哥大學圖書館藏清道光振綺堂本。

〔清〕汪遠孫:《國語明道本攷異》,北京:商務印書館 1958《國語》後附。

〔清〕汪遠孫:《國語發正》,廣西師範大學圖書館藏振綺堂本。

〔清〕汪中:《經義知新記》,上海:商務印書館 1937 年《叢書集成初編》本。

王利器:《曉傳書齋集》,上海:華東師範大學出版社 1997 年版。

王海棻:《古漢語時間範疇詞典》,合肥:安徽教育出版社 2004 年版。

王碩荃:《古今韻會舉要辯證》,石家莊:河北教育出版社 2002 年版。

王清原:〈中國第一部研究古代音韻的專著《韻補》〉,《圖書館學刊》2006 年第 3 期。

王子霖:《王子霖古籍版本學文集》第二冊,上海古籍出版社 2006 年版。

〔唐〕王仁昫:《刊謬補缺切韻》,上海:上海古籍出版社 2002 年輯印《續修四庫全書》第 250 冊。

王貴元:《說文解字校記箋》,上海:學林出版社 2002 年版。

王悅勤:〈中國史前彩陶紋飾「尚黑」之風的審美關照〉,《民族藝術》1999 年第 3 期。

王悅勤:〈中國史前「尚黑」觀念源流試論〉,《民族藝術》1996 年第 3 期。

王洲明、徐超:《賈誼集校注》,北京:人民文學出版社 1996 年版。

王力:《同源字典》,北京:商務印書館 1982 年版。

王綸:〈《新方言》雜記〉,《制言》第 3 期。

王廣慶著、郭也生點校:《河洛方言詮詁》,鄭州:中州古籍出版社 1993 年版。

〔清〕王念孫:《廣雅疏證》,北京:中華書局 1983 年影王氏家刻本。

〔清〕王念孫:《讀書雜志》,北京:中國書店 1985 年版。

〔清〕王先謙：《荀子集解》，北京：中華書局 1988 年沈嘯寰、王星賢點校本。

〔清〕王太嶽：《四庫全書考證》，上海：商務印書館 1936 年《叢書集成初編》本。

〔清〕王懋竑：《讀書記疑》，上海：上海古籍出版社 2002 年輯印《續修四庫全書》第 1146 冊影同治十一年福建撫署本。

王根林主編：《養牛學》，北京：中國農業出版社 2006 年版。

王貴元：《說文解字校箋》，上海學林出版社 2002 年版。

〔清〕王筠：《說文繫傳校錄》，上海：上海古籍出版社 2002 年輯印《續修四庫全書》第 215 冊影復旦圖書館藏清咸豐七年王彥侗刻本。

〔清〕王筠：《說文句讀》，北京：中國書店 1983 年影尊經書局本。

〔清〕王煦：《國語釋文》，咸豐戊午（1858）觀海樓刊本。

〔清〕王煦：《國語補補音》，咸豐戊午（1858）觀海樓刻本。

〔金〕王文鬱：《新刊韻略》，上海：上海古籍出版社 2002 年輯印《續修四庫全書》第 250 冊影上圖藏清影抄金本。

王國維：《王國維文集》，北京：中國文史出版社 1997 年版。

〔清〕王引之：《經義述聞》，南京：江蘇古籍出版社 2000 年版《高郵王氏遺書》。

王仁俊：《玉函山房輯佚書三種》，上海古籍出版社 1989 年版。

〔吳〕韋昭注：《國語》，上海：商務印書館 1937 年版《叢書集成初編》本。

〔吳〕韋昭注：《國語》，上海：中華書局《四部備要》本。

〔吳〕韋昭注：《國語》，上海：蜚英館光緒三年（1877）石印《士禮居叢書》本。

〔吳〕韋昭注：《國語》，上海：博古齋 1913 年石印《士禮居叢書》本。

〔吳〕韋昭注：《國語》，上海：會文堂影印《士禮居叢書》本。

〔吳〕韋昭注：《國語》，南京師範大學圖書館藏湖北崇文書局重刊士禮居本。

〔吳〕韋昭注：《國語》，上海：商務印書館《四部叢刊》影金李刻本。

〔吳〕韋昭注：《國語》，上海古籍出版社 1992 年影蜚英館重刻黃丕烈讀未見書齋刊本。

〔吳〕韋昭注：《國語》，臺北：臺灣商務印書館 1986 年《景印文淵閣四庫全書》第 406 冊。

〔吳〕韋昭注：《國語》，臺北：世界書局 1985 年影印《攤藻堂四庫全書薈要》第 203 冊。

〔吳〕韋昭注：《國語》，北京：國家圖書館出版社 2006 年影宋刻宋元遞修本。

〔吳〕韋昭注：《國語》，南京師範大學圖書館藏蘇州綠蔭堂刻本。

文亦武：〈慧琳《一切經音義》成書年代考實及其他〉，《古籍整理研究學刊》2000 年第 4 期。

翁獨健主編：《中國民族關係史綱要》，北京：中國社會科學出版社 2001 年版。

鄔國義等：《國語譯注》，上海：上海古籍出版社 1991 年版。

吳承仕：《經籍舊音序錄・經籍舊音辯證》，北京：中華書局 1986。

〔宋〕吳仁傑：《兩漢刊誤補遺》，臺北：臺灣商務印書館 1986 年《景印文淵閣四庫全書》第 253 冊。

吳文祺主編：《辭通續編》，上海：上海古籍出版社 1991 年版。

吳新楚：《周易異文校證》，廣州：廣東人民出版社 2001 年版。

〔清〕吳玉搢：《說文引經考》，㤾進齋叢書本。

〔宋〕吳棫：《韻補》，北京：中華書局 1987 年影遼寧圖書館藏宋本。

吳則虞：《晏子春秋集釋》，北京：中華書局 1982 年版。

〔宋〕吳曾：《能改齋漫錄》，上海：上海古籍出版社 1979 年點校本。

〔清〕吳曾祺：《國語韋解補正》，上海：商務印書館 1915 年版。

X

夏征農主編：《大辭海・語言學》，上海：上海辭書出版社 2003 年版。

夏漢寧：《賈誼文賦全譯》，南昌：百花洲文藝出版社 1996 年版。

向熹：《詩經詞典》，成都：四川人民出版社 1986 年版。

蕭漾《國語故事》，北京：華夏出版社 2004 年版。

〔南朝梁〕蕭統編、〔唐〕六臣注：《六臣注文選》，《四部叢刊》影宋本。

〔南朝梁〕蕭統編、〔唐〕李善注：《文選》，北京：中華書局 1977 年影胡克家本。

蕭旭：〈國語校補〉（一），《東亞文獻研究》第 2 輯。

蕭旭：〈國語校補〉（二），《東亞文獻研究》第 4 輯。

蕭旭：〈國語校補〉（三），《東亞文獻研究》第 5 輯。

蕭旭「〈《淮南子・原道篇》校補〉，《學燈》2008 年第 4 期。

〔南朝梁〕蕭子顯：《南齊書》，北京：中華書局 1972 年點校本。

〔元〕熊忠、黃公紹：《古今韻會舉要》，北京：中華書局 2000 影本。

熊桂芬：〈《廣韻》引書新考〉，《語言研究》2003 年第 1 期。

熊桂芬：〈從引書看《廣韻》的文獻學價值〉，《中國典籍與文化》2004 年第 5 期。

〔日〕新美寬編，鈴本隆一補：《本邦殘存典籍による輯佚資料集成》網絡版，

http://www.zinbun.kyoto-u.ac.jp/~takeda/edo_min/edo_bunka/syuitu/edono_
kagaku_syuitu_keibu-1.html#1-1-6-9。

〔遼〕行均：《龍龕手鑑》，上海涵芬樓《續古逸叢書》之十五影雙鑑樓藏本。

徐中舒：《徐中舒論先秦史》，上海：上海科學技術出版社 2008 年版。

徐中舒主編：《漢語大字典》（縮印本），成都：四川、湖北辭書出版社 1993
年版。

徐中舒：〈試論周代田制及其社會性質〉，《四川大學學報》1955 年第 2 期。

徐仁甫：《左傳疏證》，成都：四川人民出版社 1981 年版。

徐仁甫：〈晉語辨正〉，《晉陽學刊》1984 年第 2 期。

徐仁甫：《廣古書疑義舉例》，北京：中華書局 1990 年版。

徐元誥：《國語集解》（修訂本），北京：中華書局 2006 年版王樹民、沈長雲
點校本。

〔漢〕徐幹：《中論》，臺北：臺灣商務印書館 1986 年《景印文淵閣四庫全書》
第 696 冊。

徐旭生：《中國古史的傳說時代》，北京：三聯書店 1982 年版。

徐學書：〈「惡金」辨〉，《四川大學學報》1983 年第 3 期。

徐復主編：《廣雅詁林》，南京：江蘇古籍出版社 1992 年版。

徐復：《後讀書雜志》，上海：上海古籍出版社 1996 年版。

徐復：《徐復語言文字學晚稿》，南京：江蘇教育出版社 2007 年版。

〔南唐〕徐鍇：《說文解字繫傳》，上海：商務印書館《四部叢刊》初編縮本。

徐時儀：〈《重編一切經音義》校補〉，《東亞文獻研究》（韓國）第 3 輯。

徐時儀：《玄應〈眾經音義〉研究》，北京：中華書局 2005 年版。

徐時儀：〈玄應眾經音義的成書和版本流傳考探〉，《古籍整理研究學刊》2005
年第 4 期。

徐時儀：《一切經音義三種校注》，上海：上海古籍出版社 2008 年版。

徐時儀《玄應和慧琳〈一切經音義〉研究》，上海古籍出版社 2008 年版。

徐時儀：〈《一切經音義》與古籍整理研究〉，《古籍整理研究學刊》2009 年第
1 期。

〔清〕許瀚著、袁行雲編校：《攀古小廬全集》（上冊），濟南：齊魯書社 1983
年版。

許寶華、宮田一郎主編《漢語方言大詞典》，北京：中華書局 1999 年版。

〔漢〕許慎：《說文解字》，北京：中華書局 1963 年影陳昌治覆刻平津館本。

薛安勤、王連生《國語譯注》，長春：吉林文史出版社 1991 年版。

Y

閻步克，《閻步克自選集》，桂林：廣西師範大學出版社 1997 年版。

閻振益、鍾夏校注：《新書校注》，北京：中華書局 2004 年版。

〔清〕嚴章福：《説文校議議》，上海：上海古籍出版社 2002 年輯印《續修四庫全書》第 214 冊影復旦圖書館藏清豫恕堂抄本。

〔清〕嚴元照：《娛親雅言》，上海古籍出版社 2002 年輯印《續修四庫全書》第 1158 冊影光緒湖城義塾刻《湖州叢書》本。

〔清〕嚴可均：《説文校議》，上海：上海古籍出版社 2002 年輯印《續修四庫全書》第 213 冊影津圖藏清嘉慶 23 年冶城山館刻四錄堂類集本。

〔明〕嚴粲：《詩緝》，北京：書目文獻出版社 1988《北京圖書館珍本叢刊》第 2 冊。

嚴福卿：《中國姓氏彙編》，北京：人民郵電出版社 1984 年版。

顏昌嶢：《管子校釋》，長沙：嶽麓書社 1996 年版。

楊伯峻：《春秋左傳注》，北京：中華書局 1988 年版。

楊伯峻：《列子集釋》，北京：中華書局 1985 年版。

楊伯峻、徐提：《春秋左傳詞典》，北京：中華書局 1985 年版。

楊守敬：《日本訪書志》，上海：上海古籍出版社 2002 年輯印《續修四庫全書》第 930 冊。

楊端志：《訓詁學》，濟南：山東文藝出版社 1992 年版。

楊恒平：〈説文解字繫傳引書考〉，《古籍整理研究學刊》2006 年第 2 期。

楊寬：《西周史》，上海：上海人民出版社 2003 年版。

〔明〕楊慎《升庵經説》，上海：商務印書館 1936 年《叢書集成初編》本。

楊向奎：《自然哲學與道德哲學》，濟南：濟南出版社 1995 年版。

〔漢〕揚雄撰、〔宋〕司馬光集注：《太玄集注》，北京：中華書局 1998 年劉韶軍點校本。

楊寶忠：〈「勾」字出現的時間及相關問題〉，《中國語文》2001 年第 3 期。

楊育坤、李澤生：〈「惡金」非鐵辨〉，《陝西師範大學學報》1985 年第 3 期。

楊琳：《小爾雅今注》，上海：漢語大詞典出版社 2002 年版。

楊任之：《尚書今譯今注》，北京：北京廣播學院出版社 1993 年版。

姚永銘《慧琳〈一切經音義〉研究》，南京：江蘇古籍出版社 2003 年版。

葉萌：《古漢語貌詞通釋》，濟南：山東文藝出版社 1993 年版。

〔漢〕應劭撰、王利器校注：《風俗通義校注》，北京：中華書局 1981 年版。

于智榮：《賈誼新書譯注》，哈爾濱：黑龍江人民出版社 2003 年版。

于亭：〈玄應《一切經音義》版本考〉，《中國典籍與文化》2007 年第 4 期。

余迺永：《新校互註宋本廣韻》（增訂本），上海：上海辭書出版社 2000 年版。

〔清〕俞樾：《春在堂隨筆》卷七，瀋陽：遼寧教育出版社 2001 年徐明、文青校點本。

俞志慧：《國語韋注辨正》北京：中華書局 2009 年版。

〔唐〕虞世南編纂、〔明〕陳禹謨注：《北堂書鈔》，明萬曆二十八年序刊本。

〔宋〕袁林撰、李偉國校點：《甕牖閒評》，上海：上海古籍出版社 1985 年版。

袁珂：《山海經校注》，成都：巴蜀書社 1992 年版。

袁梅：《詩經譯注》，濟南：齊魯書社 1985 年版。

Z

柴玉文：《中華姓名詞典》，北京：中國言實出版社 2002 年版。

章太炎講，錢玄同、朱希祖、周樹人記錄：《章太炎說文解字講授筆記》，北京：中華書局 2010 年版。

章太炎著，湯志鈞編：《章太炎全集》第七冊，上海：上海人民出版社 1999 年版。

章太炎：《春秋左傳讀》，見載於《章太炎全集》（二），上海：上海人民出版社 1982 年版。

張萬起：《〈馬氏文通〉研究資料》，北京：中華書局 1987 年版。

張以仁：《國語左傳論集》，臺北：東昇出版事業公司 1980 年版。

張以仁：《國語集證》卷一上，《歷史語言所集刊》第 44 本第 1 分。

張以仁：《國語引得》，臺北：中央研究院歷史語言研究所 1976 年版。

張以仁：《張以仁先秦史論集》，上海：上海古籍出版社 2010 年版。

張以仁：《張以仁語文學論集》，上海：上海古籍出版社 2012 年版。

張高評：〈臺灣五十年來《春秋》經傳研究綜述（上）〉，《漢學研究通訊》第 23 卷第 3 期（2004 年 8 月）。

張民權：〈吳棫《韻補》與宋代語音史問題——兼論賈昌朝並合「窄韻十三處」的語音依據〉，《中國語言學》第二輯，濟南：山東教育出版社 2009 年版。

〔明〕張自烈撰、〔清〕廖文英續：《正字通》，上海：上海古籍出版社 2002 年輯印《續修四庫全書》第 235 冊。

〔唐〕張參：《五經文字》，臺北：新文豐出版公司《叢書集成新編》第 35 冊影本。

〔唐〕張參：《五經文字》，臺北：臺灣商務印書館 1986 年《景印文淵閣四庫全書》第 224 冊。

〔宋〕張有：《復古編》，上海：商務印書館《四部叢刊》三編。

〔元〕張志聰：《黃帝內經素問集注》，上海：上海科學技術出版社 1990 年版。

〔清〕張文虎：《校刊史記集解索隱正義札記》，北京：中華書局 1977 年版。

張舜徽：《說文解字約注》，鄭州：中州書畫社 1983 年版。

〔明〕張自烈撰、〔清〕廖文英續：《正字通》，上海：上海古籍出版社 2002 年輯印《續修四庫全書》第 235 冊。

張希峰：《漢語詞族續考》，成都：巴蜀書社 2002 年版。

鄭良樹：〈國語校證〉（上），《幼獅學誌》第 7 卷第 4 期。

鄭良樹：〈國語校證〉（中），《幼獅學誌》第 8 卷第 1 期。

鄭良樹：〈國語校證〉（下），《幼獅學誌》第 8 卷第 2 期。

〔清〕鄭珍：《說文新附考》，咫進齋叢書本。

〔清〕趙翼：《陔餘叢考》，上海：商務印書館 1957 年版。

趙帆聲：《古史音釋》，開封：河南大學出版社 1995 年版。

趙容俊：《先秦巫俗之研究》，國立臺灣師範大學中國文學研究所 2002 年碩士論文。

趙望秦等：《白話國語》，西安：三秦出版社 1998 年版。

趙振鐸：《辭書學論文集》，北京：商務印書館 2006 年版。

〔宋〕鄭樵：《通志》，臺北：臺灣商務印書館 1986 年《景印文淵閣四庫全書》第 373 冊。

《中國歷史大辭典·歷史地理卷》編纂委員會：《中國歷史大辭典·歷史地理卷》，上海：上海辭書出版社 1996 年版。

周祖謨《爾雅校箋》，南京：江蘇教育出版社 1984 年版。

周志鋒：《大字典論稿》，杭州：浙江教育出版社 1998 年版。

宗福邦等主編：《故訓匯纂》，北京：商務印書館 2003 年版。

曾良：《俗字及古籍文字通例研究》，南昌：百花洲文藝出版社 2006 年版。

曾榮汾：〈《玉篇》編輯觀念研究〉，第十七屆中國文字學學術研討會（2006-5-21，臺中逢甲大學）會議論文。

朱祖延主編：《爾雅詁林》，武漢：湖北教育出版社 1995 年版。

〔明〕朱朝瑛《讀詩略記》，臺北：臺灣商務印書館 1986 年《景印文淵閣四庫全書》第 82 冊。

朱起鳳：《辭通》，北京：警官教育出版社 1993 年版《歷代工具書精品叢書》。

〔清〕朱亦棟《羣書札記》，上海：上海古籍出版社 2002 年輯印《續修四庫全書》第 1155 冊。

朱鑄禹：《世說新語匯校集注》，上海：上海古籍出版社 2002 年版。

朱葆華：《原本玉篇文字研究》，濟南：齊魯書社 2004 年版。

〔宋〕朱熹：《孟子集注》，《仿古字四書集注》，上海：世界書局 1936 年版。

〔清〕朱駿聲：《説文通訓定聲》，武漢市古籍書店 1983 年影臨嘯閣本。

諸祖耿：《戰國策集注匯考》（增補本），南京：鳳凰出版社 2008 年版。

〔日〕諸橋轍次編：《大漢和辭典》（修訂版），東京：大修館書店 1984 年版。